厚大® 法考 Judicial Examination

2025年国家法律职业资格考试

黄金考点 · 迷你案例 · 思维推演

刑诉法

考点清单

主观题

向高甲◎编著 | 厚大出品

中国政法大学出版社

厚大在线

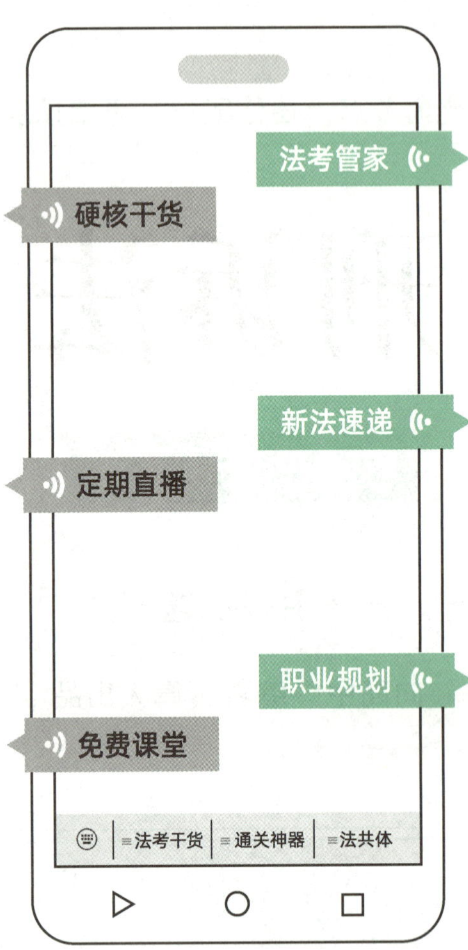

更多信息
关注厚大在线

HOUDA

代 总 序
GENERAL PREFACE

做法治之光
——致亲爱的考生朋友

如果问哪个群体会真正认真地学习法律，我想答案可能是备战法考的考生。

当厚大的老总力邀我们全力投入法考的培训事业，他最打动我们的一句话就是：这是一个远比象牙塔更大的舞台，我们可以向那些真正愿意去学习法律的同学普及法治的观念。

应试化的法律教育当然要帮助同学们以最便捷的方式通过法考，但它同时也可以承载法治信念的传承。

一直以来，人们习惯将应试化教育和大学教育对立开来，认为前者不登大雅之堂，充满填鸭与铜臭。然而，没有应试的导向，很少有人能够真正自律到系统地学习法律。在许多大学校园，田园牧歌式的自由放任也许能够培养出少数的精英，但不少学生却是在游戏、逃课、昏睡中浪费生命。人类所有的成就靠的其实都是艰辛的训练；法治建设所需的人才必须接受应试的锤炼。

应试化教育并不希望培养出类拔萃的精英，我们只希望为法治建设输送合格的人才，提升所有愿意学习法律的同学整体性的法律知识水平，培育真正的法治情怀。

厚大教育在全行业中率先推出了免费视频的教育模式，让优质的教育从此可以遍及每一个有网络的地方，经济问题不会再成为学生享受这些教育资源的壁垒。

最好的东西其实都是免费的，阳光、空气、无私的爱，越是弥足珍贵，越是免费的。我们希望厚大的免费课堂能够提供最优质的法律教育，一如阳光遍洒四方，带给每一位同学以法律的温暖。

没有哪一种职业资格考试像法考一样，科目之多、强度之大令人咂舌，这也是为什么通过法律职业资格考试是每一个法律人的梦想。

法考之路，并不好走。有沮丧、有压力、有疲倦，但愿你能坚持。

坚持就是胜利，法律职业资格考试如此，法治道路更是如此。

当你成为法官、检察官、律师或者其他法律工作者，你一定会面对更多的挑战、更多的压力，但是我们请你持守当初的梦想，永远不要放弃。

人生短暂，不过区区三万多天。我们每天都在走向人生的终点，对于每个人而言，我们最宝贵的财富就是时间。

感谢所有参加法考的朋友，感谢你愿意用你宝贵的时间去助力中国的法治建设。

我们都在借来的时间中生活。无论你是基于何种目的参加法考，你都被一只无形的大手抛进了法治的熔炉，要成为中国法治建设的血液，要让这个国家在法治中走向复兴。

数以万计的法条，盈千累万的试题，反反复复的训练。我们相信，这种貌似枯燥机械的复习正是对你性格的锤炼，让你迎接法治使命中更大的挑战。

亲爱的朋友，愿你在考试的复习中能够加倍地细心。因为将来的法律生涯，需要你心思格外的缜密，你要在纷繁芜杂的证据中不断搜索，发现疑点，去制止冤案。

亲爱的朋友，愿你在考试的复习中懂得放弃。你不可能学会所有的知识，抓住大头即可。将来的法律生涯，同样需要你在坚持原则的前提下有所为、有所不为。

亲爱的朋友，愿你在考试的复习中沉着冷静。不要为难题乱了阵脚，实在不会，那就绕道而行。法律生涯，道阻且长，唯有怀抱从容淡定的心才能笑到最后。

法律职业资格考试不仅仅是一次考试，它更是你法律生涯的一次预表。

我们祝你顺利地通过考试。

不仅仅在考试中，也在今后的法治使命中——

不悲伤、不犹豫、不彷徨。

但求理解。

厚大®全体老师　谨识

前言

FOREWORD

主观题刑诉法学科考情概览

——写给备战主观题的徒弟们

自2018年法律职业资格考试改革以来，我们一直在不断探索与总结它的命题规律和应试技巧。从司考到法考，除了考试方式变为“主”“客”分离之外，更多的变化体现在命题的内容上。法考以案例题为主，每年考查相当比例的案例，大幅度提高了案例题的分值比重。因此，法律职业资格考试的内容要从过去的司法考试以知识考查为主，向以能力考查为主转变，在考查考生应知应会的宪法、法律知识的基础上，重点考查考生分析问题、解决问题的能力。

一 命题规律

在备战主观题之前，同学们应当先找到刑诉法主观题特有的命题规律，有针对性地备考，这样才能找到一条备考捷径，达到事半功倍的效果。

（一）主观题重点化

通过研究近十年的刑诉法主观题，不难发现，刑事证据和审判程序一直是命题者关注的重中之重。刑事证据在近十年的考试中出现过7次，审判程序在近十年的考试中出现过9次。主观题不像客观题考得那么细，备考范围可以适当缩小，一定要将有限的备考时间集中到对黄金考点的训练上。在未来的复习中，对于刑事证据这一王牌考点，同学们要重点掌握各类证据的审查、判断方法，非法证据的排除规则，以及如何运用证据来证明案件事实。另外，在以审判为中心的诉讼制度改革背景下，审判程序依然是程序考点的核心，从一审、二审到复核、再审，同学们对每一个环节都要做到烂熟于心。主观题的重点，用一句话简单概括就是：在审判程序中考查同学们对证据的审查、判断以及对证明标准的把握。

（二）主观题案例化

主观题重在考查考生对事实认定和法律适用的实务操作能力，因此，案例分析将会成为刑诉法主观题的主打题型。这些案例往往是以实践中具有代表性和影响力的案件为原型，命题人对其加以应试化改造，变成一道综合性极强、专业化极高的案例分析题。同学们需要训练阅读案例的能力，在案情中捕捉考点信息，找到争议焦点，然后进行法律分析，最后得出处理方案。在备考中，同学们要多留意身边发生的重大的、典型的、热门的刑事案件，并且要运用刑事诉讼基本原理对这些案例加以法律分析，因为这些案例很可能会被写进当年的主观题试卷中。

（三）主观题法条化

法考主观题案例化的考查方式，归根结底还是考查同学们搜索法条、应用法条的实战能力。同学们要在熟练掌握刑诉法相关知识及原理的基础上，准确识别案例中所涉及的考点，然后迅速查询到该考点的法条依据，最后写出准确的法律结论。法考改革后，司法部给考生配备了法律法规汇编，可供考生开卷查询，但是如何在考场上、在有限的时间内，从2000多个刑诉法相关条文中找到与案例有关的法律依据，是合格法律人才需要具备的基本职业技能。在备考过程中，对于一些高频考点涉及的法律法规，同学们要下意识地去进行总结归纳。例如，考到刑事诉讼的定罪标准就找《刑事诉讼法》第55条，考到法院一审裁判结果就找《最高人民法院关于适用〈中华人民共和国刑事诉讼法〉的解释》（以下简称《刑诉解释》）第295条第1款。只有对刑诉法高频考点涉及的刑诉法相关条文烂熟于心，才能在考场上做到胸有成竹、处乱不惊。在备考中，建议同学们重点掌握以下三组法律文件：

1.《刑事诉讼法》。它是刑诉法所有备考文件中的“老大哥”，一共308条，条条是重点，但凡涉及刑事诉讼的宏观性、原则性规定，均可在《刑事诉讼法》中寻找法律依据。

2.《刑诉解释》、《人民检察院刑事诉讼规则》（以下简称《高检规则》）、《公安机关办理刑事案件程序规定》（以下简称《公安部规定》）。它们是仅次于《刑事诉讼法》，位列第二梯队的“三兄弟”。其中，如果考到审判程序的细节性规定，主要查找《刑诉解释》；如果考到审查起诉、审查批捕、法律监督的细节性规定，主要查找《高检规则》；如果考到立案、侦查、强制措施的细节性规定，主要查找《公安部规定》。

3.专门规定和解释。案例中，如果考到一些专项制度，可能需要在《刑事诉讼法》之外引用一些专门规定和解释。例如，考到非法证据排除问题，可以搜索“两高三部”《关于办理刑事案件严格排除非法证据若干问题的规定》（以下简称《严格排除非法证据规定》）；考到认罪认罚制度，可以搜索“两高三部”《关于适用认罪认罚从宽制度的指导意见》（以下简称《认罪认罚从宽意见》）；考到以审判为中心的诉讼制度改革，可以搜索“两高三部”《关于推进以审判为中心的刑事诉讼制度改革的意见》。

当然，同学们在答题时，并不需要将法条的原文全部照搬，那样既浪费答题时间，又不易突出要点，同学们只需要提炼法条要点，让阅卷老师可以迅速找到采分点即可。另外，为了节约答题时间，在引用法律条文时，可以使用简称；甚至，如果找不到法条依据，但能记住考点内容，也可以简要概括为“根据刑诉法的相关规定……”。

（四）主观题理论化

刑诉法主观题虽然以案例分析的题型呈现，但是在若干个问题中，也可能穿插一个简答题或者论述题，需要考生运用刑诉法的相关原理来作答。例如，2012 年刑诉法主观题第 4 问，要求考生结合案情，简要说明刑事诉讼法对保障刑法实施的价值；2012 年刑诉法主观题第 5 问，要求考生结合案情，简述非法证据排除规则的完善过程，阐明非法证据排除规则的诉讼价值；2015 年刑诉法主观题第 2 问，要求考生结合案情，谈谈对《中共中央关于全面推进依法治国若干重大问题的决定》中关于“推进以审判为中心的诉讼制度改革，确保侦查、审查起诉的案件事实证据经得起法律的检验”这一部署的认识；2022 年刑诉法主观题则考了拘传与传唤的概念对比。为了应对刑诉法主观题理论化的考查要求，为师已经在第 1 讲将刑诉法主观题常用的理论素材进行了归纳总结，供大家背诵，希望大家在答题时可以加以灵活运用。

（五）主观题热点化

虽然刑诉法主观题命题强调考查传统重点，但每年也会出现一些新的考查热点：①年度热门案例。命题者会以年度热门案例为原型，适当变化案情，进行加工改造，设计为案例题。这种变化我们无需担忧，因为纵然案情千变万变，唯有考点永恒不变。②刑诉法的改革热点。例如，2019 年考查了监察程序与刑诉程序的衔接问题，以及认罪认罚从宽制度。这些问题的考查紧扣当时刑诉法的改革热点。

（六）主观题新变化

新法必考一直以来都是刑诉法主观题命题的重要规律。2010 年新出台了《关于办理刑事案件排除非法证据若干问题的规定》，紧接着在连续 3 年的主观题中都考查了非法证据排除规则。2012 年《刑事诉讼法》修正时增加了技术侦查手段，紧接着在 2013 年主观题中就考查了技术侦查措施。2012 年《刑事诉讼法》修正时增加了强制医疗程序，紧接着在 2014 年主观题中就考查了强制医疗程序。2018 年《刑事诉讼法》修正时增加了认罪认罚从宽原则，紧接着在 2019 年主观题中就考查了认罪认罚从宽制度。2021 年《刑诉解释》大修，紧接着在当年主观题中就大篇幅地考查了《刑诉解释》修改中的多处亮点。展望 2025 年，请同学们重点注意 2024 年 12 月 25 日第十四届全国人民代表大会常务委员会第十三次会议通过的《全国人民代表大会常务委员会关于修改〈中华人民共和国监察法〉的决定》，新《监察法》将于 2025 年 6 月 1 日施行。新《监察法》延长了留置的时间，还增设了“强制到案”“责令候查”“管护”三项新的监察措施。这三项监察措施分别对标《刑事诉讼法》中的拘传、取保候审和拘留。请同学们放心，这些新增及修改亮点，我会在大纲公布后的“考前冲刺”阶段或《采分有料》的课程中为大家进行专项修订讲解。

二 本书编写特点

针对刑诉法主观题特有的考查方式和命题特点，本书在编写时作了大幅度的创新调整。本书适用于刑诉法主观题备考的第一轮基础阶段，希望大家在使用前，了解本书的以下编写特点：

（一）强调详略有别

本书通过对考点清单的列举，仅保留了刑诉法主观题可考的制度和流程。刑诉法主观题不同于客观题，主观题的考查重点非常集中，如前文所述，刑事证据和审判程序在近十年的考试中频繁出现。因此，本书大量篇幅都围绕证据和审判展开，而对于强制措施、期间送达、执行程序、涉外程序这些不适合刑诉法主观题命题的章节，基本上简略带过。

（二）强调法条链接

针对刑诉法主观题喜欢考查考生的法条搜索能力以及法条应用能力的特点，本书在讲解重要考点的同时，也列举了该考点所处的法条位置。一方面，培养同学们搜索法条的习惯；另一方面，也方便为同学们进行法条分解，讲解法条背后的原理以及该法条常见的命题点。

（三）强调学以致用

本书针对刑诉法主观题案例化的特点，在常考的法条或考点下方会安排一个【迷你案例】，大家在复习中不能死记硬背，要将所学考点运用在小案例的分析中，趁热打铁，真正做到学以致用。

（四）强调及时更新

2024年修正的《监察法》的应试相关内容均已更新到本书的对应章节中。同学们看到的都是最新内容，里面的【法条链接】或法律依据也都按照最新的条文进行了调整，请同学们放心使用。希望同学们务必使用新书，用旧书备考等于“自杀式”复习。

愿同学们在本书的助力下，能准确把握刑诉法主观题的命题重点，提高主观题的应试能力，乘胜追击，攻破主观题。加油吧！同学们！愿我们在顶峰相见！

向高甲

2025年4月

本书考点分布图

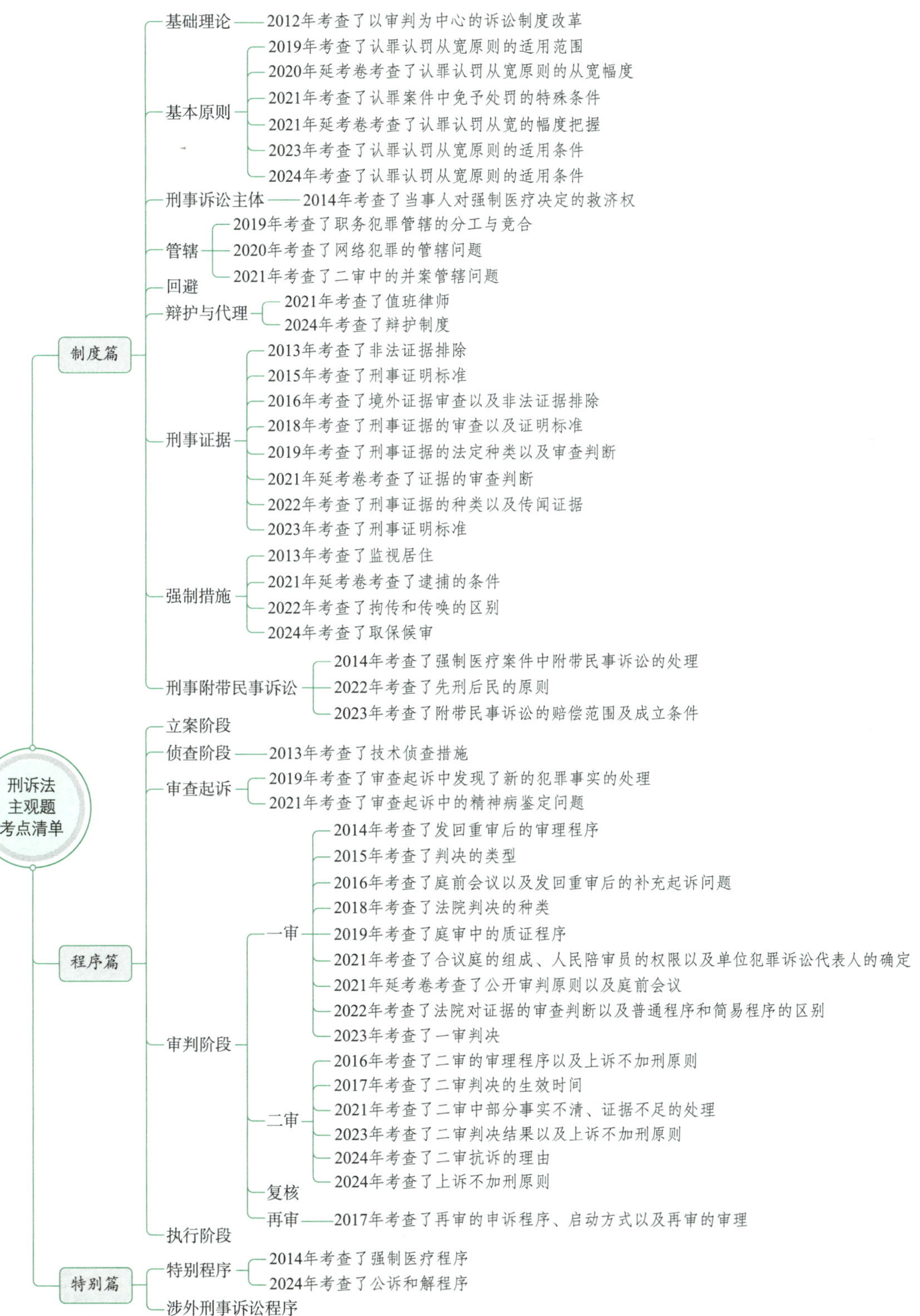

刑诉法主观题考点清单
制度篇
基础理论
2012年考查了以审判为中心的诉讼制度改革
基本原则
2019年考查了认罪认罚从宽原则的适用范围
2020年延考卷考查了认罪认罚从宽原则的从宽幅度
2021年考查了认罪案件中免予处罚的特殊条件
2021年延考卷考查了认罪认罚从宽的幅度把握
2023年考查了认罪认罚从宽原则的适用条件
2024年考查了认罪认罚从宽原则的适用条件
刑事诉讼主体
2014年考查了当事人对强制医疗决定的救济权
管辖
2019年考查了职务犯罪管辖的分工与竞合
2020年考查了网络犯罪的管辖问题
2021年考查了二审中的并案管辖问题
回避
辩护与代理
2021年考查了值班律师
2024年考查了辩护制度
刑事证据
2013年考查了非法证据排除
2015年考查了刑事证明标准
2016年考查了境外证据审查以及非法证据排除
2018年考查了刑事证据的审查以及证明标准
2019年考查了刑事证据的法定种类以及审查判断
2021年延考卷考查了证据的审查判断
2022年考查了刑事证据的种类以及传闻证据
2023年考查了刑事证明标准
强制措施
2013年考查了监视居住
2021年延考卷考查了逮捕的条件
2022年考查了拘传和传唤的区别
2024年考查了取保候审
刑事附带民事诉讼
2014年考查了强制医疗案件中附带民事诉讼的处理
2022年考查了先刑后民的原则
2023年考查了附带民事诉讼的赔偿范围及成立条件
程序篇
立案阶段
侦查阶段
2013年考查了技术侦查措施
审查起诉
2019年考查了审查起诉中发现了新的犯罪事实的处理
2021年考查了审查起诉中的精神病鉴定问题
审判阶段
一审
2014年考查了发回重审后的审理程序
2015年考查了判决的类型
2016年考查了庭前会议以及发回重审后的补充起诉问题
2018年考查了法院判决的种类
2019年考查了庭审中的质证程序
2021年考查了合议庭的组成、人民陪审员的权限以及单位犯罪诉讼代表人的确定
2021年延考卷考查了公开审判原则以及庭前会议
2022年考查了法院对证据的审查判断以及普通程序和简易程序的区别
2023年考查了一审判决
二审
2016年考查了二审的审理程序以及上诉不加刑原则
2017年考查了二审判决的生效时间
2021年考查了二审中部分事实不清、证据不足的处理
2023年考查了二审判决结果以及上诉不加刑原则
2024年考查了二审抗诉的理由
2024年考查了上诉不加刑原则
复核
再审
2017年考查了再审的申诉程序、启动方式以及再审的审理
执行阶段
特别篇
特别程序
2014年考查了强制医疗程序
2024年考查了公诉和解程序
涉外刑事诉讼程序

目录 CONTENTS

基础理论

考情概述

本讲内容是整个刑事诉讼学科的理论基础，也是论述题和简答题考查最为集中的部分。如2012年刑事诉讼法主观题第4问要求考生结合案情，简要说明刑事诉讼法对保障刑法的价值；2012年刑事诉讼法主观题第5问要求考生简述非法证据排除规则的完善过程，阐明非法证据排除规则的诉讼价值。这些问题均可在本讲中找到答案。命题者如果要求考生结合刑事诉讼的原理和理念对××××制度进行价值分析，我们可以从惩罚犯罪和保障人权、实体公正和程序公正、公正优先兼顾效率的角度，对××××制度进行分析评价。另外，根据新增必考、热点必考的规律，本讲还对新增考点和改革热点进行了归纳总结，如对缺席审判制度、速裁程序、认罪认罚等问题进行了原理分析，希望同学们能做好素材整理。

01 刑事诉讼的概念

刑事诉讼，是指由人民法院、人民检察院和公安机关主持，在当事人及其他诉讼参与人的参加下，严格依照法律规定的程序，解决被追诉人刑事责任问题的活动。

备考提示 通过这个概念，我们可以发现刑事诉讼法主观题案例主要围绕两条线索展开：

一条是“人物”线索，即刑事诉讼的主体。刑事诉讼的主体，既包括公、检、法等专门机关，也包括当事人和其他诉讼参与人，考点主要集中在专门机关的权力配置，以及诉讼参与人的权利保障。

另一条就是“时间”线索。刑事诉讼的案例会围绕立案、侦查、起诉、审判、执行等诉讼阶段来考查相应的制度。

02 刑事诉讼法与刑法的关系

一、刑法与刑事诉讼法的概念辨析

刑法是实体法，解决的是犯罪与刑罚的问题；刑事诉讼法是程序法，解决的是以何种程序追究刑事责任的问题。

备考提示 刑法与刑事诉讼法虽然同属于刑事法律规范，但是二者考查的方向却完全不同。

刑法作为实体法，关注的是与定罪量刑有关的情节，如罪数、共犯、犯罪的完成形态、阻碍犯罪的事由、自首、立功等。而刑事诉讼法作为程序法，关注的则是案例中有关诉讼程序的运行。例如，在立案、侦查、审查起诉、审判、执行各个诉讼阶段中，去考查管辖、回避、辩护、证据、强制措施、附带民事诉讼等程序制度。

二、刑事诉讼法的价值

刑事诉讼法相对于刑法而言，既具有保障刑法正确适用的工具价值，也有自己的独立价值。

备考提示 就刑事诉讼法和刑法的关系，重点要掌握刑事诉讼法的工具价值和独立价值。注意这是两个方面，不要以偏概全。另外，还要掌握工具价值和独立价值分别体现在哪些方面，不要混淆工具价值和独立价值的内容。该考点曾经在2012年主观题试卷中出现过，试题要求考生结合案情，谈谈刑事诉讼法对保障刑法实施的价值。

（一）工具价值

刑事诉讼法的工具价值主要体现在以下六个方面：

1. 通过明确对刑事案件行使侦查权、起诉权、审判权的专门机关，为查明案件事实、适用刑事实体法提供了组织上的保障。

2. 通过明确行使侦查权、起诉权、审判权主体的权力与职责及诉讼参与人的权利与义务，为查明案件事实及适用刑事实体法的活动提供了基本构架；同时，明确的活动方式和程序，也为刑事实体法适用的有序性提供了保障。

3. 规定了收集证据的方法与运用证据的规则，既为获取证据、明确案件事实提供了手段，又为收集证据、运用证据提供了程序规范。

4. 规定了证明责任和证明标准，为规范和准确进行定罪量刑提供了标准和保障。

5. 关于程序系统的设计，可以在相当程度上避免、减少案件实体上的误差。

6. 针对不同案件或不同情况设计不同的具有针对性的程序，使得案件处理简繁有别，保证处理案件的效率。

一招制敌 所谓工具价值，简单总结就是刑事诉讼法为刑法提供了各种服务和保障。

（二）独立价值

刑事诉讼法的独立价值主要体现在以下三个方面：

1. 刑事诉讼法所规定的诉讼结构、原则、制度、程序，体现了程序本身的民主、法治、人权精神，也反映出一国刑事司法制度的进步、文明程度，是衡量社会公正的一个极为重要的指标。

备考提示 如果案例中出现了刑讯逼供、非法采证、秘密审判等违法情形，考生可以直接评价：这种做法与程序本身的民主、法治、人权精神相背离。在这种违反程序的情况下，即使案件在实体处理上没有错误，也会因为程序不公让当事人和社会公众对实体处理是否公正产生怀疑。这是从反面体现出刑事诉讼法本身具有的独立价值。

[举案说法] 罗某抢劫高某一案，二审法院发现一审法院在实体处理上是正确的，但是一审法院应公开而未公开，应回避而未回避，对此，二审法院应当撤销原判，发回重审。这说明程序本身就是评价一个案件是否公正的指标，体现了程序的独立价值。

2. 刑事诉讼法具有弥补刑事实体法之不足并“创制”刑事实体法的功能。

备考提示 考生要能够准确表述出程序法是如何弥补实体法的不足的。首先，当刑事实体法规范的语意抽象而模糊时，刑事诉讼担负特别的“解说”功能，而这种活动是由刑事诉讼法规范的。其次，当法律条文出现歧义时，刑事诉讼法规范下的诉讼中积极有效的争辩、论证能够对此作出调节和修正。再次，当刑事实体法规范之间出现不协调时，刑事诉讼法可以为解决这种不协调提供程序机制。最后，刑事诉讼法具有“创制”刑事实体法的功能。即使我国不是判例法国家，刑事诉讼法也具有该功能。

3. 刑事诉讼法具有影响刑事实体法实现的功能。

备考提示 对同一案件，如果选择不同的刑事程序，适用刑事实体法的结果可能会不同。

[举案说法] 罗某故意伤害张某一案，被告人罗某和被害人张某达成了刑事和解，于是法院依法对罗某从宽处理。这体现了刑事程序影响刑事实体法实现的功能。

这些都是刑事诉讼法独立具有而非依赖于刑事实体法的功能。

迷你案例

专家观点：刑事诉讼法既有保障刑法实施的工具价值，又具有独立价值。在刑事诉讼中，以刑讯逼供等非法方法收集证据，不仅违反法定程序，侵犯人权，而且往往导致证据虚假，发生冤错案件。为此，《刑事诉讼法》及有关部门的解释或规定完善了非法证据排除规则，发挥了刑事诉讼法的应有功效。

案情：花园小区发生一起入室抢劫杀人案，犯罪现场破坏严重，未发现有价值的痕迹物证。经查，李某有重大犯罪嫌疑，其曾因抢劫被判有期徒刑 12 年，刚刚刑满释放，案发时小区保安曾看见李某出入小区。李某被东湖市公安局立案侦查并逮捕羁押。审讯期间，在保安的指认下，李某不得不承认其在小区他处入室盗窃 3000 元，后经查证属实。但李某拒不承认抢劫杀人行为。审讯人员将李某提到公安局办案基地对其实施了捆绑、吊打、电击等行为，三天三夜不许吃饭，不许睡觉，只给少许水喝，并威胁不坦白交代抢劫杀人罪行、

考点02

认罪态度不好的话，法院会判死刑。最终，李某按审讯人员的意思交代了抢劫杀人的事实。在此期间，侦查人员还对李某的住处进行了搜查，提取、扣押了李某的鞋子等物品，当场未出示搜查证。

案件经东湖市人民检察院审查起诉后，向东湖市中级人民法院提起公诉。庭审中，应李某辩护人的申请，法庭启动了非法证据排除程序。

问题：结合本案，简要说明刑事诉讼法对保障刑法实施的工具价值。

答案：刑事诉讼法在保障刑法实施方面的价值有：

（1）通过明确对刑事案件行使侦查权、起诉权、审判权的专门机关，为调查和明确案件事实、适用刑事实体法提供了组织上的保障。

（2）通过明确行使侦查权、起诉权、审判权主体的权力与职责及诉讼参与人的权利与义务，为调查和明确案件事实及适用刑事实体法的活动提供了基本构架；同时，明确的活动方式和程序，也为刑事实体法适用的有序性提供了保障。

（3）规定了收集证据的方法与运用证据的规则，既为获取证据、明确案件事实提供了手段，又为收集证据、运用证据提供了程序规范。

（4）关于程序系统的设计，可以在相当程度上避免、减少案件实体上的误差。

（5）针对不同案件或不同情况设计不同的具有针对性的程序，使得案件处理简繁有别，保证处理案件的效率。

结合本案，刑事诉讼法通过非法证据排除规则等程序设计，保障了司法机关准确查明案件事实，正确适用法律，及时惩罚犯罪，保障无罪的人不受刑事追究，防止冤假错案的发生，以有效的程序机制保障了刑法的实现，这体现了刑事诉讼法具有保障刑法实施的工具价值。

03

刑事诉讼的基本理念

一、惩罚犯罪与保障人权

惩罚犯罪，是指通过刑事诉讼程序，在准确、及时查明案件事实真相的基础上，对构成犯罪的被告人公正地适用刑法，从而打击犯罪。

保障人权，是指在通过刑事诉讼惩罚犯罪的过程中，保障公民合法权益不受非法侵犯。这具体包括：①无辜的人不受追究；②有罪的人受到公正处罚；③诉讼权利得到充分保障和行使。

惩罚犯罪与保障人权的价值目标既对立，又统一。追求正确惩罚犯罪，不能忽视保障人权；保障人权也离不开对正确惩罚犯罪的追求。当惩罚犯罪与保障人权发生冲突时，应当采取权衡原则，综合考虑国家利益、社会利益和个人利益，权衡利弊得失，作出有利于实现刑事诉讼根本目的的选择。当然，在不同国家的不同时期，因社会经济发展和犯罪状况不同，往往对惩罚犯罪与保障人权有所侧重，二者总体上是一种动态平衡关系。

备考提示 此内容适合作为主观题论述素材。

惩罚犯罪与保障人权之间是既对立又统一的关系。

一方面，二者有相互矛盾、冲突的一面。第一，在惩罚犯罪的过程中，国家机关权力的行使很可能侵犯到被追诉者的人权。例如，为了查明案件事实、获取犯罪证据而滥用侦查手段、刑讯逼供、非法取证。第二，保障人权往往也会影响到惩罚犯罪的目的。例如，对非法获取的证据予以排除等虽然实现了保障人权之目的，但可能会因此延缓甚至妨碍案件侦破，影响惩罚犯罪目的的实现。

另一方面，惩罚犯罪和保障人权又是彼此统一的。第一，惩罚犯罪不能忽视保障人权。如果在刑事诉讼中违反宪法、刑事诉讼法有关权利保障的规范，滥用司法权力，甚至刑讯逼供、诱供等，往往容易造成冤假错案，这样不仅践踏了人权，也达不到惩罚犯罪的目的。第二，保障人权也不能脱离惩罚犯罪。如果不去查明案件事实、惩罚犯罪，不仅被害人的实体权利得不到维护，犯罪嫌疑人、被告人的实体权利易受侵犯，而且诉讼参与人的程序性权利保障也失去了原本的含义。

因此，惩罚犯罪与保障人权是具有密切联系、同等重要的两个方面。

迷你案例

案情：罗某抢劫杀人一案，罗某拒不承认有抢劫杀人行为。审讯人员将罗某提到公安局办案基地对其实施了捆绑、吊打、电击等行为，三天三夜不许吃饭，不许睡觉，只给少许水喝，并威胁不坦白交代抢劫杀人罪行、认罪态度不好的话，法院会判死刑。最终，罗某按审讯人员的意思交代了抢劫杀人的事实。怀化市人民检察院对本案进行审查起诉后，向怀化市中级人民法院提起公诉。庭审中，应罗某辩护人向律师的申请，法庭启动了非法证据排除程序。

问题：请结合上述案例，谈谈非法证据排除规则中的价值选择。

答案：非法证据排除规则在刑事诉讼中的确立，是价值权衡的结果。如果允许将非法取得的证据作为定案根据，有时对查明案情、实现国家的刑罚权是有帮助的，但这样做又是以侵犯宪法保障的公民基本权利、违反程序公正为代价的；反之，如果为了保障人权而将非法取得的证据一律排除，又可能影响到对犯罪的查明和惩治。对非法证据的态度，无疑体现出立法者的价值判断与选择，以及处理程序公正与实体公正二者关系的不同立场。这取决于国家对于追诉犯罪与保护公民权利两种价值之间的权衡与选择，也取决于对程序正义的认识与重视程度。从近现代刑事诉讼制度的发展趋势来看，人权保障的价值目标愈来愈受到重视，日渐成为一种优位的价值理念，当惩罚犯罪与保障人权发生冲突时，各国越来越倾向于优先保障人权。随着我国对人权保障力度的加强，应当继续丰富现有的非法证据排除规则，适当扩大非法证据排除的范围，尤其是要明确羁押状态下讯问的时间限制，防止疲劳审讯。

二、实体公正与程序公正

司法公正，也称诉讼公正，是维护社会正义的最后一道屏障，是体现社会正义的窗口，是诉讼的灵魂和生命。司法诉讼公正，包括实体公正和程序公正两个方面。

实体公正，即结果公正，是指案件实体的结局处理所体现的公正。刑事案件的实体公正，具体要求有：①据以定罪量刑的犯罪事实的认定，应当做到证据确实、充分；②正确适用刑法，准确认定犯罪嫌疑人、被告人是否有罪及其罪名；③按照罪刑相适应原则，依法适度判处刑罚；④涉案财物得到公正合法的处理；⑤对于错误处理的案件，采取救济方法及时纠正、及时赔偿或者补偿。

程序公正，是指诉讼程序方面体现的公正。刑事案件的程序公正，具体要求有：①严格遵守刑事诉讼法的规定；②认真保障当事人和其他诉讼参与人的诉讼权利；③适用强制措施应当适当，必须符合法定条件并经过适当的事前审查；④严禁刑讯逼供和以其他非法手段取证；⑤司法机关依法独立行使职权；⑥保障诉讼程序公开和透明；⑦控辩平等对抗，控审分离，审判者居中裁判，不偏向任何一方；⑧按法定期限办案、结案。

备考提示 实体公正和程序公正各自都有独立的内涵和标准，不能互相代替，二者应当并重。在我国，长期存在着“重实体、轻程序”的做法，应当着重予以纠正。程序公正和实体公正具有内在的一致性，终极目的都在于追求纠纷的公正解决。程序公正具有保障实体公正的工具价值；程序公正相对于实体公正又具有独立价值，因为程序公正具有不同于实体公正的评判标准。我们要坚持实体公正和程序公正并重的原则，但当二者出现价值冲突的时候，需要根据利益权衡的原则作出选择，特别要注重对程序公正的优先保障。因为如果一个案件连必要程序都没有遵循，公众完全有理由对其结果的公正性产生合理怀疑。

迷你案例

案情：包拯的亲侄包勉，在担任地方官以后，贪赃枉法，最终败露。案卷几经辗转，到了开封府尹包拯手上。包拯阅卷后，怒不可遏，但是又十分为难。在公私两难之中，他终于选择了大义灭亲，决然下令斩了包勉。

问题：请从实体公正和程序公正的角度，分析本案中包拯的处理是否公正，并说明理由。

答案：本案的处理虽然在结果上看似公正，但是包拯与当事人有利害关系，包拯应当回避而没有回避，案件处理违反了程序公正的要求。司法公正，包括实体公正和程序公正两个方面。实体公正，即结果公正，是指案件实体的结果处理所体现的公正。在实体层面，本案让有罪之人受到应有的处罚，符合实体公正的基本要求。但是，程序公正也是司法公正不可忽略的另一个方面，“公正不仅应当实现，而且要以看得见的方式实现”。程序公正具有保障实体公正的工具价值，程序公正相对于实体公正又具有独立价值。如果一个案件连必要的程序都没有遵循，公众完全有理由对其结果的公正性产生合理怀疑。我们要坚持实体公正和程序公正并重原则，但当二者出现价值冲突的时候，需要根据利益权衡的原则作出选择，特别要注重对程序公正的优先保障。因此，本案让包拯参与审理并执行，有违诉讼的程序公正。

三、司法公正与诉讼效率

公正和效率是诉讼中两大价值目标。公正是首要价值目标。然而，在当代社会，犯罪率呈上升趋势，这使刑事司法系统面临的压力越来越大，除了司法公正以外，诉讼效率也成为衡量一个国家刑事诉讼是否科学与文明的又一个重要的尺度。

刑事诉讼应当遵循“公正优先，兼顾效率”的原则。在刑事司法中，应当是在保证司法公正的前提下追求效率，而不能草率办案，损害实体公正和程序公正。如果只讲“从快”而违背诉讼规律，虽然结案率很高，但错案往往也会增多，冤枉了无辜，放纵了犯罪，不仅做不到公正，也难以真正地实现效率。

备考提示 同学们要能结合相关的时事热点、改革热点分析刑事诉讼的效率理念，如速裁程序、认罪认罚从宽制度、缺席审判制度均可以从刑事诉讼的效率理念的角度加以评价。

迷你案例

案情：在浙江省浦江县公安局一体化办案中心速裁法庭，仅7分钟，浦江县人民法院常务副院长于建松就完成了对傅某拒不执行判决、裁定案的判决。从2018年6月15日晚民警将傅某抓捕归案、提审，检察院介入，法律援助律师会见，到6月17日下午法院判决，耗时不到40个小时。傅某不用离开浦江县公安局，就完成了整个刑事诉讼程序。这是浦江县公安局一体化办案中心运行以来，第一个在速裁法庭完成判决的案件。

问题：请结合最新《刑事诉讼法》的有关内容，谈谈刑事速裁程序中公正与效率的价值选择。

答案：在我国《刑事诉讼法》已经规定了普通程序和简易程序的情况下，再增加速裁程序，必定是因为其价值取向与普通程序和简易程序有所不同，否则，其设立就失去了正当性基础。刑事速裁程序的构建应当以效率作为其价值导向，否则不仅速裁程序的特点无法形成，所期待的节省司法资源的功能也难以实现。根据修正后的《刑事诉讼法》第222条第1款的规定，速裁程序对审判组织进行了精简，仅由审判员1人独任审判。根据修正后的《刑事诉讼法》第224条的规定，适用速裁程序审理案件，不受普通程序送达期限的限制，一般不进行法庭调查、法庭辩论，但在判决宣告前应当听取辩护人的意见和被告人的最后陈述意见。适用速裁程序审理案件，应当当庭宣判。根据修正后的《刑事诉讼法》第225条的规定，适用速裁程序审理案件，人民法院应当在受理后10日以内审结；对可能判处的有期徒刑超过1年的，可以延长至15日。这些都体现了速裁程序的效率价值。

当然，刑事速裁程序也要坚守公正的基本底线：①被告人必须自愿认罪认罚；②被告人同意适用速裁程序；③对被告人从轻或减轻处罚；④保持控辩裁的基本程序构造。这四个底线中，第一、二个实际上是适用速裁程序的条件，第三个是适用速裁程序的结果，第四个是使速裁程序仍然保留审判程序的特质所需。在这四个底线的基础上，速裁程序的价值取向才具有正当性。

04 刑事诉讼制度改革热点知识储备

党的十八届四中全会提出，推进以审判为中心的诉讼制度改革。近年来，围绕进一步深化司法体制机制改革，推进以审判为中心的刑事诉讼制度改革，国家出台了一系列改革的举措，这些都是我们学习和了解刑事诉讼法需要掌握的知识。例如，“两高三部”联合颁布的《关于推进以审判为中心的刑事诉讼制度改革的意见》《严格排除非法证据规定》《认罪认罚从宽意见》以及全国人大颁布的《监察法》，都是我们学习和掌握刑事诉讼法必须知悉的新动态。

一、以审判为中心的诉讼制度改革

党的十八届四中全会提出，推进以审判为中心的诉讼制度改革。以审判为中心也就是我们常说的“审判中心主义”，是指在刑事诉讼的各个阶段关系中，都凸显审判的中心地位，将刑事审判作为整个诉讼的核心。

侦查阶段和起诉阶段均是刑事审判的预备阶段，只有审判才具有定分止争的权威性、终局性作用。因为在整个刑事诉讼过程中，只有在审判阶段才能决定被追诉人是否有刑事责任以及责任的大小。审判是司法活动的核心环节，是所有社会矛盾解决的终极手段，是社会公正的最后一道“防线”，所以我们理应坚持审判在司法活动中的核心地位，这是尊重司法规律的体现。

“以审判为中心的刑事诉讼制度改革”的理论基础是审判中心主义理论。审判中心主义包括以下三个方面的含义：

1. 实现庭审的实质化。审判程序是刑事诉讼程序的核心，未经人民法院宣告有罪，任何人不得被定罪处罚。庭审又是审判的核心。要实现审判中心主义，首先要实现以庭审为中心，改变庭审虚置化、形式化的倾向，使庭审真正成为事实查明、证据认定、适用法律的核心，发挥庭审的把关作用，使法庭审理的案件经得起法律的考验和历史的考验，实现法律效果和社会效果的统一。

2. 实现审判程序对审前程序的制约。充分发挥审判程序的诉讼制约功能，使侦查程序、审查起诉程序都围绕审判程序展开和进行；充分发挥审判保障诉权、尊重人权的功能，建立健全刑事诉讼中的司法审查机制。

3. 实现依法独立公正行使审判权。审判中心主义就是要求依法独立行使审判权，实现“由审理者裁判，由裁判者负责”的审判权运行机制，坚持“无罪推定原则”“证据裁判原则”“疑罪从无原则”，严格“排除非法证据”，完善“证人出庭制度”“当庭宣判制度”等，使审判真正担负起实现司法公正的重任。

总之，推动以审判为中心的刑事诉讼制度改革，就是要坚持审判中心主义，发挥审判维护司法公正、引领社会公平正义的作用，努力让人民群众在每一个司法案件中感受到公平正义。

备考提示 同学们要能结合案例，准确表述“什么叫以审判为中心”、“为何要坚持以审判为中心”以及“如何坚持以审判为中心”等问题。该考点曾在2015年考查过一次，要求考生结合案情，谈谈对《中共中央关于全面推进依法治国若干重大问题的决定》中关于“推进以审判为中心的诉讼制度改革，确保侦查、审查起诉的案件事实证据经得起法律的检验”这一部署的认识。如果考到此话题，同学们也可以在考场上定位法律文件——“两高三部”《关于推进以审判为中心的刑事诉讼制度改革的意见》。

[举案说法] 在罗小翔故意杀人一案中，法院排除了侦查人员通过刑讯逼供获得的供述，认为本案尚未达到定罪标准，依法判决被告人罗小翔无罪。本案体现了以审判为中心的诉讼制度改革的诸项内容：①以庭审为中心，改变庭审虚置化、形式化的倾向，使庭审真正成为事实查明、证据认定、适用法律的核心，发挥庭审的把关作用。②充分发挥审判程序的诉讼制约功能，使侦查程序、审查起诉程序都围绕审判程序展开和进行；充分发挥

审判保障诉权、尊重人权的功能，建立健全刑事诉讼中的司法审查机制。③法院依法独立行使审判权，实现“由审理者裁判，由裁判者负责”的审判权运行机制，使审判真正担负起实现司法公正的重任。

二、量刑规范化改革

“量刑规范化”，是指对于同一地区、同一时期、案情相似的案件，所判处的刑罚应当基本均衡。

在现行刑罚制度比较粗放、法定刑幅度较大、裁量空间比较大的情况下，应当规范法官的自由裁量权，让法官的量刑越来越公正和精细，确保量刑公平公正，杜绝“同罪不同罚”，实现该宽则宽，当严则严，宽严相济，罚当其罪，确保裁判法律效果和社会效果的统一。

量刑规范化改革在程序方面的基本思路是：①引入量刑建议；②改变以往定罪程序和量刑程序混为一体的做法，将量刑纳入法庭审理程序，建立和完善相对独立的量刑程序；③要求审判法官应当听取控辩双方以及其他当事人提出的量刑建议或意见，保障被告人能够获得充分的量刑辩护权，保障被害人参与量刑活动，允许有关方面提交反映被告人行为危害性和人身危险性的社会调查报告；④要求人民法院的裁判文书中应当说明量刑理由。通过制定量刑指导意见和量刑程序意见，达到统一量刑标准、规范量刑程序、保障量刑公正的目的。

量刑规范化改革的意义：①实现了量刑的公正和均衡，案件质量和效率明显提高，实现了社会公平正义；②增强了量刑的公开性和透明度，有效制约了“人情案、关系案、金钱案”的发生，实现了公正廉洁司法；③推动了刑事司法公正的良性运转，提高了人民法院的公信力和权威性。

备考提示 如果题目中出现一个案件——检察院以量刑过轻或者过重为由提出抗诉，理由是本案与该地区同一时期、案情相似的另一个案件量刑相差悬殊，请考生结合案情谈谈对“量刑规范化”改革的认识，同学们要能准确回答“什么叫量刑规范化”、“为何要进行量刑规范化改革”以及“如何实现量刑规范化”等问题。如果考到此话题，同学们可以在考场上定位法律文件——“两高三部”《关于规范量刑程序若干问题的意见》。

三、司法责任制改革

2017年，中共中央总书记在党的十九大开幕会上作报告时指出：“深化司法体制综合配套改革，全面落实司法责任制，努力让人民群众在每一个司法案件中感受到公平正义。”完善司法责任制，是建立权责统一、权责明晰、权力制约的司法权运行机制的关键，也是深化司法体制改革的核心，对于促进严格公正司法具有十分重要的意义。

司法责任制主要包括以下三个方面：①职权配置，即由审理者裁判；②责任承担，既然把权力给审理者了，最后当然要由裁判者负责；③一旦发生错案，就要启动追责程序。

推行司法责任制，意味着司法机关办案权力重心下移。过去司法机关办案，内部层层审批，终极性话语权在领导层；现在下移至主审法官、合议庭、主任检察官，遵循“谁办案，谁决定，谁负责”的原则，有助于建立权责明晰、权责统一的司法权力运行机制。通过司法责任制改革，法院、检察院的优秀人才集中到办案一线；法官、检察官独立对案件作出处理决定，增强了法官、检察官的责任心；案件服判息诉率明显提升，司法公信力得到明显提高。

总之，如果说建立公正、高效、权威、文明的社会主义司法制度是司法体制改革的终极目标，提高司法公信力是司法体制改革的近期目标或阶段性目标，那么，建立和完善司法责任制则是实现司法体制改革目标的必由之路。

备考提示 在案例分析中，某些案件虽然被改判或者发回重审，但是并不等于一定要追究审判人员的司法责任，有些特殊情形下，审判人员不承担责任。

[法条链接]《最高人民法院关于进一步加强合议庭职责的若干规定》第10条 合议庭组成人员存在违法审判行为的，应当按照《人民法院审判人员违法审判责任追究办法（试行）》等规定追究相应责任。合议庭审理案件有下列情形之一的，合议庭成员不承担责任：

（一）因对法律理解和认识上的偏差而导致案件被改判或者发回重审的；

（二）因对案件事实和证据认识上的偏差而导致案件被改判或者发回重审的；

（三）因新的证据而导致案件被改判或者发回重审的；

（四）因法律修订或者政策调整而导致案件被改判或者发回重审的；

（五）因裁判所依据的其他法律文书被撤销或变更而导致案件被改判或者发回重审的；

（六）其他依法履行审判职责不应当承担责任的情形。

此考点只要记住一个规律：无过才无责，有过就有责。

案情：罗某贩毒一案，合议庭认为审前供述虽非罗某自愿作出的，但能够与其他证据相印证，因此对其予以采纳。该供述后来被上级法院排除，且罗某被改判无罪。

问题：本案罗某被改判无罪，原合议庭成员是否需要承担司法责任？

答案：原合议庭成员无需承担司法责任。根据《最高人民法院关于进一步加强合议庭职责的若干规定》第10条第2项的规定，因对案件事实和证据认识上的偏差而导致案件被改判或者发回重审的，合议庭成员不承担责任。本案就属于上下级法院的审判人员对证据理解上的偏差导致案件被改判的情况，合议庭成员并没有过错。

四、聚焦刑事诉讼修正亮点

备考提示 新增必考一直是法考的重要规律。2018年《刑事诉讼法》修正案公布，新增了“认罪认罚从宽制度”“缺席审判程序”“速裁程序”“值班律师”等内容，其中，“认罪认罚从宽制度”就在2019年的主观题中进行了专项考查；另外，2019年还考查了职务犯罪的管辖分工，这也是对《刑事诉讼法》和《监察法》中关于职务犯罪管辖问题修改的及时呼应；2020年新疆延考地区的试题再次考查了认罪认罚从宽制度。因此，同学们对法律修改中的新增、新修制度务必予以重视，尤其要准备新增制度的评价话术。

（一）认罪认罚从宽制度

2018年《刑事诉讼法》第三次修正，正式将认罪认罚从宽制度写入条文之中。《刑事

诉讼法》第 15 条规定："犯罪嫌疑人、被告人自愿如实供述自己的罪行，承认指控的犯罪事实，愿意接受处罚的，可以依法从宽处理。"认罪认罚从宽制度的改革探索，高度契合当前我国刑事司法稳健运行的迫切需要。

备考提示　命题人可能设计一个认罪认罚案例，其中某一问要求考生谈谈对认罪认罚从宽制度的价值评价。阐释认罪认罚从宽制度的价值取向，实则在于解读设置该制度的意义与作用，从而有利于我们清晰地勾勒出该制度的运行脉络。

迷你案例

案情：罗小翔故意伤害张大翔一案，被告人罗小翔认罪认罚，积极赔偿，法院适用速裁程序对本案进行了审理，最终法院采纳了检察院的从宽量刑建议，判处被告人罗小翔故意伤害罪，有期徒刑 2 年，缓期二年执行。

问题：结合本案，请谈谈你对认罪认罚从宽制度价值的理解。

答案：认罪认罚从宽原则的基本含义是：对于自愿认罪认罚并自愿接受司法机关给予的刑罚处罚的，可以从宽处理。认罪认罚从宽制度价值体现在以下四个方面：

（1）公正基础上的效率观。"公正优先，兼顾效率"应当是认罪认罚从宽制度改革的核心价值取向。在这一制度下，大多数被告人认罪案件，有望通过被告人的认罪认罚，实现审查起诉与法庭审理的简易化，缩减办案期限。

（2）承载现代司法宽容精神。认罪认罚从宽制度通过调动犯罪嫌疑人、被告人主动认罪认罚的积极性，使其获得宽大处理的司法判决后果，既能够体现对犯罪嫌疑人、被告人权益的充分尊重，也利于彰显刑事追诉的人文关怀。

（3）探索形成非对抗的诉讼格局。诉讼的直接目的在于解决纠纷，而纠纷引发的诉讼通常是对抗式的。认罪认罚从宽制度中，由于被追诉人认罪、控方与其协商协议，控辩双方形成了刑事诉讼的非对抗格局。一方面，这种格局使得刑事诉讼的部分环节得以简化或者省略，必将有效提升诉讼效率；另一方面，通过此种方式形成的刑事判决能够获得被告人及其家属的认同，减少刑事案件的信访申诉发生概率，从而有利于恢复被犯罪所破坏的社会关系。

（4）实现司法资源的优化配置。依据案件复杂程度设置与之相适应的处理程序，推动案件繁简分流，解决案多人少的矛盾。

总之，认罪认罚从宽制度在实体上从宽，程序上从简。该制度有利于合理配置司法资源，提高办理刑事案件的质量和效率，确保无罪的人不受刑事追究，有罪的人受到公正惩罚，维护当事人的合法权益，促进司法的公平正义。

（二）缺席审判程序

为了加强境外追逃工作力度和手段，2018 年 10 月 26 日修正的《刑事诉讼法》正式建立了刑事缺席审判制度。刑事缺席审判制度，是指即使在被告人本人不到庭的情况下，司法机关也可以照样按照程序，依法起诉、审判，并在证据确凿的情况下，依法判决其有罪。

备考提示　命题人可能要求考生从"惩罚犯罪"和"保障人权"两个方面对缺席审判制度进行评价。

1. 惩罚犯罪

缺席审判制度的设立，有利于案件及时得到处理，避免因被告人的缺席导致案件久拖不决，有利于尽快修复被犯罪所破坏的社会秩序，有利于实现惩罚犯罪尤其是打击贪腐犯罪的目的。

2. 保障人权

刑事缺席审判涉及被告人的程序参与性权利的剥夺问题。对被告人而言，出席庭审是其一项重要的诉讼权利。被告人只有出席法庭，才能有效行使自己的辩护权、与不利于自己的证人对质权、最后陈述权等诉讼权利。必须坚持惩罚腐败犯罪与保障被告人人权相平衡的原则。2018 年修正的《刑事诉讼法》在构建缺席审判制度时对被告人权利的保障问题相当重视，其具体通过以下制度来落实对被告人的人权保障：

（1）提高审级。规定由犯罪地、被告人离境前居住地或者最高人民法院指定的中级人民法院组成合议庭进行审理。

（2）保障知情权。人民法院通过有关国际条约规定的或者外交途径提出的司法协助方式，或者被告人所在地法律允许的其他方式，将传票和人民检察院的起诉书副本送达被告人。

（3）保障辩护权，对适用刑事缺席审判程序的案件实行强制法律援助辩护制度。根据《刑事诉讼法》第 293 条的规定，适用缺席审判程序的案件，被告人及其近亲属没有委托辩护人的，人民法院应当通知法律援助机构指派律师为其提供辩护。换言之，尽管被告人缺席，但是其辩护人一定要在法庭上为其提供辩护。

（4）赋予了被告人异议权。为了有效保障被告人的诉讼权利，《刑事诉讼法》第 295 条第 2 款明确规定："罪犯在判决、裁定发生法律效力后到案的，人民法院应当将罪犯交付执行刑罚。交付执行刑罚前，人民法院应当告知罪犯有权对判决、裁定提出异议。罪犯对判决、裁定提出异议的，人民法院应当重新审理。"

（5）赋予了被告人及其近亲属独立的上诉权。为了最大限度地维护被告人的合法权益，保障公正的缺席判决能够形成，《刑事诉讼法》第 294 条第 1 款规定："人民法院应当将判决书送达被告人及其近亲属、辩护人。被告人或者其近亲属不服判决的，有权向上一级人民法院上诉。辩护人经被告人或者其近亲属同意，可以提出上诉。"

（三）速裁程序

根据 2018 年修正的《刑事诉讼法》中新增的刑事案件速裁程序的规定，除了几种例外情形，基层人民法院管辖的可能判处 3 年有期徒刑以下刑罚的案件，案件事实清楚，证据确实、充分，被告人认罪认罚并同意适用速裁程序的，可以适用速裁程序，由审判员 1 人独任审判。

速裁程序入法，可以说突破了原有的诉讼制度设计，在普通、简易程序的案件审判模式之外，添加了速裁程序这一全新的刑事案件审判模式。速裁程序最大限度地在公正的基础上实现了效率价值。

备考提示 命题人可能要求考生从"公正"和"效率"的价值方面对速裁程序加以评价。

迷你案例

案情：罗小翔故意伤害张大翔一案，被告人罗小翔认罪认罚，积极赔偿，人民法院适用速裁程序对本案进行了审理，整个庭审仅仅用了 10 分钟。

问题：请从“公正”和“效率”的价值角度对速裁程序加以评析。

答案：刑事速裁程序的构建应当以效率作为其价值导向。根据修正后的《刑事诉讼法》第 222 条第 1 款的规定，速裁程序对审判组织进行了精简，仅由审判员 1 人独任审判。根据修正后的《刑事诉讼法》第 224 条的规定，适用速裁程序审理案件，不受普通程序送达期限的限制，一般不进行法庭调查、法庭辩论，但在判决宣告前应当听取辩护人的意见和被告人的最后陈述意见。适用速裁程序审理案件，应当当庭宣判。根据修正后的《刑事诉讼法》第 225 条的规定，适用速裁程序审理案件，人民法院应当在受理后 10 日以内审结；对可能判处的有期徒刑超过 1 年的，可以延长至 15 日。这些都体现了速裁程序的效率价值。

当然，刑事速裁程序也要坚守公正的基本底线：①被告人必须自愿认罪认罚；②被告人同意适用速裁程序；③对被告人从轻或减轻处罚；④保持控辩裁的基本程序构造。这四个底线中，第一、二个实际上是适用速裁程序的条件，第三个是适用速裁程序的结果，第四个是使速裁程序仍然保留审判程序的特质所需。在这四个底线的基础上，速裁程序的价值取向才具有正当性。

05 《监察法》之修正

《监察法》实施以来，党中央对持续深化国家监察体制改革作出重要部署，反腐败斗争面临新的形势和任务，全面建设社会主义现代化国家对纪检监察工作高质量发展提出新的要求，迫切需要与时俱进地对《监察法》作出修改完善。2024 年 12 月 25 日，第十四届全国人民代表大会常务委员会第十三次会议表决通过了《全国人民代表大会常务委员会关于修改〈中华人民共和国监察法〉的决定》，新《监察法》将于 2025 年 6 月 1 日施行。提醒同学们特别注意以下五处修改亮点：

一、新《监察法》增设了“强制到案”“责令候查”“管护”三项新的监察措施

1. 新《监察法》第 21 条规定，监察机关根据案件情况，经依法审批，可以强制涉嫌严重职务违法或者职务犯罪的被调查人到案接受调查。

备考提示 强制到案持续的时间不得超过 12 小时；需要采取管护或者留置措施的，强制到案持续的时间不得超过 24 小时。不得以连续强制到案的方式变相拘禁被调查人。

2. 新《监察法》第 23 条第 1 款规定，对于存在下列四种情形之一的涉嫌严重职务违法或者职务犯罪的被调查人，经监察机关依法审批，可以采取责令候查措施：

（1）不具有本法第 24 条第 1 款所列情形的（涉及案情重大、复杂的；可能逃跑、自杀的；可能串供或者伪造、隐匿、毁灭证据的；可能有其他妨碍调查行为的）。

（2）符合留置条件，但患有严重疾病、生活不能自理的，系怀孕或者正在哺乳自己婴儿的妇女，或者生活不能自理的人的唯一扶养人。

（3）案件尚未办结，但留置期限届满或者对被留置人员不需要继续采取留置措施的。

（4）符合留置条件，但因为案件的特殊情况或者办理案件的需要，采取责令候查措施更为适宜的。

备考提示 责令候查最长不得超过 12 个月。

3. 新《监察法》第 25 条第 1 款规定，对于存在逃跑、自杀等重大安全风险的未被留置的三种人员（涉嫌严重职务违法或者职务犯罪的自动投案人员；在接受谈话、函询、询问过程中，交代涉嫌严重职务违法或者职务犯罪问题的人员；在接受讯问过程中，主动交代涉嫌重大职务犯罪问题的人员），经监察机关依法审批，可以进行管护。

备考提示 监察机关采取管护措施的，应当在 7 日以内依法作出留置或者解除管护的决定，特殊情况下可以延长 1~3 日。

二、新《监察法》延长了留置的时间

原《监察法》规定的 3~6 个月的留置时间太紧张，无法有效保证监察机关的办案质量，因此，新《监察法》第 48 条延长了留置时间。

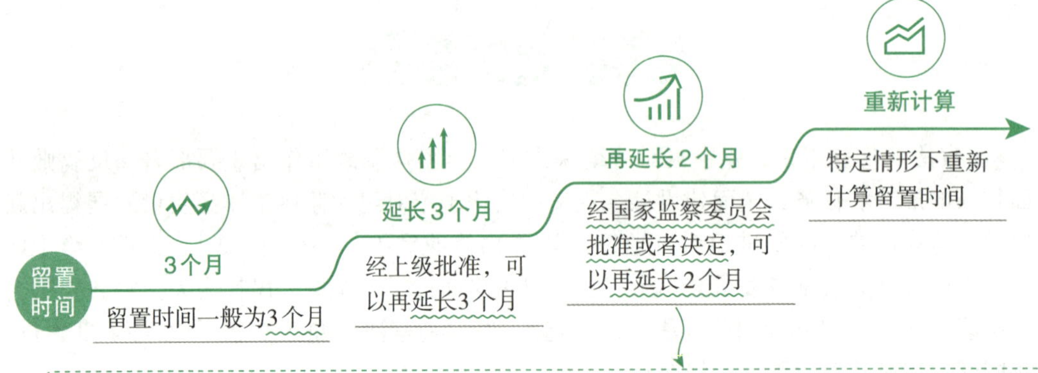

备考提示 重新计算留置时间只能适用 1 次，仅适用于省级以上监察机关“发现涉嫌职务犯罪的被调查人另有与留置时的罪行不同种的重大职务犯罪或者同种的影响罪名认定、量刑档次的重大职务犯罪”，且经国家监察委员会批准或者决定的情形。

三、新《监察法》在一定程度上回应了社会的关切

新《监察法》第 5 条规定，国家监察工作严格遵照宪法和法律，以事实为根据，以法律为准绳；权责对等，严格监督；遵守法定程序，公正履行职责；尊重和保障人权，在适用法律上一律平等，保障监察对象及相关人员的合法权益；惩戒与教育相结合，宽严相济。

四、新《监察法》注重保护企业产权和经营自主权

新《监察法》第 43 条增加了 1 款规定，作为第 3 款：监察机关及其工作人员在履行职责过程中应当依法保护企业产权和自主经营权，严禁利用职权非法干扰企业生产经营。需要企业经营者协助调查的，应当保障其人身权利、财产权利和其他合法权益，避免或者尽量减少对企业正常生产经营活动的影响。

五、新《监察法》强化了权力的监督制约

1. 全面审理和集体审议。新《监察法》第 51 条规定，监察机关在调查工作结束后，应当依法对案件事实和证据、性质认定、程序手续、涉案财物等进行全面审理，形成审理报告，提请集体审议。

2. 特约监察员。新《监察法》第 62 条规定，监察机关根据工作需要，可以从各方面代表中聘请特约监察员。特约监察员按照规定对监察机关及其工作人员履行职责情况实行监督。

3. 禁闭措施。新《监察法》第 64 条第 1、2 款规定，监察人员涉嫌严重职务违法或者职务犯罪，为防止造成更为严重的后果或者恶劣影响，监察机关经依法审批，可以对其采取禁闭措施。禁闭的期限不得超过 7 日。被禁闭人员应当配合监察机关调查。监察机关经调查发现被禁闭人员符合管护或者留置条件的，可以对其采取管护或者留置措施。

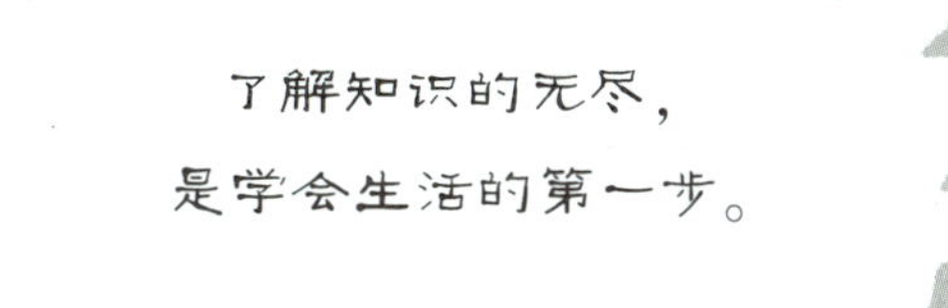

基本原则

考情概述

刑事诉讼法的基本原则，是指反映刑事诉讼理念和目的的要求，贯穿于刑事诉讼的全过程或者主要诉讼阶段，对刑事诉讼过程具有普遍或者重大指导意义和规范作用，为国家专门机关和诉讼参与人参与刑事诉讼必须遵循的基本行为准则。这些基本原则往往会结合后面的刑事诉讼制度、程序在具体的案例分析题中进行考查。虽然大纲罗列了12项基本原则，但适合主观题考查的只有几个重点原则。本教材仅选择了适合主观题应试的几个原则进行讲解。另外，从新增必考的规律出发，同学们要重点掌握2018年修正的《刑事诉讼法》新增的认罪认罚从宽原则，尤其要注意该原则在各个诉讼阶段如何通过具体的制度规定加以体现。认罪认罚从宽原则在2019年主观题以及2020年新疆延考地区主观题中都曾被考查过。

06 认罪认罚从宽原则

犯罪嫌疑人、被告人自愿如实供述自己的罪行，承认指控的犯罪事实，愿意接受处罚的，可以依法从宽处理。该原则为2018年修正的《刑事诉讼法》的新增原则，根据新增必考的应试规律，建议考生重点掌握该考点。

一、基本含义

认罪认罚从宽原则的基本含义是，对于自愿认罪认罚并自愿接受司法机关给予的刑罚处罚的犯罪嫌疑人、被告人，可以从宽处理。

（一）何为认罪

认罪，是指犯罪嫌疑人、被告人自愿如实供述自己的罪行，或者对侦查机关已经掌握的犯罪事实，明确表示承认。

备考提示

1. 承认指控的主要犯罪事实，仅对个别事实情节提出异议，或者虽然对行为性质提出辩解但表示接受司法机关认定意见的，不影响“认罪”的认定。

2. 犯罪嫌疑人、被告人犯数罪，仅如实供述其中一罪或部分罪名事实的，全案不作“认罪”的认定，不适用认罪认罚从宽制度，但对如实供述的部分，人民检察院可以提出从宽处罚的建议，人民法院可以从宽处罚。

[法条链接]《认罪认罚从宽意见》第6条。

迷你案例

案情：罗小翔强奸、抢劫张大翔一案，由怀化市人民检察院以强奸罪、抢劫罪起诉至怀化市中级人民法院。

问1：如果罗小翔对指控强奸张大翔的事实没有异议，但是认为其涉嫌的罪名并非强奸罪而是强制猥亵罪，本案能否适用认罪认罚从宽原则？

答案：能。认罪不要求犯罪分子对罪名的认可，犯罪分子认可指控的犯罪事实，但不认可罪名的，视为犯罪分子对自己行为性质的辩解，不影响自愿认罪的认定。

问2：如果罗小翔仅如实供述抢劫的犯罪事实，对强奸行为拒绝认罪，本案能否适用认罪认罚从宽原则？

答案：不能。罗小翔仅如实供述其中一罪或部分罪名事实的，全案不作“认罪”的认定，不适用认罪认罚从宽制度。

（二）何为认罚

1. 在实体上认罚。其指在认罪的基础上自愿接受所认之罪在实体法上带来的刑罚后果，包括接受人民检察院提出的量刑建议。

2. 在程序上认罚。其包含对诉讼程序简化的认可，同意通过克减部分诉讼权利来对自己定罪量刑。

备考提示

1. “认罚”，在侦查阶段表现为表示愿意接受处罚；在审查起诉阶段表现为接受人民检察院拟作出的起诉或不起诉决定，认可人民检察院的量刑建议，签署认罪认罚具结书；在审判阶段表现为当庭确认自愿签署具结书，愿意接受刑罚处罚。

2. “认罚”考察的重点是犯罪嫌疑人、被告人的悔罪态度和悔罪表现，应当结合退赃退赔、赔偿损失、赔礼道歉等因素来考量。

3. 犯罪嫌疑人、被告人虽然表示“认罚”，却暗中串供，干扰证人作证，毁灭、伪造证据或者隐匿、转移财产，有赔偿能力而不赔偿损失，则不能适用认罪认罚从宽制度。

4. 犯罪嫌疑人、被告人享有程序选择权，不同意适用速裁程序、简易程序的，不影响“认罚”的认定。

[法条链接]《认罪认罚从宽意见》第7条。

案情：罗小翔涉嫌故意伤害一案，罗小翔认罪认罚，但是罗小翔家徒四壁，无力赔偿被害人的损失。

问1：本案能否适用认罪认罚从宽原则？

答案：本案罗小翔自愿接受所认之罪在实体法上带来的刑罚后果，包括接受人民检察院提出的量刑建议，即可视为认罚，只要不属于有赔偿能力而不赔偿损失的，依然可以适用认罪认罚从宽原则。犯罪嫌疑人、被告人认罪认罚，但没有退赃退赔、赔偿损失，未能与被害方达成调解或者和解协议的，从宽时应当予以酌减。

问2：如果罗小翔不同意法院适用简易程序审理本案，本案还能否适用认罪认罚从宽原则？

答案：能。罗小翔享有程序选择权，其不同意适用简易程序，并不影响"认罚"的认定。

（三）何为从宽

1. 实体法上的从宽

其指在犯罪嫌疑人、被告人本身所具有的实体法上的自首、坦白等量刑情节基础上，在遵循罪责相适应原则的前提下，给予相对更大程度上的从宽的幅度，以示对其认罪认罚的鼓励。

2. 程序法上的从宽

其指对犯罪嫌疑人、被告人适用限制人身自由程度更轻的强制措施、作出轻缓的程序性处理或者适用更为便利和减少诉累的诉讼程序。

备考提示

1. 可以从宽不是一律从宽，对犯罪性质和危害后果特别严重、犯罪手段特别残忍、社会影响特别恶劣的犯罪嫌疑人、被告人，认罪认罚不足以从轻处罚的，依法不予从宽处罚。

2. 在刑罚评价上，主动认罪优于被动认罪，早认罪优于晚认罪，彻底认罪优于不彻底认罪，稳定认罪优于不稳定认罪。

3. 认罪认罚的从宽幅度一般应当大于仅有坦白，或者虽认罪但不认罚的从宽幅度。对犯罪嫌疑人、被告人具有自首、坦白情节，同时认罪认罚的，应当在法定刑幅度内给予相对更大的从宽幅度。认罪认罚与自首、坦白不作重复评价。

[法条链接]《认罪认罚从宽意见》第8条，第9条第1、2款。

[举案说法] 杭州保姆纵火一案，如果被告人莫某认罪认罚，虽可以适用认罪认罚从宽制度，但由于本案属于危害后果特别严重、社会影响特别恶劣的案件，认罪认罚不足以从轻处罚，依法不予从宽处罚。

二、具体制度规定

认罪认罚从宽既是一项刑事诉讼的基本原则，还是一项具体的诉讼制度，刑事诉讼法通过在侦查、审查起诉、审判等一系列诉讼阶段中的具体规定，保障了认罪认罚从宽原则的实现。

（一）适用阶段与案件范围

1. 认罪认罚从宽制度贯穿刑事诉讼全过程，适用于侦查、起诉、审判各个阶段。

2. 认罪认罚从宽制度没有适用罪名和可能判处刑罚的限定，所有刑事案件都可以适用。

3. 但“可以”适用不是一律适用，犯罪嫌疑人、被告人认罪认罚后是否从宽，由司法机关根据案件具体情况决定。

一招制敌 认罪认罚从宽原则无“禁区”，任何案件在侦、诉、审各个阶段均可适用。

[法条链接]《认罪认罚从宽意见》第 5 条。

迷你案例

案情：杭州许某杀人碎尸一案，许某在侦查阶段、审查起诉阶段均不认罪，而在庭审中突然认罪。

问题：本案还能否适用认罪认罚从宽制度？

答案：能。认罪认罚从宽制度贯穿刑事诉讼全过程，适用于侦查、起诉、审判各个阶段。认罪认罚从宽制度没有适用罪名和可能判处刑罚的限定，所有刑事案件都可以适用，不能因罪轻、罪重或者罪名特殊等原因而剥夺犯罪嫌疑人、被告人自愿认罪认罚获得从宽处理的机会。但“可以”适用不是一律适用，犯罪嫌疑人、被告人认罪认罚后是否从宽，由司法机关根据案件具体情况决定。

（二）犯罪嫌疑人、被告人获得法律帮助权

人民法院、人民检察院、公安机关办理认罪认罚案件，应当保障犯罪嫌疑人、被告人获得有效法律帮助，确保其了解认罪认罚的性质和法律后果，自愿认罪认罚。犯罪嫌疑人、被告人自愿认罪认罚，没有辩护人的，人民法院、人民检察院、公安机关（看守所）应当通知值班律师为其提供法律咨询、程序选择建议、申请变更强制措施等法律帮助。符合通知辩护条件的，应当依法通知法律援助机构指派律师为其提供辩护。

[法条链接]《认罪认罚从宽意见》第 10 条第 1、2 款。

[举案说法] 罗小翔组织卖淫一案，如果罗小翔已经委托向律师担任其辩护人，那么罗小翔就不能再得到值班律师的法律帮助，因为值班律师制度只是辩护制度的一种补充制度。

（三）被害方权益保障

1. 办理认罪认罚案件，应当听取被害人及其诉讼代理人的意见，并将犯罪嫌疑人、被告人是否与被害方达成和解协议、调解协议或者赔偿被害方损失，取得被害方谅解，作为从宽处罚的重要考虑因素。

2. 促进和解、谅解

（1）对符合当事人和解程序适用条件的公诉案件，犯罪嫌疑人、被告人认罪认罚的，公、检、法机关应当积极促进当事人自愿达成和解；

（2）对其他认罪认罚案件，公、检、法机关可以促进犯罪嫌疑人、被告人通过向被害方赔偿损失、赔礼道歉等方式获得谅解，被害方出具的谅解意见应当随案移送。

3. 被害人及其诉讼代理人不同意对认罪认罚的犯罪嫌疑人、被告人从宽处理的，不

考点06

影响认罪认罚从宽制度的适用。

4. 犯罪嫌疑人、被告人认罪认罚，但没有退赃退赔、赔偿损失，未能与被害方达成调解或者和解协议的，从宽时应当予以酌减。

备考提示 犯罪嫌疑人、被告人自愿认罪并且愿意积极赔偿损失，但由于被害方赔偿请求明显不合理，未能达成调解或者和解协议的，一般不影响对犯罪嫌疑人、被告人从宽处理。

[法条链接]《认罪认罚从宽意见》第16~18条。

迷你案例

案情：罗小翔猥亵一案，罗小翔认罪认罚，但被害人张大翔要求赔偿名誉损失费1000万元，双方未能达成和解协议。

问题：本案还能否对罗小翔从宽处理？

答案：能。根据《认罪认罚从宽意见》第18条的规定，罗小翔自愿认罪并且愿意积极赔偿损失，但由于被害方张大翔赔偿请求明显不合理，未能达成和解协议，一般不影响对罗小翔从宽处理。

（四）强制措施

在评估逮捕的社会危险性时，应当将犯罪嫌疑人、被告人是否认罪认罚的情况考虑在内。

1. 犯罪嫌疑人认罪认罚，公安机关认为罪行较轻、没有社会危险性的，应当不再提请人民检察院审查逮捕。对提请逮捕的，人民检察院认为没有社会危险性不需要逮捕的，应当作出不批准逮捕的决定。

2. 已经逮捕的犯罪嫌疑人、被告人认罪认罚的，人民法院、人民检察院应当及时审查羁押的必要性，经审查认为没有继续羁押必要的，应当变更为取保候审或者监视居住。

[法条链接]《认罪认罚从宽意见》第19~21条。

备考提示 案例中，如果犯罪嫌疑人、被告人认罪认罚，并非一律采取非羁押性强制措施，需要满足罪行较轻，采用非羁押性强制措施足以防止发生社会危险性的条件。

（五）特殊条件下免予刑事处罚

犯罪嫌疑人自愿如实供述涉嫌犯罪的事实，有重大立功或者案件涉及国家重大利益的，经最高人民检察院核准，公安机关可以撤销案件，人民检察院可以作出不起诉决定，也可以对涉嫌数罪中的一项或者多项不起诉。

一招制敌 上述认罪认罚案件要想免予处罚，必须满足三个条件：如实供、大利功、高检核。

[法条链接]《刑事诉讼法》第182条第1款。

迷你案例

案情：罗小翔强奸一案，在侦查阶段，罗小翔自愿认罪认罚，并取得了被害女子的谅解，两人表示愿意原地结婚。

问题：公安机关能否撤销本案？

答案：不能。认罪认罚并不等于免予处罚。犯罪嫌疑人除了自愿如实供述涉嫌犯罪的事实之外，还需要有重大立功或者案件涉及国家重大利益，且经最高人民检察院核准，公安机关才可以撤销案件。

三、不同阶段认罪认罚制度的适用

（一）侦查阶段的认罪认罚

1. 侦查人员在讯问犯罪嫌疑人的时候，应当告知犯罪嫌疑人享有的诉讼权利，如实供述自己罪行可以从宽处理和认罪认罚的法律规定。

2. 犯罪嫌疑人自愿认罪的，应当记录在案，随案移送并在起诉意见书中写明有关情况。

备考提示 侦查阶段的认罪认罚注意两个"应当"。该考点可能作为程序违法的命题点。

（二）审查起诉阶段的认罪认罚

1. 权利告知与意见听取

犯罪嫌疑人认罪认罚的，人民检察院应当：

（1）告知其享有的诉讼权利和认罪认罚的法律规定。

（2）听取犯罪嫌疑人、辩护人或者值班律师、被害人及其诉讼代理人对下列事项的意见，并记录在案：

❶涉嫌的犯罪事实、罪名及适用的法律规定；

❷从轻、减轻或者免除处罚等从宽处罚的建议；

❸认罪认罚后案件审理适用的程序；

❹其他需要听取意见的事项。

[法条链接]《刑事诉讼法》第 173 条第 2 款。

备考提示 此处也要注意两个"应当"：①"应当"告知其享有的诉讼权利和认罪认罚的法律规定；②"应当"听取有关人员的意见。告知应当采取书面形式，必要时应当充分释明。人民检察院未采纳辩护人、值班律师意见的，应当说明理由。该考点可能会以案例纠错的形式出现。

2. 自愿性、合法性审查

对侦查阶段认罪认罚的案件，人民检察院应当重点审查以下内容：

（1）犯罪嫌疑人是否自愿认罪认罚，有无因受到暴力、威胁、引诱而违背意愿认罪认罚；

（2）犯罪嫌疑人认罪认罚时的认知能力和精神状态是否正常；

（3）犯罪嫌疑人是否理解认罪认罚的性质和可能导致的法律后果；

（4）侦查机关是否告知犯罪嫌疑人享有的诉讼权利，如实供述自己罪行可以从宽处理和认罪认罚的法律规定，并听取意见；

（5）起诉意见书中是否写明犯罪嫌疑人认罪认罚情况；

（6）犯罪嫌疑人是否真诚悔罪，是否向被害人赔礼道歉。

经审查，犯罪嫌疑人违背意愿认罪认罚的，人民检察院可以重新开展认罪认罚工作。

考点 06

存在刑讯逼供等非法取证行为的，依照法律规定处理。

一招制敌 该考点可简单概括为：“愿”“常”“理”；“告”“明”“诚”；“违意愿”“可重来”。

[法条链接]《认罪认罚从宽意见》第28条。

3. 签署具结书

(1) 签署具结书的程序

犯罪嫌疑人应当在辩护人或者值班律师在场的情况下签署认罪认罚具结书。具结书由犯罪嫌疑人及其辩护人、值班律师签名。

备考提示 犯罪嫌疑人有辩护人的，应当由辩护人在场见证具结并签字，不得绕开辩护人安排值班律师代为见证具结。辩护人确因客观原因无法到场的，可以通过远程视频方式见证具结。

(2) 不需要签署认罪认罚具结书的特殊情形

❶犯罪嫌疑人是盲、聋、哑人，或者是尚未完全丧失辨认或者控制自己行为能力的精神病人的；

❷未成年犯罪嫌疑人的法定代理人、辩护人对未成年人认罪认罚有异议的；

❸其他不需要签署认罪认罚具结书的情形。

备考提示 上述情形，犯罪嫌疑人未签署认罪认罚具结书的，不影响认罪认罚从宽制度的适用。

(3) 具结书的效力

犯罪嫌疑人签署具结书后，没有新的事实和证据，且犯罪嫌疑人未反悔的，人民检察院不得撤销具结书、变更量刑建议。除发现犯罪嫌疑人认罪悔罪不真实、认罪认罚后又反悔或者不履行具结书中需要履行的赔偿损失、退赃退赔等情形外，不得提出加重犯罪嫌疑人刑罚的量刑建议。

[法条链接]《高检规则》第272条；《人民检察院办理认罪认罚案件开展量刑建议工作的指导意见》（以下简称《认罪认罚量刑指导意见》）第27、30条。

迷你案例

1. 案情：罗小翔（17岁）涉嫌强奸张大翔一案，罗小翔认罪又认罚，但是辩护人向某坚持作无罪辩护，对罗小翔认罪认罚有异议。

问题：本案能否对罗小翔适用认罪认罚从宽制度？如果适用认罪认罚从宽制度，可否不签署认罪认罚具结书？

答案：本案只要罗小翔认罪认罚，即使辩护人有异议，依然可以适用认罪认罚从宽制度。由于罗小翔是未成年人，根据《高检规则》第272条第2款第2项、第3款的规定，未成年犯罪嫌疑人的法定代理人、辩护人对未成年人认罪认罚有异议的，可以不签署认罪认罚具结书。未签署认罪认罚具结书的，不影响认罪认罚从宽制度的适用。

2. 案情：罗小翔（17岁）涉嫌强奸张大翔一案，罗小翔认罪又认罚，因辩护人突发疾病无法到场见证，其在法定代理人和值班律师在场的情况下，签署了认罪认罚具结书。

问题：本案程序是否合法？

答案：本案程序违法。由于罗小翔是未成年人，必须有辩护人为其辩护，因此应当由辩护人在场见证具结并签字，不得绕开辩护人安排值班律师代为见证具结。辩护人确因客观原因无法到场，还可以通过远程视频方式见证具结。

3. 案情：吴某某强奸一案，吴某某认罪认罚。吴某某签署具结书后，没有新的事实和证据出现，且吴某某未反悔。

问题：人民检察院能否撤销具结书、变更量刑建议？

答案：不能。因为已经签署的具结书，对控辩双方均具有法律约束力。在本案没有新的事实和证据，且吴某某未反悔的情况下，人民检察院不能撤销具结书、变更量刑建议。除发现吴某某认罪悔罪不真实、认罪认罚后又反悔或者不履行具结书中需要履行的赔偿损失、退赃退赔等情形外，不得提出加重吴某某刑罚的量刑建议。

4. 量刑建议的提出

（1）犯罪嫌疑人认罪认罚的，人民检察院应当就主刑、附加刑、是否适用缓刑等提出量刑建议，并随案移送认罪认罚具结书等材料。

备考提示 人民检察院对普通案件“可以”提量刑建议，对认罪认罚案件“应当”提量刑建议。

[法条链接]《刑事诉讼法》第 176 条第 2 款。

（2）办理认罪认罚案件，人民检察院一般应当提出确定刑量刑建议。对新类型、不常见犯罪案件，量刑情节复杂的重罪案件等，也可以提出幅度刑量刑建议，但应当严格控制所提量刑建议的幅度。

备考提示 量刑建议有两种类型：一般情况下是确定刑量刑建议，特殊情况下也可以是幅度刑量刑建议。

（3）人民检察院提出量刑建议，一般应当制作量刑建议书，与起诉书一并移送人民法院。对于案情简单、量刑情节简单，适用速裁程序的案件，也可以在起诉书中载明量刑建议。

备考提示 量刑建议有两种载体：一种是单独制作量刑建议书，另一种是在起诉书中载明量刑建议。

[法条链接]《认罪认罚量刑指导意见》第 4 条、第 31 条第 1 款。

5. 量刑建议的调整

（1）人民法院经审理，认为量刑建议明显不当或者认为被告人、辩护人对量刑建议的异议合理，建议人民检察院调整量刑建议的，人民检察院应当认真审查，认为人民法院建议合理的，应当调整量刑建议，认为人民法院建议不当的，应当说明理由和依据；

（2）人民检察院调整量刑建议，可以制作量刑建议调整书移送人民法院。

[法条链接]《认罪认罚量刑指导意见》第 32 条。

（三）审判阶段的认罪认罚

1. 审查认罪认罚的真实性、合法性

被告人认罪认罚的，审判长应当告知被告人享有的诉讼权利和认罪认罚的法律规定，审查认罪认罚的自愿性和认罪认罚具结书内容的真实性、合法性。

一招制敌 在认罪认罚案件中，请务必记住，侦查阶段、审查起诉阶段、审判阶段每个环节都有两个“应当”的程序问题。

2. 量刑建议的采纳与调整

（1）对于认罪认罚案件，人民法院依法作出判决时，一般应当采纳人民检察院指控的罪名和量刑建议，但有下列情形的除外：

除外情形

1. 被告人的行为不构成犯罪或者不应当追究其刑事责任的
2. 被告人违背意愿认罪认罚的
3. 被告人否认指控的犯罪事实的
4. 起诉指控的罪名与审理认定的罪名不一致的
5. 其他可能影响公正审判的情形

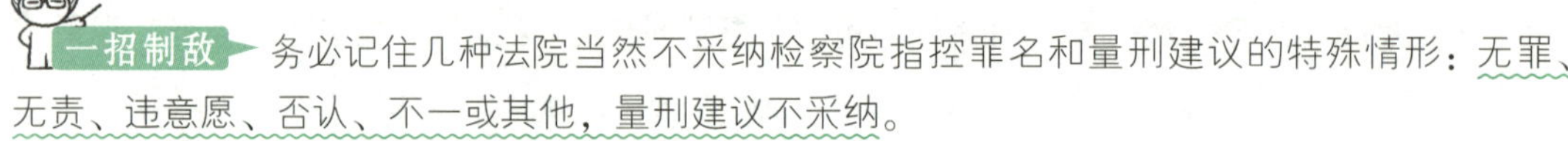

一招制敌 务必记住几种法院当然不采纳检察院指控罪名和量刑建议的特殊情形：无罪、无责、违意愿、否认、不一或其他，量刑建议不采纳。

［法条链接］《刑事诉讼法》第201条第1款。

［举案说法］罗小翔涉嫌故意伤害一案，罗小翔认罪认罚，检察院向法院提出了判三缓四的量刑建议，但是经过审理，法院认为罗小翔不构成犯罪，此时法院既不采纳检察院指控的罪名，也不采纳检察院提出的量刑建议，依法判决无罪。

（2）人民法院经审理认为量刑建议明显不当，或者被告人、辩护人对量刑建议提出异议的，人民检察院可以调整量刑建议。人民检察院不调整量刑建议或者调整量刑建议后仍然明显不当的，人民法院应当依法作出判决。

一招制敌 检察院可以调整量刑建议的情形简单概括为：量刑建议“显”不当，应当告知其调整，仍然不当依法判。

［法条链接］《刑事诉讼法》第201条第2款。

迷你案例

案情：北京余某某交通肇事一案，被告人余某某认罪认罚，检察院向法院提出了判三缓四的量刑建议，一审法院认为该量刑建议明显不当。

问1：如果法院直接判处余某某有期徒刑2年，该做法是否正确？如果不正确，检察院应当如何监督？

答案：①法院直接改判的做法不正确。根据《认罪认罚从宽意见》第41条第1款的规定，人民法院经审理，认为量刑建议明显不当，或者被告人、辩护人对量刑建议有异议且有理有据的，人民法院应当告知人民检察院，人民检察院可以调整量刑建议。人民法院认为调整后的量刑建议适当的，应当予以采纳；人民检察院不调整量刑建议或者调整后仍然明显不当的，人民法院应当依法作出判决。②根据《认罪认罚量刑指导意见》第37条的规定，人民法院违反法律规定，未告知人民检察院调整量刑建议而直接作出判决的，人民检察院一般应当以违反法定程序为由依法提出抗诉。

问2：如果法院建议检察院调整量刑建议，而检察院拒绝调整，于是法院直接判处余某某有期徒刑2年，检察院认为量刑确有错误的，又应当如何监督？

答案：根据《认罪认罚量刑指导意见》第38条的规定，认罪认罚案件审理中，人民法院认为量刑建议明显不当建议人民检察院调整，人民检察院不予调整或者调整后人民法院不予采纳，人民检察院认为判决、裁定量刑确有错误的，应当依法提出抗诉，或者根据案件情况，通过提出检察建议或者发出纠正违法通知书等进行监督。

3. 速裁程序的适用

基层人民法院管辖的可能判处3年有期徒刑以下刑罚的案件，案件事实清楚，证据确实、充分，被告人认罪认罚并同意适用速裁程序的，可以适用速裁程序。

备考提示 认罪认罚只是适用速裁程序的前提条件之一，并非必然适用速裁程序。根据《刑诉解释》第348条的规定，对认罪认罚案件，应当根据案件情况，依法适用速裁程序、简易程序或者普通程序审理。

[举案说法] 罗某入室抢劫一案，即使被告人罗某认罪认罚且同意适用速裁程序，法院也不能适用速裁程序来审理，因为该案是重罪案件，不满足“轻微”的条件。

一招制敌 速裁程序的适用条件可以概括为：轻微、清楚、认罪、同意。

4. 简易程序的适用

基层人民法院管辖的被告人认罪认罚案件，事实清楚、证据充分，被告人对适用简易程序没有异议的，可以适用简易程序审判。

备考提示 适用简易程序和速裁程序共同的前提条件是被告人要认罪，如果被告人不认罪，则只能适用普通程序审理。

[举案说法] 罗某入室抢劫一案，如果被告人罗某认罪且同意适用简易程序，法院可以适用简易程序审理，因为简易程序无需满足“轻微”的条件。

一招制敌 简易程序的适用条件可以概括为：清楚、认罪、同意。

5. 普通程序简化审

适用普通程序办理认罪认罚案件，可以适当简化法庭调查、辩论程序。公诉人宣读起诉书后，合议庭当庭询问被告人对指控的犯罪事实、证据及量刑建议的意见，核实具结书签署的自愿性、真实性、合法性。公诉人、辩护人、审判人员对被告人的讯问、发问可以简化。对控辩双方无异议的证据，可以仅就证据名称及证明内容进行说明；对控辩双方有异议，或者法庭认为有必要调查核实的证据，应当出示并进行质证。法庭辩论主要围绕有争议的问题进行，裁判文书可以适当简化。

6. 当庭认罪认罚的处理

被告人在侦查、审查起诉阶段没有认罪认罚，但当庭认罪，愿意接受处罚的，人民法院应当根据审理查明的事实，就定罪和量刑听取控辩双方意见，依法作出裁判。

[法条链接]《认罪认罚从宽意见》第49条。

案情：罗小翔拐卖妇女一案，罗小翔在侦查阶段、审查起诉阶段坚决不认罪。

问 1：如果罗小翔在庭审中当庭认罪，法院能否对罗小翔从宽处理？

答案：能。认罪认罚从宽制度贯穿刑事诉讼全过程，适用于侦查、起诉、审判各个阶段。被告人当庭认罪，愿意接受处罚的，法院应当根据审理查明的事实，就定罪和量刑听取控辩双方意见，依法作出裁判。

问 2：如果罗小翔当庭认罪认罚，法院是否需要再通知检察院调整量刑建议？

答案：不需要。根据《刑诉解释》第 356 条第 1 款的规定，本案被告人罗小翔在检察院提起公诉前未认罪认罚，在审判阶段认罪认罚，法院可以不再通知检察院提出或者调整量刑建议。

7. 二审中认罪认罚的处理

被告人在二审程序中才认罪认罚的，二审法院应当根据其认罪认罚的价值、作用决定是否从宽，并依法作出裁判。确定从宽幅度时应当与一审程序认罪认罚有所区别。

[法条链接]《认罪认罚从宽意见》第 50 条。

四、认罪认罚后反悔的处理

（一）起诉前反悔

犯罪嫌疑人认罪认罚，签署认罪认罚具结书，在人民检察院提起公诉前反悔的，具结书失效，人民检察院应当在全面审查事实证据的基础上，依法提起公诉。

（二）不起诉后反悔

犯罪嫌疑人认罪认罚，人民检察院依法作出酌定不起诉决定后，犯罪嫌疑人反悔的，人民检察院应当区分情形依法作出处理：

1. 发现犯罪嫌疑人没有犯罪事实，或者符合《刑事诉讼法》第 16 条规定的情形之一的，应当撤销原不起诉决定，重新作出法定不起诉决定。

2. 犯罪嫌疑人犯罪情节轻微，依照《刑法》不需要判处刑罚或者免除刑罚的，可以维持原不起诉决定。

3. 排除认罪认罚因素后，符合起诉条件的，应当根据案件具体情况撤销原不起诉决定，依法提起公诉。

[法条链接]《高检规则》第 278 条；《认罪认罚从宽意见》第 51 条。

迷你案例

案情：罗小翔收买被拐卖的妇女一案，在审查起诉阶段，罗小翔自愿认罪认罚，并取得了被拐卖女子的谅解，人民检察院认为罗小翔犯罪情节轻微，决定酌定不起诉。

问题：如果罗小翔反悔不认罪，人民检察院经审查认为其情节显著轻微，不认为是犯罪，该如何处理？

答案：由于情节显著轻微属于法定不起诉的情形，因此，人民检察院应当撤销原不起诉决定，重新作出法定不起诉决定。

（三）审判中反悔

案件审理过程中，被告人反悔不再认罪认罚的，人民法院应当根据审理查明的事实，依法作出裁判。需要转换程序的，依照《认罪认罚从宽意见》的相关规定处理。

［法条链接］《认罪认罚从宽意见》第53条。

迷你案例

案情：罗小翔收买被拐卖的妇女一案，在诉讼中，罗小翔均自愿认罪认罚，并取得了被拐卖女子的谅解，但庭审阶段，辩护人坚持作无罪辩护。

问题：人民检察院该如何处理？

答案：根据《认罪认罚量刑指导意见》第34、35条的规定，被告人认罪认罚而庭审中辩护人作无罪辩护的，人民检察院应当核实被告人认罪认罚的真实性、自愿性。被告人仍然认罪认罚的，可以继续适用认罪认罚从宽制度。被告人反悔不再认罪认罚的，人民检察院应当了解反悔的原因，被告人明确不再认罪认罚的，人民检察院应当建议人民法院不再适用认罪认罚从宽制度，撤回从宽量刑建议，并建议法院在量刑时考虑相应情况。依法需要转为普通程序或者简易程序审理的，人民检察院应当向人民法院提出建议。

（四）裁判后反悔

认罪认罚案件中，人民法院采纳人民检察院提出的量刑建议作出判决、裁定，被告人仅以量刑过重为由提出上诉，因被告人反悔不再认罪认罚致从宽量刑明显不当的，人民检察院应当依法提出抗诉。

［法条链接］《认罪认罚量刑指导意见》第39条。

案情：罗某故意伤害张某一案，被告人罗某认罪认罚，人民法院采纳人民检察院提出的量刑建议作出判决。一审判决后，罗某以量刑过重为由提出上诉。

问题：人民检察院该如何监督？

答案：罗某以量刑过重为由提出上诉表明被告人不认罚，如果本案因被告人反悔不再认罪认罚致从宽量刑明显不当，人民检察院应当依法提出抗诉。

（五）速裁程序中反悔上诉

被告人不服适用速裁程序作出的第一审判决提出上诉的案件，第二审人民法院审查后，按照下列情形分别处理：

发现被告人以事实不清、证据不足为由提出上诉的：应当裁定撤销原判，发回原审人民法院适用普通程序重新审理，不再按认罪认罚案件从宽处罚。

发现被告人以量刑不当为由提出上诉的：原判量刑适当的，应当裁定驳回上诉，维持原判。原判量刑不当的，经审理后依法改判。

考点06

备考提示 适用速裁程序审理的案件，二审法院以原判决事实不清或证据不足为由发回原审法院重新审判的，原审法院应当适用一审普通程序重新审判。

[法条链接]《认罪认罚从宽意见》第 45 条；《刑诉解释》第 377 条。

案情：罗某故意伤害张某一案，被告人罗某认罪认罚，一审法院适用了速裁程序审理。

问 1：罗某对一审判决结果不服，可否上诉？

答案：适用速裁程序审理的案件，被告人不服一审判决，也可以上诉。上诉权是被告人的一项基本诉讼权利，不得以任何理由加以剥夺。

问 2：罗某如果以事实不清为由上诉，二审法院可否在查清事实的情况下依法改判？

答案：被告人如果以事实不清为由上诉，意味着一审法院不满足适用速裁程序的条件，属于程序违法，二审法院应当裁定撤销原判，发回原审法院适用普通程序重新审理，不再按认罪认罚案件从宽处罚。

回　顾

总结梳理 刑事案例中认罪认罚从宽制度的分析步骤

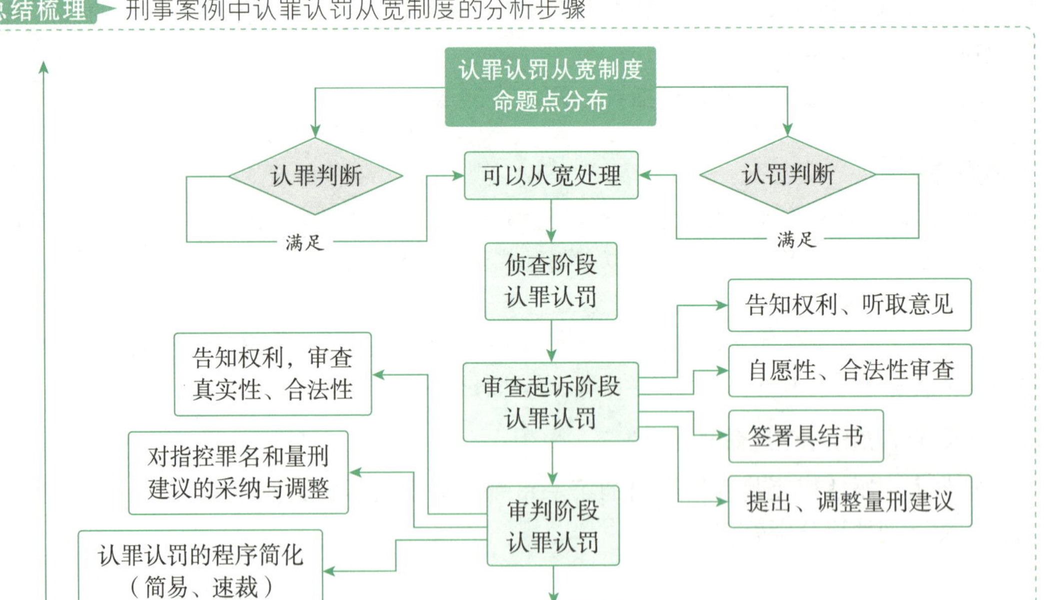

07

具有法定情形不予追究刑事责任原则

一、不予追究刑事责任的法定情形

1. 情节显著轻微、危害不大，不认为是犯罪的。

备考提示 “显著轻微”不同于“犯罪情节轻微”，前者法律不认为是犯罪，后者已经构成了犯罪。

[举案说法] 罗某故意伤害张某一案，如果张某经鉴定为轻微伤，就是“显著轻微”，不认为是犯罪；但是如果鉴定为轻伤，就构成犯罪了。前者属于法定不予追究刑事责任的情形；后者如果认为犯罪情节轻微，只能是酌情考虑不追究的情形。

2. 犯罪已过追诉时效期限的。

备考提示 《刑法》规定了对于刑事犯罪的追诉期限：①法定最高刑为不满5年有期徒刑的，经过5年。②法定最高刑为5年以上不满10年有期徒刑的，经过10年。③法定最高刑为10年以上有期徒刑的，经过15年。④法定最高刑为无期徒刑、死刑的，经过20年。如果20年以后认为必须追诉的，须报请最高人民检察院核准。

[法条链接]《高检规则》第320、321条；《刑法》第87条。

[举案说法] “南医大”女生被杀一案，真凶在案发28年后落网。本案原则上不能再追究其刑事责任，如果必须追诉，须报请最高人民检察院核准方可提起公诉。在最高人民检察院核准追诉之前，本案可以立案、侦查以及采取强制措施，但是不得提起公诉。

3. 经特赦令免除刑罚的。

备考提示 全国人民代表大会常务委员会有权决定特赦。这种特赦命令具有终止刑事追究的法律效力。

4. 依照《刑法》告诉才处理的犯罪，没有告诉或者撤回告诉的。

备考提示 这类犯罪需要自诉人自己去起诉，如果自诉人没有起诉，是不追究刑事责任的。告诉才处理的犯罪包括侮辱、诽谤、暴力干涉婚姻自由、虐待、侵占案件。

[举案说法] 罗小翔长期虐待其娇妻，涉嫌虐待罪。本案如果被害人没有提起自诉，则不能追究罗小翔的刑事责任。

5. 犯罪嫌疑人、被告人死亡的。

[举案说法] 罗小翔绑架张大翔后，在侦查阶段畏罪自杀。本案由于罗小翔已经死亡，不再追究其刑事责任，侦查机关应依法撤销案件。

6. 其他法律规定免予追究刑事责任的。

备考提示 上述情形并不包括没有发生犯罪，也不包括证据不足的情形。如果没有犯罪发生，当然不能追究责任，但是其并非法定的基本原则，还有证据不足也不能追究刑事责任，

考点07

但是其也不属于法定的基本原则。

一招制敌 上述情形可以简单概括为：显著轻、过时效，特赦、告诉和死掉。案例中，只要看到上述情形出现，就可以判定本案属于法定不予追究刑事责任的情形。

[举案说法] 张某涉嫌诈骗，法院审理后认为其主观上不具有非法占有他人财物的目的，作出无罪判决。该案件并未体现法定情形不予追究刑事责任的原则。

二、不予追究刑事责任的处理方式

备考提示 掌握了法定不需要追究刑事责任的情形之后，接下来需要掌握的就是在不同的诉讼阶段，遇到上述情形该如何处理。

（一）立案阶段：不立案或不予受理

1. 对于公诉案件，在刑事诉讼开始前就已经发现具有上述六种情形之一的，公安机关或检察机关应当决定不予立案。

2. 对于自诉案件，人民法院应当不予受理。

[举案说法] 某县公安机关收到孙某控告何某对其强奸的材料，经审查后发现何某自杀了，该县公安机关应当决定不予立案。

（二）侦查阶段：撤销案件

在侦查阶段发现案件具有上述情形之一的，侦查机关应当作撤销案件决定。

[举案说法] 某检察院立案侦查该市公安局局长利用职权非法拘禁他人，侦查中发现犯罪已过追诉时效期限。本案应当由该检察院作出撤销案件的决定。

（三）审查起诉阶段：不起诉

在审查起诉阶段发现案件具有上述情形之一的，人民检察院“应当”作出不起诉决定。

[举案说法] 某检察院审查殷某盗窃一案，在审查起诉阶段发现该行为符合侵占罪的犯罪构成要件。因为侵占罪属于告诉才处理的犯罪，被害人没有告诉的属于法定不予追究刑事责任的情形之一，因此该检察院应当作出不起诉的决定。

（四）审判阶段：终止审理或宣告无罪

1. 终止审理

在审判阶段发现被告人的行为虽然构成犯罪，但具有《刑事诉讼法》第16条第2~6项规定情形的，人民法院应当裁定终止审理。

[举案说法] 某法院开庭审理了张某贪污一案，经审理法院认为本案已过追诉时效，则该法院应当“裁定”终止审理。

2. 宣告无罪

（1）在审判阶段发现情节显著轻微、危害不大，不认为是犯罪的情形，人民法院应当作出判决，宣告被告人无罪。

[举案说法] 法院审理罗某故意伤害张某一案，在庭审中，经过重新鉴定，被害人张某构成轻微伤，法院应当依法判决罗某无罪。

（2）被告人死亡的，一般应当裁定终止审理；但是根据已查明的案件事实和认定的证

据材料，能够确认被告人无罪的，应当判决宣告被告人无罪。

［举案说法］法院审理张某贪污一案，如果在审理过程中，张某突发心脏病死亡，法院应当裁定终止审理；但是，如果现有证据能够证明张某根本不构成犯罪，则法院应当“判决”宣告张某无罪。

［法条链接］《刑事诉讼法》第 16 条第 1 项、第 297 条第 1 款。

回　顾

总结梳理 案例分析中具有法定情形不予追究刑事责任的判断步骤

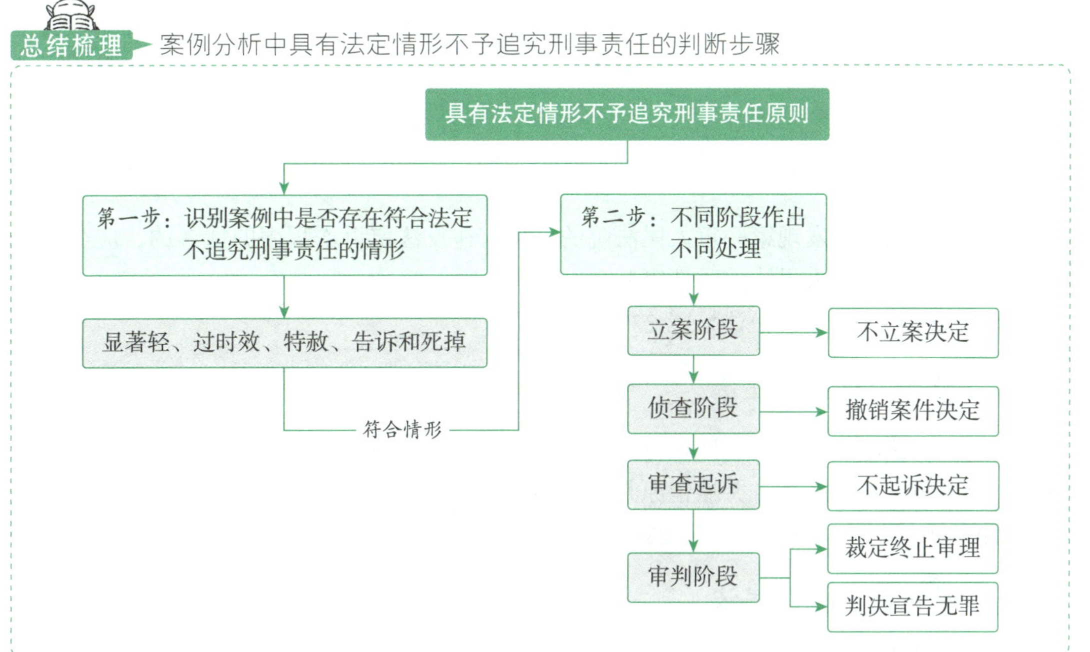

08 严格遵守法律程序原则

人民法院、人民检察院和公安机关进行刑事诉讼，必须严格遵守《刑事诉讼法》和其他法律的有关规定。该原则的基本含义包括：①公、检、法机关进行刑事诉讼活动时，必须严格遵守《刑事诉讼法》和有关法律的规定；②严重违反法律程序的，应当依法承担相应的法律后果。

［法条链接］《刑事诉讼法》第 3 条第 2 款。

备考提示 在案例分析中，同学们需要掌握每个诉讼阶段公、检、法机关违反诉讼程序的相应后果。

一、搜集证据程序违法

1. 采用刑讯逼供等非法方法收集的犯罪嫌疑人、被告人供述和采用暴力、威胁等非法方法收集的证人证言、被害人陈述，应当予以排除。

2. 收集物证、书证不符合法定程序，可能严重影响司法公正的，应当予以补正或者作出合理解释；不能补正或者作出合理解释的，对该证据应当予以排除。

[法条链接]《刑事诉讼法》第 56 条第 1 款。

备考提示 非法证据也并非绝对排除，有些证据（如物证、书证）搜集程序违法，依然可以通过补正或作出合理解释予以采用。

[举案说法] 魏某杀人一案，侦查人员在未出示搜查证的情况下，在魏某住处搜到一把带血的刀，该物证应当予以补正或者作出合理解释；不能补正或者作出合理解释的，对该证据应当予以排除。

二、一审程序违法

第二审人民法院发现第一审人民法院的审理有违反法定诉讼程序的情形的，应当裁定撤销原判，发回原审人民法院重新审判。

[法条链接]《刑事诉讼法》第 238 条。

三、死缓复核程序违法

高级人民法院复核死刑缓期执行案件，认为原审违反法定诉讼程序，可能影响公正审判的，应当裁定不予核准，并撤销原判，发回重新审判。

[法条链接]《刑诉解释》第 428 条第 1 款第 6 项。

四、死刑复核程序违法

最高人民法院复核死刑案件，认为原审违反法定诉讼程序，可能影响公正审判的，应当裁定不予核准，并撤销原判，发回重新审判。

[法条链接]《刑诉解释》第 429 条第 6 项。

五、生效裁判程序违法

人民法院发现生效裁判违反法定诉讼程序，可能影响公正裁判的，应当决定重新审判。

[法条链接]《刑诉解释》第 457 条第 2 款第 9 项。

迷你案例

案情：罗小翔强奸张大翔一案，海淀区法院适用速裁程序判处被告人罗小翔 8 年有期徒刑。

问 1：如果被告人罗小翔上诉，二审法院应当如何处理？

答案：二审法院应当裁定撤销原判，发回重审。因为速裁程序只能针对可能判处 3 年有期徒刑以下刑罚的案件，本案一审程序违法。

问 2：如果被告人罗小翔未上诉，而是在裁判生效后向海淀区法院申诉，海淀区法院应当

如何处理？

答案：海淀区法院经审查，认为本案违反法定诉讼程序，可能影响公正裁判的，应当决定再审本案。因为本案适用速裁程序审理了重罪案件，严重违反了法定程序，可能影响公正裁判，符合再审的理由。

09 人民检察院依法对刑事诉讼实行法律监督原则

人民检察院是我国专门的法律监督机关。在刑事诉讼活动中，人民检察院有权对公安机关的立案侦查、人民法院的审判和执行机关的执行活动是否合法进行监督。这种监督贯穿于刑事诉讼活动的始终。

备考提示 在案例分析中，考生需要掌握各个诉讼阶段人民检察院行使法律监督权的方式。

一、一般规定

人民检察院发现刑事诉讼活动中的违法行为：①对于情节较轻的，由检察人员以口头方式提出纠正意见；②对于情节较重的，经检察长决定，发出纠正违法通知书；③对于带有普遍性的违法情形，经检察长决定，向相关机关提出检察建议；④构成犯罪的，移送有关机关、部门依法追究刑事责任。

[法条链接]《高检规则》第552条第1款。

二、立案监督

1. 人民检察院认为公安机关应当立案而不立案的，有权要求公安机关7日内说明不立案的理由。人民检察院认为公安机关不立案理由不能成立的，经检察长决定，应当通知公安机关立案，公安机关接到通知后15日内应当立案。

公安机关当立案而不立案的监督方法：先要求说理，后通知立案。

迷你案例

案情：著名刑法专家罗某遭法外狂徒张三性侵一案，公安机关以男人强奸男人不构成强奸罪为由不予立案。罗某不服，向人民检察院请求立案监督。

问题：人民检察院可否直接撤销公安机关的不立案决定？如果不能，人民检察院可否直接通知公安机关立案？

答案：公安机关应当立案却不立案的，人民检察院不能直接撤销公安机关不立案的决定。正确的监督方式是：应当要求公安机关说明不立案理由，理由不成立的，通知公安机关立案。

2. 对有证据证明公安机关可能存在违法动用刑事手段插手民事、经济纠纷，或者利

用立案实施报复陷害、敲诈勒索以及谋取其他非法利益等违法立案情形，尚未提请批准逮捕或者移送起诉的，人民检察院应当要求公安机关书面说明立案理由。公安机关说明立案理由后，人民检察院应当进行审查。认为公安机关立案理由不能成立的，经检察长决定，应当通知公安机关撤销案件。

公安机关不当立案却立案的监督方法：先要求说理，后通知撤案。

迷你案例

案情：足疗大亨鄢某因涉嫌组织罗某、张某、魏某、高某等人卖淫，被公安机关立案侦查。检察院发现，鄢某经营的其实是一家绿色足疗店，并没有任何违法犯罪事实。

问题：检察院能否直接通知公安机关撤销案件？

答案：不能。检察院应当先要求公安机关书面说明立案理由，认为公安机关立案理由不能成立的，经检察长决定，应当通知公安机关撤销案件。

三、侦查活动监督

（一）对侦查、调查活动的监督

1. 经公安机关商请或者人民检察院认为确有必要时，可以派员适时介入重大、疑难、复杂案件的侦查活动，参加公安机关对于重大案件的讨论，对案件性质、收集证据、适用法律等提出意见，监督侦查活动是否合法。

2. 经监察机关商请，人民检察院可以派员介入监察机关办理的职务犯罪案件。

[法条链接]《高检规则》第256条。

迷你案例

案情：人民检察院接到报案称在调查殷某贪污受贿一案中，监察机关调查人员以非法方法收集证据。

问题：人民检察院认为确有必要时，可否派员介入重大、疑难、复杂案件的侦查活动？

答案：不能。根据《高检规则》第256条第2款的规定，经监察机关商请，人民检察院才可以派员介入监察机关办理的职务犯罪案件。

（二）对提请批捕的监督

1. 公安机关提请批准逮捕的案件：人民检察院发现遗漏应当逮捕的犯罪嫌疑人的，应当经检察长批准，要求公安机关提请批准逮捕。公安机关不提请批准逮捕或者说明的不提请批准逮捕的理由不成立的，人民检察院可以直接作出逮捕决定，送达公安机关执行。

一招制敌 上述情形可以简单概括为：先“求”报，后自决。

[法条链接]《高检规则》第288条。

迷你案例

案情：高甲、高乙两兄弟共同犯罪，公安机关只对高甲报请检察院批捕。

问题：如果检察院认为高乙也需要报捕，该如何处理？

答案：检察院应要求公安机关对高乙提请批准逮捕；公安机关不提请批准逮捕或者说明的不提请批准逮捕的理由不能成立的，检察院也可以直接作出逮捕高乙的决定。

2. 检察院自侦部门侦查的案件：对应当逮捕而本院负责侦查的部门未移送审查逮捕的犯罪嫌疑人，负责捕诉的部门应当向负责侦查的部门提出移送审查逮捕犯罪嫌疑人的建议。建议不被采纳的，应当报请检察长决定。

一招制敌 上述情形可以简单概括为：先建议，后决定。

[法条链接]《高检规则》第 300 条。

迷你案例

案情：高甲、高乙两兄弟共同刑讯逼供一案，捕诉部门发现本院侦查部门只对高甲移送审查逮捕。

问题：如果捕诉部门认为高乙也需要逮捕，该如何处理？

答案：捕诉部门应当向负责侦查的部门提出移送审查逮捕高乙的建议，建议不被采纳的，应当报请检察长决定。

（三）取证监督

人民检察院接到报案、控告、举报或者发现侦查人员以非法方法收集证据的，应当进行调查核实。

1. 对于确有以非法方法收集证据情形的，应当提出纠正意见。

2. 构成犯罪的，依法追究刑事责任。

3. 发现讯问笔录与讯问犯罪嫌疑人录音、录像内容有重大实质性差异的，或者公安机关、本院负责侦查的部门不能补正或者作出合理解释的，该讯问笔录不能作为批准或者决定逮捕、提起公诉的依据。

[法条链接]《高检规则》第 72、73、264 条。

迷你案例

案情：罗小翔强奸张大翔一案，人民检察院发现罗小翔在讯问笔录中承认是自己强奸了张大翔，但是讯问时的同步录音、录像却记录着罗小翔坚称张大翔是自愿和自己发生性关系。

问题：人民检察院该如何处理？

答案：此情形属于讯问笔录与讯问犯罪嫌疑人录音、录像内容有重大实质性差异，该讯问笔录不能作为批准或者决定逮捕、提起公诉的依据。

四、审查起诉中对漏罪、漏人的监督

人民检察院在审查起诉中，发现遗漏罪行或者有依法应当移送起诉的同案犯罪嫌疑人未移送起诉的，应当要求公安机关补充侦查或者补充移送起诉。对于犯罪事实清楚，证据确实、充分的，也可以直接提起公诉。

[法条链接]《高检规则》第 356 条。

考点 09

[举案说法] 人民检察院审查罗小翔聚众淫乱一案，发现还遗漏了强奸罪行，如果强奸罪犯罪事实清楚，证据确实、充分，人民检察院也可以直接对强奸罪提起公诉。

五、对庭审活动监督

1. 人民检察院在审判活动监督中，发现人民法院或者审判人员审理案件违反法律规定的诉讼程序，应当向人民法院提出纠正意见。

2. 人民检察院对违反程序的庭审活动提出纠正意见，应当由人民检察院在庭审后提出。

3. 出席法庭的检察人员发现法庭审判违反法律规定的诉讼程序，应当在休庭后及时向检察长报告。

[法条链接]《高检规则》第 572 条。

[举案说法] 张法官一边审理罗某故意杀人一案，一边用手机观看热播剧《狂飙》。公诉人向某不能直接当庭拍桌子监督张法官。对违反法定程序的庭审活动，应当在庭审后以检察机关的名义提出纠正意见。

六、裁判结果监督

1. 监督一审未生效裁判。第一审人民法院同级地方人民检察院认为一审未生效裁判确有错误的时候，应当向上一级人民法院提出二审抗诉。

[法条链接]《刑事诉讼法》第 228 条。

2. 监督已生效裁判。最高人民检察院对各级人民法院的生效裁判，上级人民检察院对下级人民法院的生效裁判，如果发现确有错误，有权按照审判监督程序向同级人民法院提出再审抗诉。

[法条链接]《刑事诉讼法》第 254 条第 3 款。

向高甲主观题

迷你案例

案情：湖南省怀化市中院一审罗某故意杀人案，判决被告人罗某无罪。

问 1：裁判生效前，检察院认为一审判决错误，该如何行使法律监督权？

答案：本案在裁判生效前，应当由怀化市检察院向湖南省高院提起二审抗诉。

问 2：裁判生效后，检察院认为一审判决错误，该如何行使法律监督权？

答案：本案在裁判生效后，应当由湖南省检察院或者最高检察院向同级法院提起再审抗诉。

七、执行的监督

（一）监外执行

1. 事前监督。针对监狱、看守所提出的暂予监外执行的书面意见，人民检察院可以向决定或者批准机关提出书面意见。

2. 事后监督。针对决定或者批准暂予监外执行的机关的暂予监外执行决定，人民检察院认为该决定不当的，应当自接到通知之日起 1 个月以内将书面意见送交决定或者批准暂予监外执行的机关。

[法条链接]《刑事诉讼法》第 266、267 条。

（二）减刑假释

1. 事前监督。针对执行机关提出的减刑、假释建议书，人民检察院可以向人民法院提出书面意见。

2. 事后监督。人民检察院认为人民法院减刑、假释的裁定不当，应当在收到裁定书副本后 20 日以内，向人民法院提出书面纠正意见。

［法条链接］《刑事诉讼法》第 273 条第 2 款、第 274 条。

八、特别程序的监督

1. 缺席审判。人民检察院认为人民法院的判决确有错误的，应当向上一级人民法院提出抗诉。

2. 没收程序。人民检察院认为同级人民法院按照违法所得没收程序所作的第一审裁定确有错误的，应当在 5 日以内向上一级人民法院提出抗诉。

3. 强疗程序。人民法院作出宣告被告人无罪或者不负刑事责任的判决和强制医疗决定的，人民检察院应当进行审查。对判决确有错误的，应当依法提出抗诉；对强制医疗决定不当或者未作出强制医疗的决定不当的，应当提出纠正意见。

一招制敌 在特别程序中，针对缺席审判的“判决”或没收违法所得的“裁定”的监督方式是提出抗诉，针对强制医疗的“决定”的监督方式是提出纠正意见。

考点 10

10 未经人民法院依法判决对任何人都不得确定有罪原则

一、基本含义

该原则包括两层含义：①明确规定了确定被告人有罪的权力由人民法院统一行使，其他任何机关、团体和个人都无权行使；②人民法院判决被告人有罪，必须严格依照法定程序。

迷你案例

案情：罗某强制猥亵张某一案，人民检察院认为犯罪情节轻微，不需要判处刑罚。

问题：人民检察院能否在宣告罗某有罪的同时作出不起诉的决定？

答案：不能。确定被告人有罪的权力由人民法院统一行使，其他任何机关、团体和个人都无权行使。人民检察院不管出于何种原因不起诉罗某，均不能确定罗某有罪。

二、立法体现

1. 区分犯罪嫌疑人与刑事被告人。公诉案件在提起公诉前将被追究者称为犯罪嫌疑人，提起公诉后始称为刑事被告人。区分犯罪嫌疑人和被告人的时间界限为提起公诉之日。命题者可能通过当事人的身份来暗示案件所处的阶段。

迷你案例

案情：罗小翔贩毒一案，被告人罗小翔咬舌自尽。

问题：本案程序应当如何处理？

答案：本案既然称罗小翔为"被告人"，说明案件已经进入审判阶段。法院应当裁定终止审理；但有证据证明罗小翔无罪，经缺席审理确认无罪的，应当判决宣告罗小翔无罪。

2. 控诉方承担举证责任。被告人不负证明自己无罪的义务，不得因被告人不能证明自己无罪便推定其有罪。

迷你案例

案情：罗小翔贩毒一案，被告人罗小翔主张自己并没有贩卖毒品。

问题：罗小翔对其主张是否承担证明责任？

答案：不承担。被告人不负证明自己无罪的义务，不得因罗小翔不能证明自己无罪便推定其有罪。

3. 疑罪从无处理

（1）审判阶段，对于证据不足、不能认定被告人有罪的，人民法院应当作出证据不足、指控罪名不能成立的无罪判决；

（2）审查起诉阶段，经过2次退回补充侦查（调查）的案件，仍然事实不清、证据不足的，应当作出存疑不起诉处理。

备考提示 未经人民法院依法判决对任何人都不得确定有罪原则并不等于无罪推定原则。无罪推定原则的基本含义是：任何人，在未经依法确定有罪以前，应假定其无罪。我国在一定程度上吸收了无罪推定原则的精神，但是尚未达到无罪推定的高度。为了贯彻这一基本原则，1996年《刑事诉讼法》作出了以下四个方面的改革：

（1）废除了检察机关长期实行的免予起诉制度，人民检察院在审查起诉后不得作出有罪但免予起诉的决定。

（2）在法律上首次对"犯罪嫌疑人""被告人""罪犯"的概念加以区分。

（3）明确了在庭审中，由控方承担举证责任。公诉人在法庭调查中有义务提出证明被告人有罪的证据，而被告人则不承担证明自己有罪或无罪的责任。

（4）摒弃了过去长期司法实践中形成的与"宁枉勿纵""有罪推定"等观念相联系的"疑罪从有兼从轻"的做法，确立了"疑罪从无"原则。

我国现行刑事诉讼法虽然吸收了无罪推定原则的基本精神，但与完整意义上的无罪推定原则仍存在一定的差距。在刑事诉讼法改革的背景下，无论是从完善我国刑事诉讼制度，改善我国国际形象的方面来看，还是从贯彻"国家尊重和保障人权"的宪法条文，落实我国已经签署并待批准的《公民权利和政治权利国际公约》的角度出发，我们都应当从立法上确立完整意义上的无罪推定原则。

刑事诉讼主体

考情概述

刑事诉讼法主观题案例分析主要围绕两条线索展开：①“时间”线索，它将围绕立案、侦查、起诉、审判、执行等诉讼阶段考查相应的刑诉制度。②“人物”线索，即刑事诉讼的主体。刑事诉讼的主体，既包括公、检、法等专门机关，也包括当事人和其他诉讼参与人。同学们在备考主观题时，要重点掌握专门机关的“权力”如何控制（控制权力），以及诉讼参与人的“权利”如何保障（保障人权）。其中，被害人、犯罪嫌疑人、被告人在各个诉讼阶段的权利救济途径是本讲备考的重点。

刑事诉讼主体，是指所有参与刑事诉讼活动，在刑事诉讼中享有一定权利、承担一定义务的国家专门机关和诉讼参与人。

专门机关	公安机关（国家安全机关、监狱、军队保卫部门、中国海警局）	
	人民检察院	
	人民法院	
诉讼参与人	当事人	公诉案件：被害人、犯罪嫌疑人、被告人
		自诉案件：自诉人、被告人
		附带民事诉讼案件：原告人、被告人
	其他参与人	法定代理人、诉讼代理人、辩护人、证人、鉴定人和翻译人员等

备考提示 主观题的案例设计，离不开诉讼的主体。在案例分析中，主体身份判断是否准确，决定了相关权力配置和权利救济途径的表述能否正确，因为主体身份不同，权利就会有所不同。

[举案说法1] 张三盗窃了李四的汽车，用欺骗的手段出卖给王五。张三被检察院以盗窃罪诉至法院。在盗窃案中，张三是犯罪嫌疑人、被告人，李四是被害人，王五是证人。

[举案说法2] 向警官涉嫌刑讯逼供一案，向警官是本案的犯罪嫌疑人、被告人，属于诉讼参与人中的当事人；向警官如果目击某犯罪的发生，那么向警官就是本案的证人，属于诉讼参与人中的其他诉讼参与人；向警官如果作为某案的侦查人员，那么向警官就不属于诉讼参与人，而是属于专门机关的工作人员。

12 刑事诉讼中的专门机关（略）

备考提示 专门机关的考查重点主要集中在案件的管辖分工，详情见考点15“立案管辖”。

13 当事人

当事人，是指与案件的结局有着直接的利害关系，对刑事诉讼进程发挥着较大影响作用的诉讼参与人。当事人包括犯罪嫌疑人、被告人、自诉人、被害人、附带民事诉讼的原告人和被告人。

[举案说法] 吴某某强奸都某某一案，吴某某是本案的犯罪嫌疑人、被告人，都某某是本案的被害人，二者都属于本案的当事人。而目击证人罗某和辩护人张某就不是本案的当事人，他们属于其他诉讼参与人。

当事人共有的诉讼权利包括：①用本民族语言文字进行诉讼；②申请回避权；③对于审判人员、检察人员和侦查人员侵犯公民诉讼权利和人身侮辱的行为，有权提出控告；④有权参加法庭调查和法庭辩论等；⑤申诉权。

备考提示 当事人共有的权利本身并不重要，关键要掌握哪些权利是某当事人没有的或者特有的。

一招制敌 关于本考点的答题思路，首先要判断出当事人的身份，再根据身份来表述该主体在案例中所享有的诉讼权利。

一、被害人的诉讼权利

1. 报案、控告权

被害人对侵犯其人身、财产权利的犯罪事实或者犯罪嫌疑人，有权向公安机关、人民检察院或者人民法院报案或者控告。

备考提示 报案、控告作为被害人的一项诉讼权利，法律并不要求被害人找对管辖的机关，被害人找公、检、法中的任何一个机关报案、控告都是他的权利。公、检、法机关对于报案、控告、举报，都应当接受。对于不属于自己管辖的，应当移送主管机关处理，并且通知报案人、控告人、举报人；对于不属于自己管辖而又必须采取紧急措施的，应当先采取紧急措施，然后移送主管机关。

[法条链接]《刑事诉讼法》第 110 条第 2、3 款。

2. 对于公安机关不立案的救济权

（1）被害人作为控告人对于公安机关不立案的决定如果不服，可以向作出决定的公安机关申请复议；

（2）被害人认为公安机关应当立案却不立案的，有权向人民检察院提出申诉；

（3）被害人有证据证明对被告人侵犯自己人身、财产权利的行为应当依法追究刑事责任，且有证据证明曾经提出控告，而公安机关不予追究被告人刑事责任的案件，被害人有权向人民法院提起自诉。

[法条链接]《刑事诉讼法》第 112、113 条；《刑诉解释》第 1 条第 3 项。

考点13

迷你案例

案情：罗某被张某强奸，罗某向公安机关控告了张某的强奸行为，但是公安机关认为本案没有证据证明犯罪发生，决定不予立案。

问题：罗某该如何救济？

答案：①罗某作为控告人可以向公安机关申请复议；②罗某认为公安机关应当立案却不立案的，有权向人民检察院提出申诉，请求人民检察院监督；③罗某如果有证据证明张某应当被依法追究刑事责任，且有证据证明曾经提出控告，而公安机关不予立案，有权向人民法院提起自诉。

3. 对于人民检察院不起诉的救济权

（1）被害人对人民检察院作出的不起诉决定不服的，有权向上一级人民检察院提出申诉；

（2）被害人有证据证明对被告人侵犯自己人身、财产权利的行为应当依法追究刑事责任，且有证据证明曾经提出控告，而人民检察院决定不起诉的，有权向人民法院提起自诉。

迷你案例

案情：罗某被张某强奸，罗某向公安机关控告了张某的强奸行为，公安机关侦查终结移送检察院，检察院经审查，认为证据不足，决定不起诉。

问题：罗某不服的话，有哪些救济途径？

答案：①罗某有权向上一级检察院提出申诉；②罗某如果有证据证明张某应当被依法追究刑事责任，且有证据证明曾经提出控告，而检察院不起诉，有权向法院提起自诉。这两个救济途径没有先后顺序要求。

4. 对于人民法院裁判结果不服的救济权

（1）被害人及其法定代理人不服地方各级人民法院第一审的判决的，自收到判决书后5日以内，有权请求人民检察院提出抗诉。人民检察院自收到请求后5日以内，应当作出是否抗诉的决定并且答复请求人。

一招制敌 公诉案件被害人是唯一没有上诉权的当事人，其只能请求检察院抗诉，其他的当事人对于一审法院裁判不服皆可上诉。

（2）被害人及其法定代理人、近亲属不服地方各级人民法院的生效裁判的，有权提出申诉。

（3）被害人及其法定代理人、近亲属对强制医疗决定不服的，可以向上一级人民法院申请复议。

[法条链接]《刑事诉讼法》第229、252条，第305条第2款。

迷你案例

案情：罗某故意伤害张某一案，法院认为被告人罗某属于依法不负刑事责任的精神病人，判决宣告罗某不负刑事责任，同时作出对罗某强制医疗的决定。

问题：被害人张某不服的话，该如何救济？

答案：①张某如果对不负刑事责任的判决不服，自收到判决书后5日以内，有权请求检察院提出抗诉；②张某如果对强制医疗的决定不服，可以向上一级法院申请复议。

5. 委托诉讼代理人的权利

公诉案件的被害人及其法定代理人或者近亲属，自案件移送审查起诉之日起，有权委托诉讼代理人。

[法条链接]《刑事诉讼法》第46条第1款。

二、自诉人的诉讼权利

1. 自诉人有权直接向人民法院提起自诉。

备考提示 公诉案件的被害人针对犯罪行为不能直接起诉，只能公诉转自诉。

2. 自诉人有权随时委托诉讼代理人。

备考提示 公诉案件的被害人自案件移送审查起诉之日起才能委托诉讼代理人。

3. 和解、撤诉权。自诉人有权同被告人自行和解或者撤回自诉。

备考提示 公诉案件被害人是不能撤诉的。公诉案件可以和解的范围也有严格限制。

[举案说法] 罗某被张某强奸，检察院决定不起诉，罗某于是向法院提起了自诉。该自诉案件可以适用和解程序。

4. 调解权。告诉才处理的案件和被害人有证据证明的轻微刑事案件的自诉人有权在

向高甲主观题

人民法院的主持下与被告人达成调解协议。

备考提示 公诉案件都不能调解。自诉案件有三类，其中第三类即公诉转自诉案件不能调解，这类案件争议较大。例如，强奸案公安机关不立案，被害人自己向法院起诉，此类案件是不能调解的。

[举案说法] 罗某被张某强奸，检察院决定不起诉，罗某于是向法院提起了自诉。该案作为公诉转自诉案件不能调解。

5. 上诉权。自诉人有权对第一审人民法院尚未发生法律效力的判决、裁定提出上诉。

备考提示 虽然自诉人属于广义上的被害人，但是自诉人是可以上诉的，而公诉案件的被害人没有上诉权。

迷你案例

案情：罗某被张某强奸，罗某向公安机关控告了张某的强奸行为，公安机关侦查终结移送检察院，检察院以强奸罪起诉了张某。

问 1：被害人罗某不服一审判决，可否上诉？

答案：不可以。被害人没有上诉权，被害人及其法定代理人不服地方各级法院第一审的判决的，自收到判决书后 5 日以内，有权请求检察院提出抗诉。

问 2：如果本案检察院决定不起诉，罗某依法向法院提起了自诉，罗某对于本案一审判决不服，可否向上一级法院上诉？

答案：可以。自诉人有上诉权。

6. 申请法院调查取证权

（1）自诉案件当事人因客观原因不能取得的证据，申请人民法院调取的，应当说明理由，并提供相关线索或者材料。人民法院认为有必要的，应当及时调取。

（2）对通过信息网络实施的侮辱、诽谤行为，被害人向人民法院告诉，但提供证据确有困难的，人民法院可以要求公安机关提供协助。

[法条链接]《刑诉解释》第 325 条。

三、犯罪嫌疑人、被告人的诉讼权利

（一）防御性权利

所谓防御性权利，是指犯罪嫌疑人、被告人针对控方指控的一种对抗性的权利，包括以下内容：

1. 有权使用本民族语言文字进行诉讼。

2. 辩护权。公诉案件中，犯罪嫌疑人自被侦查机关第一次讯问或者采取强制措施之日起，有权委托辩护人；在侦查期间，只能委托律师作为辩护人；人民法院自受理案件之日起 3 日以内，应当告知被告人有权委托辩护人。自诉案件中，被告人有权随时委托辩护人。

3. 有权拒绝回答侦查人员提出的与本案无关的问题。

4. 被告人有权在开庭前 10 日内收到起诉书副本。

5. 参加法庭调查权。

6. 参加法庭辩论权。

7. 最后陈述权。被告人有权向法庭作最后陈述。

8. 反诉权。自诉案件的被告人有权对自诉人提出反诉。

备考提示 公诉转自诉案件不能反诉。公诉转自诉案件是由于国家消极行使公诉权，被害人通过自诉方式追诉犯罪的案件。这些案件本质上是公诉案件，不可以反诉。

（二）救济性权利

所谓救济性权利，是指犯罪嫌疑人、被告人对国家机关所作的对其不利的行为、决定或裁判，要求予以审查并作出改变或撤销的诉讼权利，包括以下内容：

1. 申请复议权。对驳回申请回避的决定不服的，有权申请复议。

2. 控告权。对公安司法人员侵犯公民诉讼权利和人身侮辱的行为，有权提出控告。

3. 申请变更强制措施权。犯罪嫌疑人、被告人被羁押的，有权申请变更强制措施；对于人民法院、人民检察院和公安机关采取的强制措施法定期限届满的，有权要求解除。

4. 申诉权

（1）对人民检察院作出的酌定不起诉决定，有权向该人民检察院申诉。

备考提示 被不起诉人只能针对酌定不起诉申诉，对于其他的不起诉决定无权申诉。

（2）对已经发生法律效力的裁判，有权向人民法院、人民检察院提出申诉。

5. 上诉权。对一审未生效的裁判，有权向上一级人民法院上诉。

6. 缺席审判异议权。缺席审判后、交付执行前，人民法院应当告知罪犯有权对判决、裁定提出异议。罪犯对判决、裁定提出异议的，人民法院应当重新审理。

案情：罗某被张某强奸，罗某向公安机关控告了张某的强奸行为，公安机关侦查终结移送检察院。

问1：如果检察院因证据不足，作出不起诉决定，张某能否向检察院申诉？

答案：不能。被不起诉人只能针对酌定不起诉申诉，对于其他的不起诉决定无权申诉。

问2：如果张某错过了上诉期，未及时提出上诉，检察院未抗诉。上诉、抗诉期届满后，张某咨询律师意见，认为一审裁判定性错误，还能否上诉？如果不能，正确的救济途径是什么？

答案：上诉期届满后，张某不能再提出上诉，但是其可以向法院或者检察院提出申诉。

四、附带民事诉讼当事人的诉讼权利

1. 委托诉讼代理人。

一招制敌 委托时间视公诉、自诉而定，如果是公诉案件，自移送审查起诉之日起可以委托代理人，自诉案件则随时可以委托代理人。

2. 被告人有权提起反诉。

3. 有权申请回避。

4. 有权参加附带民事诉讼部分的法庭调查和法庭辩论。

5. 有权要求人民法院主持调解或者与附带民事诉讼原告人自行和解。

6. 对于一审尚未发生法律效力的附带民事诉讼部分判决、裁定不服的，有权提出上诉。

备考提示 只能对民事部分上诉，对刑事部分不能上诉。

7. 对于已生效裁判的附带民事诉讼部分不服的，有权提出申诉。

迷你案例

案情：附带民事诉讼原告人认为法院对被告人在法定刑以下量刑不当。

问题：该原告人能否在上诉期内向上一级法院提出上诉？

答案：不能。附带民事诉讼原告人只能对一审尚未发生法律效力的附带民事诉讼部分判决、裁定提出上诉，对刑事部分无权上诉。

14 其他诉讼参与人

其他诉讼参与人，是指在刑事诉讼中履行一定的诉讼职责，享有一定的诉讼权利，承担一定的诉讼义务，但与诉讼结果不具有利害关系的人。其他诉讼参与人包括法定代理人、诉讼代理人、辩护人、证人、鉴定人员和翻译人员。

迷你案例

案情：向警官涉嫌抢劫一案，高警官目击了全案的发生，甲警官负责侦查本案。

问题：本案中，谁属于其他诉讼参与人？

答案：高警官作为本案的目击证人，属于其他诉讼参与人。向警官作为本案的犯罪嫌疑人、被告人，属于当事人，不属于其他诉讼参与人。甲警官作为侦查人员，不属于其他诉讼参与人。

一、法定代理人

法定代理人，是指由法律规定的对被代理人负有专门保护义务并代其进行诉讼的人。

01 范围 ＞ 被代理人的父母、养父母、监护人和负有保护责任的机关、团体的代表

02 对象 ＞ 无行为能力人或者限制行为能力人

03 产生 ＞ 依据法律的规定，而不是基于委托关系

04 权限 ＞ 有广泛的与被代理人相同的诉讼权利

备考提示 法定代理人不能代替被代理人作陈述。

05 地位 ＞ 具有独立的法律地位，在行使代理权限时无须被代理人同意

考点14

一招制敌 法定代理人的解题关键：权限似本人，地位很独立。

迷你案例

案情：15 岁的高某被 15 岁的甲某强奸，检察院对犯罪嫌疑人甲某提起了公诉，一审法院判决后，双方当事人的父亲均不服一审判决。

问题：双方当事人的父亲能否提起上诉？如果能上诉，是否需要当事人本人同意？

答案：高某的父亲没有上诉权，因为高某作为被害人本身就没有上诉权，所以他的法定代理人也没有上诉权。甲某的父亲有上诉权，因为甲某作为刑事被告人有上诉权，所以他的法定代理人也有上诉权。法定代理人具有独立的法律地位，在行使代理权限时无须经过被代理人甲某的同意。

二、诉讼代理人

诉讼代理人，是指基于被代理人的委托而代表被代理人参与刑事诉讼的人。

1. 范围：律师；人民团体或者被代理人所在单位推荐的人；被代理人的监护人、亲友。

2. 对象：被害人、自诉人、附带民事诉讼当事人及其法定代理人有权委托诉讼代理人。另外，被害人的近亲属也可以委托诉讼代理人。

备考提示

（1）刑事被告人委托的是辩护人，其他的当事人委托的是诉讼代理人。

（2）上文中只有公诉案件的被害人的近亲属可以委托诉讼代理人，其他几类主体的近亲属不可以委托诉讼代理人。

（3）所谓近亲属，是指夫、妻、父、母、子、女、同胞兄弟姊妹。这与民法规定的范围不同。

3. 产生：基于被代理人的委托而代表被代理人参与刑事诉讼。

4. 权限：诉讼代理人只能在被代理人授权范围内进行诉讼活动，既不得超越代理范围，也不能违背被代理人的意志。

5. 地位：不具有独立的诉讼地位，仅仅是被代理人的代言人。

一招制敌 诉讼代理人的解题关键：权限看授权，地位仅“代言”。

迷你案例

案情：刘某和高某婚后感情一直不好，后高某在外面又另外找了一个女子结婚，刘某以重婚罪提起了自诉。

问题：本案高某、刘某以及刘某的父母是否均有权委托诉讼代理人？

答案：①高某作为刑事被告人，无权委托诉讼代理人，但有权委托辩护人。②刘某作为本案的自诉人，有权随时委托诉讼代理人。③刘某的父母作为自诉人的近亲属，不能委托诉讼代理人。但是如果检察院对本案提起公诉，刘某则为本案的被害人，那么刘某的父母作为被害人的近亲属有权委托诉讼代理人。

三、辩护人

辩护人，是指在刑事诉讼中接受犯罪嫌疑人、被告人及其法定代理人的委托，或者受法律援助机构指派，依法为犯罪嫌疑人、被告人辩护，以维护其合法权益的人。（详见第 6 讲“辩护与代理”）

四、证人

（一）概念

证人，是指在诉讼外了解案件情况的当事人以外的自然人。

［举案说法 1］向某被高某猥亵，向某的妻子甲某目睹了这一切。向某作为本案的当事人，虽然了解案情，但是不能作为证人，向某的妻子甲某是本案的证人。

［举案说法 2］向警官在侦查罗某强奸案的过程中，不断了解案件的真相，但是，向警官不能担任本案的证人，因为其了解案件的时间是在侦查过程中。如果向警官是在执行职务时目击了犯罪情况，则其应当作为证人出庭作证。

（二）资格

生理上、精神上有缺陷或者年幼，不能辨别是非、不能正确表达的人，不能做证人。

备考提示 生理上、精神上有缺陷，对案件事实的认知和表达存在一定困难，但尚未丧失正确认知、表达能力的被害人、证人和被告人所作的陈述、证言和供述，有其他证据印证的，经过补强，可以采信。

［法条链接］《刑事诉讼法》第 62 条第 2 款；《刑诉解释》第 143 条第 1 项。

迷你案例

案情：刘某带着 8 岁的（智障）女儿买肉时，与摊主发生争执，继而互殴。刘某被摊主用刀背打击造成面部骨折，脑体受损。

问题：如果本案进入刑事诉讼程序，刘某的女儿能否作为本案的证人？

答案：如果刘某的女儿因精神缺陷不能辨别是非、不能正确表达，则其不得作为证人；如果刘某的女儿因精神缺陷对案件事实的认知和表达存在一定困难，但尚未丧失正确认知、表达能力，有其他证据印证的，可以采信其证言。

（三）特征

证人具有优先性和不可替代性。证人对案件事实的感知是其可以证明案件事实的根据，这种感知具有亲历性，是不可能由他人替代的。证人的不可替代性，必然得出证人作证优先规则。当证人的身份与其他诉讼主体的身份发生冲突时，只能优先作为证人。

［举案说法］向法官在上班路上目睹了自己妻子杀害了他人，向法官需要优先作为本案的证人。当证人的身份与其他诉讼主体的身份发生冲突时，只能优先作为证人。无论证人与案件当事人有无利害关系，都不需要回避，因为证人具有不可替代性。只不过与本案有利害关系的证人证言和与本案无利害关系的证人证言相比，一般来说前者证明力较弱。

（四）证人的权利

1. 有权用本民族语言文字进行诉讼。

2. 有权查阅证言笔录，并在发现笔录的内容与作证的内容不符时，要求予以补充或者修改。

3. 对公安司法人员侵犯其诉讼权利或者对其人身侮辱的行为，有权提出控告。

4. 对因作证而支出的交通、住宿、就餐等费用，有权要求补助，在单位的福利待遇不被克扣或变相克扣。

[法条链接]《刑事诉讼法》第65条。

备考提示 刑事诉讼中证人的经济补助并不包括误工费，此处区别于民事诉讼。另外，民事诉讼的证人出庭作证的费用由败诉方承担。

[举案说法] 罗某故意伤害张某一案，被害人张某出庭作证后，并没有要求经济补助的权利，该权利仅限于证人。

5. 对于危害国家安全犯罪、恐怖活动犯罪、黑社会性质的组织犯罪、毒品犯罪等案件，证人、鉴定人、被害人因在诉讼中作证，本人或者其近亲属的人身安全面临危险的，人民法院、人民检察院和公安机关应当采取以下一项或者多项保护措施：

（1）不公开真实姓名、住址和工作单位等个人信息；

（2）采取不暴露外貌、真实声音等出庭作证措施；

（3）禁止特定的人员接触证人、鉴定人、被害人及其近亲属；

（4）对人身和住宅采取专门性保护措施；

（5）其他必要的保护措施。

一招制敌 公、检、法针对作证人员及其近亲属的安全保障可简单概括为：危恐黑毒要保护，信息音容接住它。

[法条链接]《刑事诉讼法》第64条第1款。

备考提示 案例中，经济补助的权利针对的是证人，而人身保护的权利针对的是所有作证人员（证人、鉴定人、被害人）以及近亲属。

（五）证人的出庭义务

1. 证人应当出庭的条件

公诉人、当事人或者辩护人、诉讼代理人对证人证言有异议，且该证人证言对案件定罪量刑有重大影响，人民法院认为证人有必要出庭作证的，证人应当出庭作证。

一招制敌 证人应当出庭作证的条件可概括为："有异议"+"有影响"+"有必要"。

[法条链接]《刑事诉讼法》第192条第1款。

2. 证人出庭的例外

（1）系未成年被害人、证人；

（2）庭审期间身患严重疾病或者行动极为不便的；

（3）居所远离开庭地点且交通极为不便的；

（4）身处国外短期无法回国的；

（5）有其他客观原因，确实无法出庭的。

一招制敌 证人可以不出庭的例外可概括为：小孩、有病、太远、在国外。

备考提示 案例中出现上述情形只是可以不出庭，并不等于不作证，可以通过视频等方式作证。

［法条链接］《刑诉解释》第253、558条。

3. 证人拒绝作证的后果

（1）经法院通知，证人没有正当理由不出庭作证的，法院可以强制其到庭，但是被告人的配偶、父母、子女除外；

（2）证人没有正当理由拒绝出庭或者出庭后拒绝作证的，予以训诫，情节严重的，经院长批准，处以10日以下的拘留；

（3）经法院通知，证人没有正当理由拒绝出庭或者出庭后拒绝作证，法庭对其证言的真实性无法确认的，该证人证言不得作为定案的根据。

一招制敌 证人拒绝出庭的后果可概括为：强制、训诫或拘留，排除拒绝不真实。

［法条链接］《刑事诉讼法》第193条；《刑诉解释》第91条第3款。

迷你案例

案情：武大郎因西门官人投毒身亡，武大郎的妻子金莲女士和西门官人的弟弟东门官人为本案的目击证人。

问1：辩护人对证人金莲女士的证言提出异议，金莲女士是否必须出庭作证？

答案：不一定。根据《刑事诉讼法》第192条第1款的规定，仅辩护人对证人证言提出异议并不满足证人应当出庭的全部条件，还需要该证人证言对案件定罪量刑有重大影响、法院认为证人有必要出庭作证，证人才应当出庭作证。

问2：金莲女士和东门官人均拒绝出庭作证，本案可否强制证人到庭？

答案：可以。根据《刑事诉讼法》第193条第1款的规定，经法院通知，证人没有正当理由不出庭作证的，法院可以强制其到庭，除非是被告人的配偶、父母、子女。本案中，金莲女士作为被害人的配偶而非被告人的配偶，不属于法定的例外情形；东门官人作为被告人的弟弟，也不属于法定的例外情形。所以金莲女士和东门官人拒绝出庭作证，均可以被强制出庭。

问3：金莲女士拒绝作证，其证言还能否作为定案依据？

答案：不一定。如果法庭对其证言的真实性无法确认，则该证人证言不得作为定案的根据。

五、鉴定人

（一）概念

鉴定人，是指接受公安司法机关的指派或者聘请，运用自己的专门知识或者技能对刑事案件中的专门性问题进行分析判断并提出书面鉴定意见的人。

[举案说法] 向某是某证据领域的专家，其接受辩护人的邀请，就某案件的证据问题作出了一份专家意见。向某并不属于本案的鉴定人，因为鉴定人只能由公安司法机关指派或者聘请。

（二）鉴定人的出庭作证义务

1. 鉴定人应当出庭的条件

公诉人、当事人或者辩护人、诉讼代理人对鉴定意见有异议，人民法院认为鉴定人有必要出庭的，鉴定人应当出庭作证。

一招制敌 鉴定人应当出庭作证的条件可概括为："有异议" + "有必要"。

[法条链接]《刑事诉讼法》第 192 条第 3 款。

2. 鉴定人拒绝出庭的后果

（1）经人民法院通知，鉴定人拒不出庭作证的，鉴定意见不得作为定案的根据；

（2）鉴定人由于不能抗拒的原因或者有其他正当理由无法出庭的，人民法院可以根据情况决定延期审理或者重新鉴定；

（3）鉴定人无正当理由拒不出庭作证的，人民法院应当通报司法行政机关或者有关部门。

名师点睛：区别于证人，证人如果拒绝出庭作证，法院可以强制、训诫或拘留。

[法条链接]《刑诉解释》第 99 条。

案情：武大郎因西门官人投毒身亡，毒物专家向某作为本案的鉴定人，未出庭作证。

问题：法院该如何处理？

答案：①如果向某拒绝出庭作证，鉴定意见不得作为定案的根据，且法院应当通报司法行政机关或者有关部门；②如果向某有正当理由无法出庭，法院可以根据情况决定延期审理或者重新鉴定。

六、翻译人员

翻译人员，是指在刑事诉讼过程中接受公安司法机关的指派或者聘请，为参与诉讼的外国人或无国籍人、少数民族人员、盲人、聋人、哑人等进行语言、文字或者手势翻译的人员。

备考提示 如果是应当提供翻译而没有提供，不管是犯罪嫌疑人的供述还是证人证言、被害人陈述，均不能作为定案依据。

迷你案例

案情：加拿大人吴某某涉嫌强奸一案，被立案侦查并提起公诉。吴某某精通汉语。

问题：开庭时法院是否需要为吴某某配备翻译人员？

答案：需要。根据《刑诉解释》第 484 条第 1、3 款的规定，人民法院审判涉外刑事案件，使用中华人民共和国通用的语言、文字，应当为外国籍当事人提供翻译。外国籍当事人通晓中国语言、文字，拒绝他人翻译，或者不需要诉讼文书外文译本的，应当由其本人出具书面声明。拒绝出具书面声明的，应当记录在案；必要时，应当录音录像。

管　辖

考情概述

管辖是诉讼案例的基础考点，是指公安机关、检察院和法院之间立案受理刑事案件以及法院系统内审判第一审刑事案件的分工制度。刑事案例中的管辖要解决两个问题：①立案管辖。考生需要重点掌握检察院自侦案件的范围、监察机关立案调查的案件范围和法院自诉案件的范围，同时还需要掌握公、检、法、监之间管辖竞合的处理。②审判管辖。其确定的是法院上下级之间和不同法院之间地域的管辖。每一个刑事案例在各个诉讼阶段都可以涉及管辖问题，希望同学们面对每一个刑事案件都能作出准确的管辖判断。

立案管辖

立案管辖，是指公安机关（包括国家安全机关）、人民检察院和人民法院之间在直接受理刑事案件上的权限分工。

一、公安机关立案侦查的案件范围

1. 刑事案件的侦查由公安机关进行，法律另有规定的除外。

备考提示 公安机关管辖的案件很多，解题只能用排除法，重点掌握法律另有规定的各种情形：①由人民检察院直接立案侦查的案件；②由军队保卫部门负责侦查的军队内部发生的刑事案件；③由国家安全机关立案侦查的危害国家安全犯罪的案件；④由监狱立案侦查的罪犯在监狱内犯罪的案件；⑤中国海警局对海上发生的刑事案件行使侦查权；⑥监察机关管辖的职务犯罪案件；⑦人民法院直接受理的自诉案件。

2. 公安机关侦查案件，也会有地域分工和级别分工。案例分析中，考生首先需要确定一个刑事案件应当由哪个地方、哪个级别的公安机关立案侦查。

（1）刑事案件由犯罪地的公安机关管辖。由犯罪嫌疑人居住地的公安机关管辖更为适宜的，可以由犯罪嫌疑人居住地的公安机关管辖。

[法条链接]《公安部规定》第 15 条第 1 款。

（2）设区的市一级以上公安机关负责下列犯罪中重大案件的侦查：①危害国家安全犯罪；②恐怖活动犯罪；③涉外犯罪；④经济犯罪；⑤集团犯罪；⑥跨区域犯罪。

一招制敌 普通刑事案件默认都是县级公安侦查，市级以上公安侦查的案件可以概括为：危、恐、经、外、团、跨区。

[法条链接]《公安部规定》第 24 条第 2 款。

二、人民检察院直接受理的案件范围

（一）自侦案件的范围

人民检察院直接受理的案件简称为自侦案件。根据《刑事诉讼法》第 19 条第 2 款的规定，人民检察院对以下两类案件负责立案侦查：

1. 人民检察院在对诉讼活动实行法律监督中发现的司法工作人员利用职权实施的非法拘禁、刑讯逼供、非法搜查等侵犯公民权利、损害司法公正的犯罪，可以由人民检察院立案侦查。

备考提示 此类案件具体包括十四个罪名，分别是：①非法拘禁罪（《刑法》第 238 条）（非司法工作人员除外）；②非法搜查罪（《刑法》第 245 条）（非司法工作人员除外）；③刑讯逼供罪（《刑法》第 247 条）；④暴力取证罪（《刑法》第 247 条）；⑤虐待被监管人罪（《刑法》第 248 条）；⑥滥用职权罪（《刑法》第 397 条）（非司法工作人员滥用职权侵犯公民权利、损害司法公正的情形除外）；⑦玩忽职守罪（《刑法》第 397 条）（非司法工作人员玩忽职守侵犯公民权利、损害司法公正的情形除外）；⑧徇私枉法罪（《刑法》第 399 条第 1 款）；⑨民事、行政枉法裁判罪（《刑法》第 399 条第 2 款）；⑩执行判决、裁定失职罪（《刑法》第 399 条第 3 款）；⑪执行判决、裁定滥用职权罪（《刑法》第 399 条第 3 款）；⑫私放在押人员罪（《刑法》第 400 条第 1 款）；⑬失职致使在押人员脱逃罪（《刑法》第 400 条第 2 款）；⑭徇私舞弊减刑、假释、暂予监外执行罪（《刑法》第 401 条）。

一招制敌 上述十四个罪名可以概括为：搜、拘、滥、私、逼；暴、虐、枉、玩、执；执、放、假监、脱逃。

备考提示 上述十四个罪名属于广义上的职务犯罪，可以由人民检察院立案侦查，也可以由监察机关立案调查。

[举案说法 1] 无业游民高某，非法拘禁著名刑法专家罗某。本案并不属于司法工作人员利用职权实施的犯罪，因此，本案不属于检察院侦查范围，而应当由公安机关立案侦查。

[举案说法 2] 刑警队长向某，非法拘禁著名民法专家张某。由于本案属于司法工作人员利用职权实施侵犯公民权利、损害司法公正的犯罪，因此，本案既可以由检察院立案

侦查，也可以由监察委立案调查。

2. 对于公安机关管辖的国家机关工作人员利用职权实施的重大犯罪案件，需要由人民检察院直接受理的时候，经省级以上人民检察院决定，可以由人民检察院立案侦查。省级人民检察院可以决定由下级人民检察院直接立案侦查，也可以决定本院直接立案侦查。

备考提示 此类案件也可以由公安机关立案侦查。这种机动侦查权只能针对个别案件，通常是公安机关不立案或者不便立案的个别案件，否则就违反了刑事诉讼法关于侦查的管辖分工，违反了公、检、法三机关分工负责、互相制约的原则。

一招制敌 此类案件由人民检察院侦查需要同时满足以下条件："公""机""权""大""省以上"。

迷你案例

案情：孙某系甲省乙市海关科长，其与走私集团通谋，利用职权走私国家禁止出口的文物，情节特别严重。

问题：本案该如何确定立案管辖？

答案：本案可以由公安机关立案侦查，如果经过省级以上人民检察院决定，也可以由人民检察院立案侦查。

（二）自侦案件的管辖

1. 自侦案件由设区的市级人民检察院立案侦查。基层人民检察院发现犯罪线索的，应当报设区的市级人民检察院决定立案侦查。

2. 设区的市级人民检察院根据案件情况也可以将案件交由基层人民检察院立案侦查，或者要求基层人民检察院协助侦查。

3. 最高人民检察院、省级人民检察院发现犯罪线索的，可以自行立案侦查，也可以将犯罪线索交由指定的省级人民检察院或者设区的市级人民检察院立案侦查。

[法条链接]《高检规则》第14条。

迷你案例

案情：湖南省怀化市人民检察院侦查了罗某刑讯逼供一案。

问题：该案是否只能由怀化市人民检察院提起公诉？

答案：不是。提起公诉的人民检察院应当与审判的人民法院"门当户对"。如果该案由怀化市中级人民法院审判，则由怀化市人民检察院提起公诉；如果该案由基层人民法院管辖，则交有管辖权的基层人民法院相对应的人民检察院提起公诉；需要指定其他人民检察院提起公诉的，应当与同级人民法院协商指定管辖。

三、监察机关立案调查的案件范围

（一）监察机关调查的案件范围

监察机关对涉嫌贪污贿赂、滥用职权、玩忽职守、权力寻租、利益输送、徇私舞弊以及浪费国家资财等职务违法和职务犯罪进行立案调查。

备考提示 国家监察委员会于 2021 年 9 月 20 日发布公告，公布了《监察法实施条例》，明确其自公布之日起施行。《监察法实施条例》明确了监察机关调查范围，分别对监察机关调查违法和犯罪的职责作出规定，列出了职务违法的客观行为类型，列举了监察机关有权管辖的 101 个职务犯罪罪名。

1. 贪污贿赂犯罪

监察机关依法调查涉嫌贪污贿赂犯罪，包括贪污罪、挪用公款罪、受贿罪、单位受贿罪、利用影响力受贿罪、行贿罪、对有影响力的人行贿罪、对单位行贿罪、介绍贿赂罪、单位行贿罪、巨额财产来源不明罪、隐瞒境外存款罪、私分国有资产罪、私分罚没财物罪，以及公职人员在行使公权力过程中实施的职务侵占罪，挪用资金罪，对外国公职人员、国际公共组织官员行贿罪，非国家工作人员受贿罪和相关联的对非国家工作人员行贿罪。

2. 玩忽职守犯罪

监察机关依法调查公职人员涉嫌玩忽职守犯罪，包括玩忽职守罪，国有公司、企业、事业单位人员失职罪，签订、履行合同失职被骗罪，国家机关工作人员签订、履行合同失职被骗罪，环境监管失职罪，传染病防治失职罪，商检失职罪，动植物检疫失职罪，不解救被拐卖、绑架妇女、儿童罪，失职造成珍贵文物损毁、流失罪，过失泄露国家秘密罪。

3. 滥用职权犯罪

监察机关依法调查公职人员涉嫌滥用职权犯罪，包括滥用职权罪，国有公司、企业、事业单位人员滥用职权罪，滥用管理公司、证券职权罪，食品、药品监管渎职罪，故意泄露国家秘密罪，报复陷害罪，阻碍解救被拐卖、绑架妇女、儿童罪，帮助犯罪分子逃避处罚罪，违法发放林木采伐许可证罪，办理偷越国（边）境人员出入境证件罪，放行偷越国（边）境人员罪，挪用特定款物罪，非法剥夺公民宗教信仰自由罪，侵犯少数民族风俗习惯罪，打击报复会计、统计人员罪，以及司法工作人员以外的公职人员利用职权实施的非法拘禁罪、虐待被监管人罪、非法搜查罪。

4. 徇私舞弊犯罪

监察机关依法调查公职人员涉嫌徇私舞弊犯罪，包括徇私舞弊低价折股、出售国有资产罪，非法批准征收、征用、占用土地罪，非法低价出让国有土地使用权罪，非法经营同类营业罪，为亲友非法牟利罪，枉法仲裁罪，徇私舞弊发售发票、抵扣税款、出口退税罪，商检徇私舞弊罪，动植物检疫徇私舞弊罪，放纵走私罪，放纵制售伪劣商品犯罪行为罪，招收公务员、学生徇私舞弊罪，徇私舞弊不移交刑事案件罪，违法提供出口退税凭证罪，徇私舞弊不征、少征税款罪。

5. 重大责任事故犯罪

监察机关依法调查公职人员在行使公权力过程中涉及的重大责任事故犯罪，包括重大责任事故罪，教育设施重大安全事故罪，消防责任事故罪，重大劳动安全事故罪，强令、组织他人违章冒险作业罪，危险作业罪，不报、谎报安全事故罪，铁路运营安全事故罪，重大飞行事故罪，大型群众性活动重大安全事故罪，危险物品肇事罪，工程重大安全事故罪。

6. 其他犯罪

监察机关依法调查公职人员在行使公权力过程中涉及的其他犯罪，包括破坏选举罪，背信损害上市公司利益罪，金融工作人员购买假币、以假币换取货币罪，利用未公开信息交易罪，诱骗投资者买卖证券、期货合约罪，背信运用受托财产罪，违法运用资金罪，违法发放贷款罪，吸收客户资金不入帐罪，违规出具金融票证罪，对违法票据承兑、付款、保证罪，非法转让、倒卖土地使用权罪，私自开拆、隐匿、毁弃邮件、电报罪，故意延误投递邮件罪，泄露不应公开的案件信息罪，披露、报道不应公开的案件信息罪，接送不合格兵员罪。

一招制敌 备考中，同学们无需背诵上述具体罪名，但是应当理解记忆监察委调查的六大类案件："贪""玩""滥""舞""责""其他"。

备考提示 监察机关调查的案件一般需要同时满足两个条件：①犯罪主体身份符合《监察法》第15条规定的公职人员和有关人员范围；②涉嫌罪名属于职务犯罪类型。

[举案说法1] 公安局局长刘某伙同朋友张三贩卖淫秽物品一案，应当由公安机关立案侦查。因为刘某虽然属于公职人员，但是贩卖淫秽物品并非职务犯罪，因此应当由公安机关立案侦查。

[举案说法2] 非国有公司企业人员高某涉嫌职务侵占罪、挪用资金罪，该案应当由公安机关立案侦查。如果是公职人员在行使公权力过程中实施的职务侵占罪、挪用资金罪，则属于监察机关调查范围。

（二）监察机关调查的对象范围

1. 公务员，以及参照《公务员法》管理的人员。
2. 法律、法规授权或者受国家机关依法委托管理公共事务的组织中从事公务的人员。
3. 国有企业管理人员。
4. 公办的教育、科研、文化、医疗卫生、体育等单位中从事管理的人员。
5. 基层群众性自治组织中从事管理的人员。
6. 其他依法履行公职的人员。

[法条链接]《监察法》第15条。

[举案说法] 非国有公司经理罗某，接受某公司销售人员殷某的5万元回扣。罗某并不属于监察机关调查的对象，公司企业人员受贿属于公安机关侦查的案件范围。

四、人民法院直接受理的案件范围

人民法院仅直接受理自诉案件，立案后直接进入审理阶段，不需要经过专门机关侦查。这类案件包括三种情形：

（一）告诉才处理的案件

告诉才处理的案件，是指只有被害人或其法定代理人提出控告和起诉人民法院才予以受理的案件，具体包括：

1. 侮辱、诽谤案（严重危害社会秩序和国家利益的除外）。
2. 暴力干涉婚姻自由案（致使被害人死亡的除外）。
3. 虐待案（致使被害人重伤、死亡或被害人没有能力告诉或因受到强制、威吓无法告诉的除外）。

4. 侵占案（绝对的告诉才处理）。

一招制敌 亲告罪一共包含五个罪名，可以概括为：侮、诽、暴、虐、侵。

[举案说法] 罗某虐待妻子张某多年，未造成重伤、死亡结果。若张某向公安机关提起控告，公安机关不能立案侦查本案，因为虐待罪属于告诉才处理的犯罪，张某只能向法院提起自诉，除非本案出现致使被害人重伤、死亡或被害人没有能力告诉或因受到强制、威吓无法告诉的特殊情形。

（二）被害人有证据证明的轻微刑事案件

这类案件必须满足两个条件：①必须是轻微的刑事案件；②被害人必须有相应的证据证明被告人有罪。这类案件主要包括：

1. 故意伤害案（轻伤）。
2. 非法侵入住宅案。
3. 侵犯通信自由案。
4. 重婚案。
5. 遗弃案。
6. 生产、销售伪劣商品案（严重危害社会秩序和国家利益的除外）。
7. 侵犯知识产权案（严重危害社会秩序和国家利益的除外）。
8. 属于《刑法》分则第四、五章规定的，对被告人可能判处 3 年有期徒刑以下刑罚的案件。

向高甲 主观题

一招制敌 上述八类案件范围可概括为：“重”“轻”“伤”“弃”；“通”“知”“住”“3 下”。

备考提示

1. 此类案件可以公诉也可以自诉。被害人直接向人民法院起诉的，人民法院应当依法受理。对其中证据不足、可以由公安机关受理的，或者认为对被告人可能判处 3 年有期徒刑以上刑罚的，应当告知被害人向公安机关报案，或者移送公安机关立案侦查。被害人向公安机关控告的，公安机关应当受理。

2. 此类自诉案件，公安机关正在立案侦查或者人民检察院正在审查起诉，自诉人起诉的，人民法院不予受理。

迷你案例

1. 案情：殷某向公安机关控告自己的丈夫高某有重婚行为，公安机关以重婚罪属于人民法院直接受理的自诉案件范围为由不受理，并告知殷某向人民法院提起自诉。

问题：公安机关的做法是否正确？

答案：不正确。重婚罪属于自诉案件的第二类，即被害人有证据证明的轻微刑事案件。该类案件属于公诉和自诉交叉的案件。被害人直接向人民法院起诉的，人民法院应当依法受理；被害人向公安机关控告的，公安机关也应当立案侦查。

2. 案情：殷某向公安机关控告自己的丈夫高某有重婚行为，公安机关以高某涉嫌重婚罪为由立案侦查，侦查期间被害人殷某又向法院提起自诉。

问题：法院该如何处理？

答案：法院应当说服殷某撤回起诉；殷某不撤回起诉的，裁定不予受理。

（三）公诉转自诉的案件

被害人有证据证明对被告人侵犯自己人身、财产权利的行为应当依法追究刑事责任，且有证据证明曾经提出控告，而公安机关或者人民检察院不予追究被告人刑事责任的案件，简称“公诉转自诉的案件”。

1. 公诉转自诉的案件，是指从性质上说，这类案件原本属于公诉案件范围，若要成为自诉案件，必须具备两个基本条件：①有证据证明被告人侵犯自己人身、财产权利的行为应当依法追究刑事责任；②有证据证明曾经提出控告，而公安机关或者人民检察院不予追究刑事责任。

2. 这类刑事案件范围很广，既包括公安机关或者检察机关不立案侦查或撤销的案件，也包括检察机关决定不起诉的案件。

案情：高某被甲某强奸，高某将甲某控告到公安机关，公安机关决定不予立案，高某于是向法院起诉。

问题：法院能否受理此案？

答案：能。本案属于自诉案件的第三类即公诉转自诉的案件，如果被害人高某有证据证明甲某的强奸行为应当依法追究刑事责任，且有证据证明曾经提出控告，而公安机关不予追究甲某的刑事责任，高某有权向法院提起自诉。

考点16

16

一、公安机关与检察院的交叉管辖

人民检察院办理直接受理侦查的案件涉及公安机关管辖的刑事案件，应当将属于公安机关管辖的刑事案件移送公安机关。如果涉嫌的主罪属于公安机关管辖，由公安机关为主侦查，人民检察院予以配合；如果涉嫌的主罪属于人民检察院管辖，由人民检察院为主侦查，公安机关予以配合。

一招制敌 公安与检察院竞合的处理可以概括为：该谁给谁，再看主罪。其中，主罪与次罪的划分，应当以犯罪嫌疑人涉嫌的犯罪可能判处的刑罚轻重为标准。

[法条链接]《高检规则》第18条第1款。

案情：人民检察院在查办司法工作人员罗某刑讯逼供案件中，发现罗某还涉嫌伙同其同事

张某实施故意杀人罪。

问题：人民检察院该如何处理？

答案：人民检察院应当将故意杀人罪移送给公安机关。由于故意杀人罪为主罪，由公安机关为主侦查，人民检察院予以配合。

二、公诉案件与自诉案件的交叉管辖

公安机关或人民检察院在侦查过程中，发现被告人还犯有属于人民法院直接受理的罪行时，应分情况进行处理：

1. 对于属于告诉才处理的案件，告知被害人向人民法院直接提起诉讼。

2. 对于属于人民法院可以受理的其他类型自诉案件的，可以立案进行侦查，然后在人民检察院提起公诉时，随同公诉案件移送人民法院，由人民法院合并审理。

[举案说法1] 公安机关在侦查某个盗窃案时发现该犯罪嫌疑人还犯有侵占罪，此时公安机关继续侦查盗窃罪，对于侵占罪只能告知被害人自己向法院提起自诉。

[举案说法2] 公安机关在侦查某个盗窃案时发现该犯罪嫌疑人还犯有重婚罪，此时公安机关可以将重婚罪一并侦查，一并移送起诉。因为重婚是既可以公诉又可以自诉的案件。

三、自诉案件与公诉案件的交叉

人民法院在审理自诉案件过程中，发现被告人还犯有必须由人民检察院提起公诉的罪行时，应将新发现的罪行另案移送有管辖权的公安机关或者人民检察院处理。

[举案说法] 某法院在审理罗某侵占一案中，发现被告人罗某还实施过抢劫。对此，法院继续审理侵占罪，将抢劫罪移送有管辖权的公安机关。

四、普通刑事案件与监察案件的交叉（重点）

（一）一般处理原则

1. 公、检、法等国家机关在工作中发现公职人员涉嫌职务违法或者职务犯罪的问题线索，应当移送监察机关，由监察机关依法调查处置。

2. 被调查人既涉嫌严重职务违法或者职务犯罪，又涉嫌其他违法犯罪的，一般应当由监察机关为主调查，其他机关予以协助。

一招制敌 普通案件与监察案件交叉竞合的基本处理原则：该谁给谁，监察为主。

[法条链接]《监察法》第37条。

[举案说法] 公安机关在侦查税务局局长鄢某盗窃一案中，发现鄢某还涉嫌受贿一案，公安机关应当将受贿案的犯罪线索移送监察机关，本案一般应当由监察机关为主调查，公安机关予以协助。

（二）检察与监察特殊竞合处理

1. 人民检察院办理自侦案件，发现犯罪嫌疑人同时涉嫌监察机关管辖的职务犯罪线索的，应当及时与同级监察机关沟通。

2. 经沟通，认为全案由监察机关管辖更为适宜的，人民检察院应当将案件和相应职

务犯罪线索一并移送监察机关；认为分别管辖更为适宜的，人民检察院应当将监察机关管辖的相应职务犯罪线索移送监察机关，对依法由人民检察院管辖的犯罪案件继续侦查。

3. 人民检察院应当及时将沟通情况报告上一级人民检察院。沟通期间不得停止对案件的侦查。

一招制敌 上述内容可以概括为：监检竞合，及时沟通；监察适宜，全案移送；可监可检，分别管辖；沟通上报，不停侦查。

[法条链接]《高检规则》第 17 条。

迷你案例

案情：人民检察院在侦查司法工作人员罗某非法搜查案的过程中，发现罗某还涉嫌贪污罪。

问题：本案的管辖应当如何处理？

答案：根据《高检规则》第 17 条的规定，人民检察院应当及时与同级监察机关沟通。经沟通，认为全案由监察机关管辖更为适宜的，人民检察院应当将全案一并移送监察机关；认为分别管辖更为适宜的，人民检察院应当将贪污罪线索移送监察机关，对非法搜查罪继续侦查。人民检察院应当及时将沟通情况报告上一级人民检察院。沟通期间不得停止对案件的侦查。

17

并案管辖

一、立案中的并案管辖

公、检、法机关可以在其职责范围内对下列案件进行并案处理：①一人犯数罪的；②共同犯罪的；③共同犯罪的犯罪嫌疑人、被告人还实施其他犯罪的；④多个犯罪嫌疑人、被告人实施的犯罪存在关联，并案处理有利于查明案件事实的。

一招制敌 并案管辖的情形可以概括为：数罪、数人、存关联；共犯还有其他罪。

[法条链接]《最高人民法院、最高人民检察院、公安部、国家安全部、司法部、全国人大常委会法制工作委员会关于实施刑事诉讼法若干问题的规定》（以下简称《六机关规定》）第 3 条。

迷你案例

1. 案情：罗某、张某在甲地组织卖淫一案，由甲地公安机关立案侦查。在侦查中，公安机关发现罗某还在乙地实施了另一起贩毒案。

问题：甲地公安机关能否将罗某的贩毒案并案侦查？

答案：可以。因为组织卖淫罪和贩毒罪均属于公安机关侦查职责范围，甲地公安机关可以将罗某的贩毒案并案侦查。

备考提示 如果数个犯罪不属于同一个机关职责范围内，那么就涉及交叉管辖，应当适用“该谁给谁”的规则。

2. 案情：罗某、张某在甲地组织卖淫一案，由甲地公安机关立案侦查。在侦查中，公安机关发现罗某还在乙地实施了另一起受贿案。

问题：甲地公安机关能否将罗某的受贿案并案侦查？

答案：不能。甲地公安机关应当将罗某的受贿犯罪线索移送监察机关，本案一般应当由监察机关为主调查，公安机关予以协助。

二、审判中的并案管辖

1. 人民法院发现被告人还有其他犯罪被起诉的，可以并案审理；涉及同种犯罪的，一般应当并案审理。

备考提示 有些案件已经起诉至不同法院，特别是不同省份的法院的，并案处理就涉及两地法院、两地检察院的工作衔接和配合，具体操作程序繁杂、费时费力、十分困难。所以法院受理案件后，发现被告人还有犯罪的，“可以”而非“应当”并案审理；涉及同种罪的，“一般”应当并案审理。

2. 人民法院发现被告人还有其他犯罪被审查起诉、立案侦查、立案调查的，可以协商人民检察院、公安机关、监察机关并案处理，但可能造成审判过分迟延的除外。

备考提示 实践中，如果确实协商不成，可以继续审理。有些案件强行要求并案处理，可能导致审理时间过长，审前羁押时间人为加长，反而对被告人不利。

3. 并案处理的案件，由最初受理地的人民法院审判。必要时，可以由主要犯罪地的人民法院审判。

备考提示 ①《刑诉解释》第24条第3款之所以规定“由最初受理地的人民法院审判”而非“由最初受理的人民法院审判”，主要考虑的是：如果最初受理的是基层法院，而还有罪行是由地市级检察院审查起诉，则并案时就不是由最初受理的基层法院管辖，而是由最初受理地的中级法院管辖。②考虑到有些案件由主要犯罪地法院审判更为便利，故《刑诉解释》第24条第3款规定“必要时，可以由主要犯罪地的人民法院审判”。如果多个犯罪不属于同级法院管辖，一般可以认为属于中级法院管辖的犯罪为主要犯罪，从而适用上述规定，由该中级法院并案处理。

4. 第二审人民法院在审理过程中，发现被告人还有其他犯罪没有判决的，也可以并案处理。第二审人民法院决定并案审理的，应当发回第一审人民法院，由第一审人民法院作出处理。

[法条链接]《刑诉解释》第24、25条。

案情：罗某、张某在甲地组织卖淫一案，被起诉至甲市甲县基层法院。甲县基层法院受理案件后，发现罗某还在乙市实施了一起故意杀人案，该案已被移送至乙市检察院审查起诉。

问1：甲县基层法院能否将两罪并案处理？

答案：甲县基层法院可以协商乙市检察院并案处理，但可能造成审判过分迟延的除外。

问2：如果并案审理，该如何确定管辖法院？

答案：如果并案处理，原则上由最初受理地的甲市中级法院审判。必要时，可以由主要犯罪地的乙市中级法院审判。

18 审判管辖

审判管辖，是指各级人民法院之间、同级人民法院之间以及普通人民法院与专门人民法院之间、各专门法院之间，在审判第一审刑事案件上的权限划分。

一、级别管辖

（一）级别分工

下列案件由中级人民法院管辖：①危害国家安全、恐怖活动案件；②可能判处无期徒刑、死刑的案件；③适用违法所得没收程序的案件；④适用潜逃境外的缺席审判程序的案件。

一招制敌 中院管辖的案件可以概括为："危""恐""无""死""没""缺席"。

[法条链接]《刑事诉讼法》第21条、第291条第2款、第299条第1款。

（二）级别变通

1. 上可审下

上级法院在必要的时候，可以审判下级法院管辖的第一审刑事案件；下级法院认为案情重大、复杂需要由上级法院审判的第一审刑事案件，可以请求移送上一级法院审判。

[法条链接]《刑事诉讼法》第24条。

2. 下不可审上

下级法院绝对不能审理上级法院管辖的案件。依法应当由上级法院管辖的一审案件，不能再指定下级法院管辖。

（1）基层人民法院对可能判处无期徒刑、死刑的第一审刑事案件，应当移送中级人民法院审判。

（2）中级人民法院不同意移送的，应当下达不同意移送决定书，由请求移送的人民法院依法审判；同意移送的，应当下达同意移送决定书，并书面通知同级人民检察院。

（3）人民检察院认为可能判处无期徒刑、死刑，向中级人民法院提起公诉的案件，中级人民法院受理后，认为不需要判处无期徒刑、死刑的，应当依法审判，不再交基层人民法院审判。

[法条链接]《刑诉解释》第14条，第17条第1、3款。

3. 数罪就高不就低

一人犯数罪、共同犯罪或者其他需要并案审理的案件，其中一人或者一罪属于上级人民法院管辖的，全案由上级人民法院管辖。

[法条链接]《刑诉解释》第 15 条。

案情：甲市乙县基层法院审理吴某某强奸一案，认为被告人吴某某可能被判处无期徒刑、死刑。

问题：乙县基层法院和甲市中级法院分别该如何处理？

答案：乙县基层法院应当请求移送至甲市中级法院审判。甲市中级法院应当在接到申请后 10 日以内作出决定。不同意移送的，应当下达不同意移送决定书，由请求移送的乙县基层法院依法审判；同意移送的，应当下达同意移送决定书，并书面通知同级甲市检察院。

二、地域管辖

1. 一般地域

刑事案件由犯罪地的人民法院管辖。如果由被告人居住地的人民法院审判更为适宜的，可以由被告人居住地的人民法院管辖。

备考提示 犯罪地包括犯罪行为地和犯罪结果地。针对或者主要利用计算机网络实施的犯罪，犯罪地包括用于实施犯罪行为的网络服务使用的服务器所在地，网络服务提供者所在地，被侵害的信息网络系统及其管理者所在地，犯罪过程中被告人、被害人使用的信息网络系统所在地，以及被害人被侵害时所在地和被害人财产遭受损失地等。

[法条链接]《刑事诉讼法》第 25 条；《刑诉解释》第 2 条。

2. 共同管辖

几个同级人民法院都有权管辖的案件，由最初受理的人民法院审判。在必要的时候，可以移送主要犯罪地的人民法院审判。

[法条链接]《刑事诉讼法》第 26 条。

[举案说法] 罗某非法拘禁张某于某市 A 区，后又用汽车经该市 B 区、C 区将张某转移到 D 区继续拘禁。对于罗某所涉非法拘禁一案，A、B、C、D 四区法院都有管辖权。当案件出现共同管辖时，由最初受理的法院审判。在必要的时候，可以移送主要犯罪地的法院审判。

三、特殊地域管辖

（一）外国人犯罪的情形

1. 普遍管辖：由被告人被抓获地、登陆地或者入境地的人民法院管辖。

一招制敌 普遍管辖的法院可以概括为：抓获+登陆+入境地。

[法条链接]《刑诉解释》第 12 条。

2. 保护管辖：由该外国人登陆地、入境地或者入境后居住地的人民法院管辖，也可以由被害人离境前居住地或者现居住地的人民法院管辖。

一招制敌 保护管辖的法院可以概括为：被告登陆和两境，被害可有“现”“前”管。

[法条链接]《刑诉解释》第 11 条。

案情：英国邮轮在公海航行期间，美国人杰克鹏飞在邮轮上抢劫了中国人高小云（家住广州），邮轮经停东京，最终停靠上海。杰克鹏飞在上海入境后定居北京，最终在天津被抓获。

问题：哪些地方的法院有管辖权？

答案：上海、北京、广州。根据保护管辖原则，本案由该外国人登陆地、入境地或者入境后居住地的法院管辖，也可以由被害人离境前居住地或者现居住地的法院管辖。本案上海是登陆地、入境地，北京是入境后的居住地，广州是被害人离境前的居住地。

（二）中国的交通工具上犯罪

1. 航空器

（1）领域内的航空器：用一般管辖方法确定即可；

（2）领域外的航空器：由该航空器在中国最初降落地的人民法院管辖。

[法条链接]《刑诉解释》第8条。

[举案说法] 中国一架飞机在越南领空飞行期间，美国人杰克鹏飞在中国的飞机上杀害了日本人松田小翔（家住广州），该飞机经停上海，最终飞往北京。杰克鹏飞在北京入境，最终在天津被抓获。本案上海法院作为该飞机在中国最初的降落地法院，有权行使管辖权。

2. 船舶

（1）领域内：在中国内水、领海发生的刑事案件，由犯罪地或者被告人登陆地的人民法院管辖。由被告人居住地的人民法院审判更为适宜的，可以由被告人居住地的人民法院管辖。

一招制敌 船在领域内的管辖可以概括为：普通管辖+登陆。

（2）领域外：领域外的中国船舶内的犯罪，由该船舶最初停泊的中国口岸所在地或者被告人登陆地、入境地的人民法院管辖。

一招制敌 船在领域外的管辖可以概括为：初停、登陆、入境地。

[法条链接]《刑诉解释》第4、7条。

迷你案例

案情：甲、乙（户籍地均为M省F市）共同运营一条登记注册于F市的远洋渔船。某次在公海捕鱼时，甲、乙二人共谋杀害了与他们素有嫌隙的水手丙。该船回国后首泊于M省B市港口以作休整，然后再航行至A市。从B市起航后，在途经M省C市航行至A市过程中，甲因害怕乙投案自首一直将乙捆绑拘禁于船舱。该船于D市靠岸后登陆上岸。

问1：故意杀人案的管辖权如何确定？

答案：故意杀人案发生在公海上的中国船舶内，根据《刑诉解释》第7条的规定，由该船舶最初停泊的中国口岸所在地或者被告人登陆地、入境地的人民法院管辖。所以B市作为船舶最初停泊的中国口岸所在地、D市作为被告人登陆地，两地人民法院均可行使管辖权。

问2：非法拘禁案的管辖权如何确定？

答案：非法拘禁案发生在中国内水，根据《刑诉解释》第4条的规定，由犯罪地或者被告

考点18

人登陆地的人民法院管辖。由被告人居住地的人民法院审判更为适宜的，可以由被告人居住地的人民法院管辖。因此，C市、A市作为犯罪地，D市作为登陆地，F市作为被告人居住地，四地人民法院均有管辖权。

3. 列车

（1）国内列车：①在列车上的犯罪，被告人在列车运行途中被抓获的，由前方停靠站所在地负责审判铁路运输刑事案件的人民法院管辖。必要时，也可以由始发站或者终点站所在地负责审判铁路运输刑事案件的人民法院管辖。②被告人不是在列车运行途中被抓获的，由负责该列车乘务的铁路公安机关对应的审判铁路运输刑事案件的人民法院管辖；被告人在列车运行途经车站被抓获的，也可以由该车站所在地负责审判铁路运输刑事案件的人民法院管辖。

一招制敌 列车运行中抓获："前方停靠、始、终"管。非运行中抓获：铁路公安对应管；车站抓获也可就地管。

[法条链接]《刑诉解释》第5条。

（2）国际列车：在国际列车上的犯罪，根据我国与相关国家签订的协定确定管辖；没有协定的，由该列车始发或者前方停靠的中国车站所在地负责审判铁路运输刑事案件的人民法院管辖。

一招制敌 此情形可以概括为：有协定，根据协定；没有协定，始、停靠。

[法条链接]《刑诉解释》第6条。

[举案说法] 在北京开往莫斯科的中国列车上，俄罗斯人安德烈·翔在列车行驶于蒙古国境内时杀害了蒙古人巴特尔·翔。在没有协定的情况下，北京作为列车的始发站，北京负责审判铁路运输刑事案件的人民法院有管辖权。

（三）中国人在国外犯罪

1. 司法豁免：中国公民在中国驻外使领馆内的犯罪，由其主管单位所在地或者原户籍地的人民法院管辖。

一招制敌 此情形可以概括为：司法豁免"回原籍"。

[法条链接]《刑诉解释》第9条。

2. 属人管辖：中国公民在中国领域外的犯罪，由其登陆地、入境地、离境前居住地或者现居住地的人民法院管辖；被害人是中国公民的，也可以由被害人离境前居住地或者现居住地的人民法院管辖。

一招制敌 此情形可以概括为：被告登陆、入境地，双方都有"现""前"管。

[法条链接]《刑诉解释》第10条。

[举案说法] 中国留学生陈某在日本杀害了中国留学生江某。本案可以由陈某登陆地、入境地、离境前居住地或者现居住地或者江某离境前的居住地的法院管辖。本案由于江某已死亡，因此不存在被害人现居住地。

（四）服刑期间发现漏罪、新罪

漏 罪

由原审地人民法院管辖；由罪犯服刑地或者犯罪地的人民法院审判更为适宜的，可以由罪犯服刑地或者犯罪地的人民法院管辖。

新 罪

原则上由服刑地的人民法院管辖。但是，在犯罪地抓获罪犯并发现其在脱逃期间犯罪的，由犯罪地的人民法院管辖。

一招制敌 上述情形可以概括为：漏罪首选原审地，新罪首选服刑地。

[法条链接]《刑诉解释》第13条。

[举案说法] 刘某因犯强奸罪被甲县法院判处有期徒刑7年，判决生效后被送至乙县监狱服刑。其间，刘某越狱脱逃，并在丙县猥亵了被害人高某。如果是在丙县抓获刘某时发现其犯猥亵罪，由丙县法院管辖；如果是在刘某被抓捕押解回监狱后发现其犯猥亵罪，由乙县法院管辖。

四、指定管辖

（一）指定管辖的情形

1. 管辖不明

管辖不明的案件，上级人民法院可以指定下级人民法院审判。

备考提示 管辖权发生争议的，应当在审限内协商解决；协商不成的，由争议的人民法院分别层报共同的上级人民法院指定管辖。

[法条链接]《刑诉解释》第19条第2款、第20条第1款。

2. 管辖不宜

有管辖权的人民法院因案件涉及本院院长需要回避或者其他原因，不宜行使管辖权的，可以请求移送上一级人民法院管辖。上一级人民法院可以管辖，也可以指定与提出请求的人民法院同级的其他人民法院管辖。

[法条链接]《刑诉解释》第18条。

[举案说法] 刘某在甲省A市B区利用网络捏造和散布虚假事实，宣称向某系当地黑社会组织“大哥”，A市中级法院院长罗某为其“保护伞”。向某以刘某诽谤为由，向B区法院提起自诉。本案属于管辖不宜的情形，既然A市中级法院院长与本案有利害关系，那么A市所有法院均不适宜管辖本案。B区法院受理该案后可以请求上级法院指定管辖。甲省高级法院应当指定A市以外的其他地方法院行使管辖权。

3. 规避管辖

二审法院发回重新审判的案件，检察院撤回起诉后，又向原一审法院的下级法院重新起诉的，下级法院应当将有关情况层报原二审法院。原二审法院根据具体情况，可以决定将案件移送原一审法院或其他法院审判。

[法条链接]《刑诉解释》第23条。

（二）指定管辖后的处理

原受案法院在收到上级法院改变管辖决定书、同意移送决定书或者指定其他法院管辖决定书后：

1. 对公诉案件，应当书面通知同级检察院，并将案卷材料退回，同时书面通知当事人。
2. 对自诉案件，应当将案卷材料移送被指定管辖的法院，并书面通知当事人。

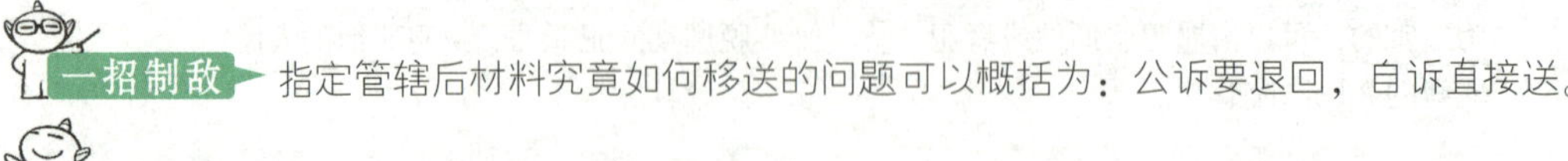

一招制敌 指定管辖后材料究竟如何移送的问题可以概括为：公诉要退回，自诉直接送。

迷你案例

案情：甲省A市副市长涉嫌受贿2000万元，为保证诉讼顺利进行，甲省高级法院指定B市中级法院审理。

问题：A市中级法院能否直接将案卷材料移送B市中级法院？

答案：不能。因为本案属于公诉案件，原受理案件的A市中级法院应当书面通知提起公诉的A市检察院，并将全部案卷材料退回，同时书面通知当事人。

回顾与应用

总结梳理 案例分析中的管辖判断基本步骤

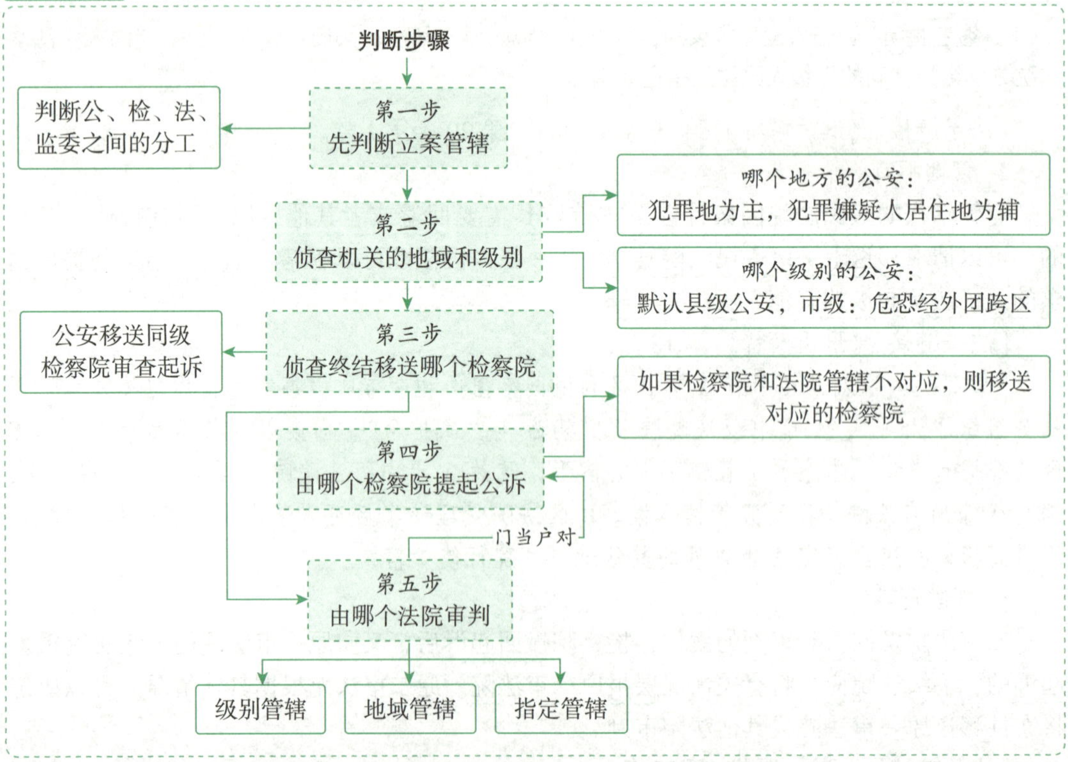

判断步骤

- 第一步 先判断立案管辖 → 判断公、检、法、监委之间的分工
- 第二步 侦查机关的地域和级别
  - → 哪个地方的公安：犯罪地为主，犯罪嫌疑人居住地为辅
  - → 哪个级别的公安：默认县级公安，市级：危恐经外团跨区
- 第三步 侦查终结移送哪个检察院 → 公安移送同级检察院审查起诉
- 第四步 由哪个检察院提起公诉 → 如果检察院和法院管辖不对应，则移送对应的检察院
- 第五步 由哪个法院审判（与第四步：门当户对）
  - 级别管辖
  - 地域管辖
  - 指定管辖

[案情] 2014年1月26日，被告人罗小翔得知在其发廊上班的高某甲经被害人高某乙介绍到高某丙的发廊后，于当日20时许到重庆市梁平县高某丙的发廊，殴打并持水果刀划伤高某甲面部。高某乙劝阻时被罗小翔持刀刺中胸部后倒地。当晚，高某乙因被锐器刺破心脏，经抢救无效死亡。第一审人民法院重庆市第二中级人民法院认为，被告人罗小翔因纠纷持刀故意伤害他人，致他人死亡，其行为已构成故意伤害罪，依照《刑法》第234条第2款的规定，判决：被告人罗小翔犯故意伤害罪，判处有期徒刑11年。

问题：

1. 本案的侦查、起诉、审判管辖如何确定？
2. 假如重庆市第二中级人民法院受理案件后认为本案应当由重庆市第一中级人民法院管辖，可否直接将案件移送至重庆市第一中级人民法院？

答案

1. 重庆市梁平县公安机关立案侦查，侦查终结后移送至梁平县人民检察院审查起诉。梁平县人民检察院审查起诉后认为本案属于重庆市第二中级人民法院审判的案件，应当移送至重庆市人民检察院第二分院，并通知重庆市梁平县公安机关。本案的第一审人民法院为重庆市第二中级人民法院。
2. 不能。如果重庆市第二中级人民法院受理案件后认为本案应当由重庆市第一中级人民法院管辖，不能直接移送管辖，而是应当退回重庆市人民检察院第二分院，再由重庆市人民检察院第二分院移送至重庆市人民检察院第一分院，再由重庆市人民检察院第一分院起诉至重庆市第一中级人民法院。

每一个普通的改变，
都将改变普通。

回　避

考情概述

刑事案件的各个诉讼阶段都会涉及回避问题，考生们要重点掌握回避对象和理由的判断，以及回避程序的适用。本讲内容较少，不大可能出现大题，但可能在案例中作为边角料，和其他制度结合考查。例如，侦查人员违反了回避制度，取证效力如何判断？在二审程序中发现违反了回避制度，法院该如何处理？

一、适用对象

1. 审判人员：包括各级人民法院院长、副院长、审判委员会委员、庭长、副庭长、审判员以及人民陪审员。

备考提示 人民陪审员也属于审判人员，所以也属于回避对象。法官助理虽然不属于严格意义上的审判人员，但也属于回避对象。

2. 检察人员：包括人民检察院检察长、副检察长、检察委员会委员、检察员和助理检察员。

3. 侦查人员：包括具体侦查人员和对具体案件的侦查有权参与讨论并作出决定的负责人。

4. 其他人员：包括书记员、翻译人员、鉴定人以及有专门知识的人。

备考提示 证人不适用回避制度，辩护人和诉讼代理人也不属于回避对象。

一招制敌 回避的对象可以简单概括为：侦、检、审、书、翻、鉴。

迷你案例

案情：在开庭审理前，聋哑被告人刘某要求其懂哑语的妹妹担任他的辩护人和翻译。

问题：对于刘某的要求，法院应当作出何种决定？

答案：应当准予其妹妹担任辩护人，但是其妹妹不能担任本案的翻译，因为其妹妹作为翻译，属于回避的对象。

二、回避的理由

（一）利害关系

审判人员具有下列情形之一的，应当自行回避，当事人及其法定代理人有权申请其回避：①是本案的当事人或者是当事人的近亲属的；②本人或者其近亲属与本案有利害关系的；③担任过本案的证人、鉴定人、辩护人、诉讼代理人、翻译人员的；④与本案的辩护人、诉讼代理人有近亲属关系的；⑤与本案当事人有其他利害关系，可能影响公正审判的。

[法条链接]《刑诉解释》第27条。

[举案说法] 罗某强奸一案，审判长向某是被告人罗某的表弟，虽然表弟并不属于刑事诉讼法中近亲属的范围，但是《最高人民法院关于审判人员在诉讼活动中执行回避制度若干问题的规定》第1条对此作了进一步的解释，规定与当事人有夫妻、直系血亲、三代以内旁系血亲及近姻亲关系的审判人员都应当回避。

（二）请客送礼

审判人员具有下列情形之一的，当事人及其法定代理人有权申请其回避：①违反规定会见本案当事人、辩护人、诉讼代理人的；②为本案当事人推荐、介绍辩护人、诉讼代理人，或者为律师、其他人员介绍办理本案的；③索取、接受本案当事人及其委托的人的财物或者其他利益的；④接受本案当事人及其委托的人的宴请，或者参加由其支付费用的活动的；⑤向本案当事人及其委托的人借用款物的；⑥有其他不正当行为，可能影响公正审判的。

[法条链接]《刑诉解释》第28条。

[举案说法] 罗某强奸一案，被告人罗某的妻子请法官高某去足疗店亲自为其按摩。本案当事人及其法定代理人有权申请高某回避，但应当提供证明材料。

（三）参前不参后

1. 参加过同一案件侦查的人员，不得承办该案的审查逮捕、审查起诉、出庭支持公诉和诉讼监督工作，但在审查起诉阶段参加自行补充侦查的人员除外。

[法条链接]《高检规则》第35条。

1. 案情：检察院侦查部门的检察官向某参加了罗某刑讯逼供案的侦查活动，后向某调动工作至捕诉部门。

问题：该案能否由向某负责批捕和起诉？

答案：不能。根据《高检规则》第35条的规定，参加过同一案件侦查的人员，不得承办该案的审查逮捕、审查起诉、出庭支持公诉和诉讼监督工作，但在审查起诉阶段参加自行补充侦查的人员除外。该案向某需要回避。

2. 案情：检察院捕诉部门的检察官向某，参加了罗某刑讯逼供案的自行补充侦查活动。

问题：该案能否由向某负责批捕和起诉？

答案：能。审查起诉阶段自行补充侦查和批捕公诉活动本来就是由同一部门的同一个办案组或者办案人员负责，不存在回避问题。

2. 参与过本案调查、侦查、审查起诉工作的监察、侦查、检察人员，调至人民法院工作的，不得担任本案的审判人员。

[法条链接]《刑诉解释》第29条第1款。

3. 原则上，在一个审判程序中参与过本案审判工作的合议庭组成人员或者独任审判员，不得再参与本案其他程序的审判。

[法条链接]《刑诉解释》第29条第2款。

迷你案例

1. 案情：向某为某案一审的书记员，后来该案二审发回重审。

问题：向某是否需要回避？

答案：不需要。根据《刑诉解释》第29条第2款的规定，原则上，在一个审判程序中参与过本案审判工作的合议庭组成人员或者独任审判员，不得再参与本案其他程序的审判。但是法官助理、书记员均不属于合议庭组成人员或者独任审判员，因此，书记员向某并不受此项回避规定的限制。

2. 案情：向某为某贪污案一审的合议庭组成人员，后该案因被告人死亡，需要追缴其违法所得及其他涉案财产而启动没收违法所得程序。

问题：向某能否继续参与该特别程序的审理？

答案：能。根据《刑诉解释》第29条第2款的规定，原则上，在一个审判程序中参与过本案审判工作的合议庭组成人员或者独任审判员，不得再参与本案其他程序的审判。而公诉普通程序和没收违法所得程序并不属于同一案件的前后程序，两个程序是彼此独立的，而非先后关系，因此，向某参与过公诉程序，还可以参与没收违法所得程序的审理活动。

4. 发回重审后又进入第二审程序、在法定刑以下判处刑罚的复核程序或者死刑复核程序的，原第二审程序、在法定刑以下判处刑罚的复核程序或者死刑复核程序中的合议庭组成人员不受前项规定的限制。

一招制敌 上述情形可以概括为：发回重组，回来不限。

[法条链接]《刑诉解释》第29条第2款。

迷你案例

1. 案情：法官向某为某案一审速裁程序的独任审判员，后该案二审发回重审适用普通程序。

问题：向某作为合议庭成员继续参与本案审理是否需要回避？

答案：需要。由于向某参与过原审，不能再参与本案的重审。发回重审后，向某需要回避，不能再次参与本案后续程序的审理活动。

2. 案情：某中院二审认为一案件的一审程序违法，裁定撤销原判，发回重审。重审后，该案当事人再次上诉。

问题：原中院二审的合议庭组成人员是否需要回避？

答案：不需要。对于发回重审的案件，原二审的合议庭组成人员对案件情况比较熟悉，清楚发回重审的原因，案件再次进入二审程序，由原合议庭审理，不会影响司法公正，而是能更好地审查一审法院是否解决了原来存在的问题，重新作出的裁判是否合法、合理，可以兼顾公正与效率。

一、申请主体

当事人及其法定代理人、辩护人、诉讼代理人可以申请回避。

一招制敌 记住四类申请主体：当、法、诉、辩。(不含近亲属)

［举案说法］被告人贾某（19岁）和高某（15岁）共同抢劫一案，因贾某19岁，他的父亲作为近亲属无权申请回避；但是被告人高某15岁，他的父亲作为法定代理人则有权申请回避。

二、申请效果

被申请回避的人员一般应暂停参与本案的诉讼活动，但侦查人员例外。

备考提示 对侦查人员的回避决定作出前，侦查人员不能停止对案件的侦查工作，以免影响及时收集犯罪证据和查明案件事实。但是回避决定作出后，即使是被申请回避的公安机关负责人、侦查人员，也不得再参与本案的侦查工作。

三、决定主体

1. 审判人员、检察人员、侦查人员的回避，应当分别由院长、检察长、公安机关负责人决定。

2. 院长的回避，由本院审判委员会决定；检察长和公安机关负责人的回避，由同级人民检察院检察委员会决定。

一招制敌 回避的决定主体可以概括为：一般找老大，老大找组织。

3. 书记员、翻译人员和鉴定人的回避，一般应当按照诉讼进行的阶段，分别由公安机关负责人、检察长或法院院长决定。

此情形可以概括为：谁聘请，谁决定。

案情：王某是某公安机关的法医，在一起刑事案件的法庭审理过程中，人民法院聘请王某担任鉴定人。本案的被告人提出王某与本案有利害关系，申请其回避。

问 1：依照刑事诉讼法的有关规定，谁有权对王某是否回避作出决定？

答案：王某是人民法院聘请的，所以应由该人民法院院长决定其是否回避。

问 2：本案副院长高某担任审判长，如果高某与本案有利害关系，谁有权决定高某是否回避？

答案：高某是本案的审判人员，应当由院长决定其是否回避。

四、回避决定

1. 人民法院、人民检察院和公安机关处理回避问题，应当使用“决定”的形式。回避的决定可以采用口头方式或者书面方式，采用口头方式的，必须将决定记录在案。

2. 有关回避的决定一经作出，立即发生法律效力。

五、回避的救济途径

当事人及其法定代理人、辩护人、诉讼代理人对驳回回避申请的决定不服的，可以向原决定机关申请复议 1 次。

1. 复议决定作出前，不影响被申请回避的人员参与案件的诉讼活动。

2. 复议主体只包括当事人及其法定代理人、辩护人、诉讼代理人。被申请回避的人员不能申请复议。

3. 只有“驳回申请”的决定方可复议，“支持申请”的决定不可复议。

4. 对于不具备法定回避理由的回避申请，由法庭当庭驳回，并不得申请复议。

迷你案例

案情：在法庭审判过程中，被告人罗某以公诉人长相丑陋为由，申请出席法庭的公诉人张某回避。

问题：对罗某的回避申请，合议庭应当如何处理？

答案：当庭驳回罗某的申请，且不得申请复议。根据《刑诉解释》第 36 条第 2 项的规定，当事人及其法定代理人申请出庭的检察人员回避，不属于法定情形的回避申请的，法院应当当庭驳回，并不得申请复议。

六、回避的效力

被决定回避的侦查人员、检察人员在回避决定作出以前所取得的证据、进行的诉讼活动及行为是否有效，由作出决定的主体根据案件具体情况决定。

［法条链接］《公安部规定》第 39 条；《高检规则》第 36 条。

案情：某市检察院副检察长刘某在侦查一起刑讯逼供案时，发现犯罪嫌疑人之一系其姑姑鄢某，故申请回避，并经检察长同意。

问题：刘某在回避决定作出以前所取得的证据是否有效？

答案：刘某取得的证据和进行的诉讼行为是否有效，由检察长根据案件具体情况决定。

回 顾

总结梳理 案例分析中的回避制度分析步骤

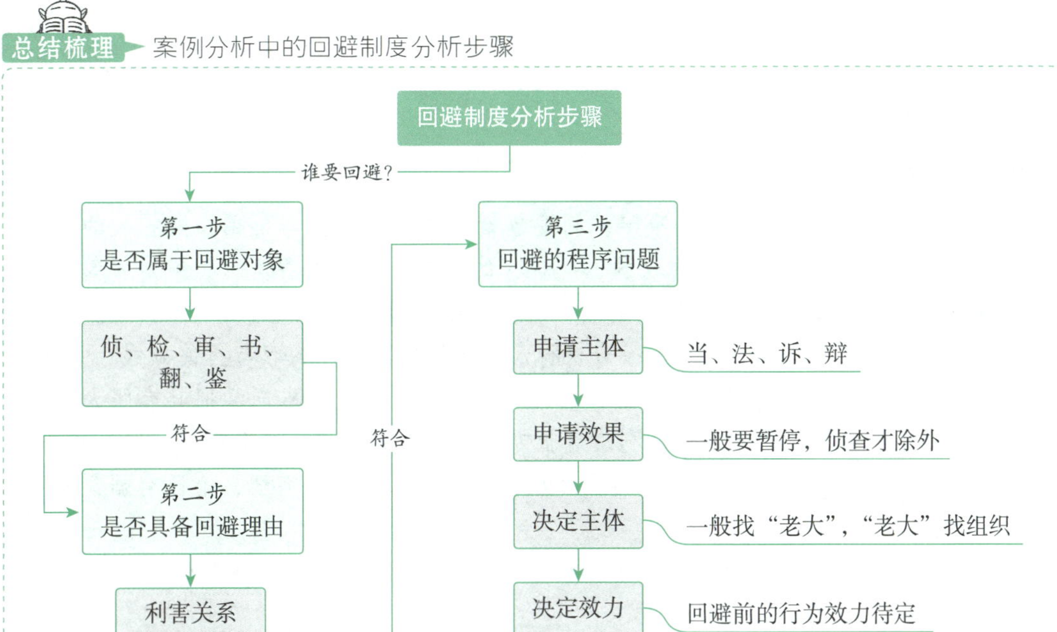

行动是治愈恐惧的良药，

犹豫和拖延则不断滋养恐惧。

考点20

辩护与代理

考情概述

本讲的重点是辩护制度，刑事辩护制度包括辩护人的人数与范围、辩护人的诉讼地位、辩护人的职责、辩护人的权利、辩护人的义务、辩护的种类、拒绝辩护等。其中，辩护人的权利是本讲重点中的重点，同学们要着重掌握阅卷权，会见、通信权，调查取证权，提出意见权，申诉、控告权和人身保障权的具体内容与行使方式。另外，命题人可能要求考生针对案情，提出自己的辩护方案，这就要求同学们具有强大的分析能力，结合案情，选择一种最有利的辩护方案，如无罪辩护、罪名辩护、罪数辩护、量刑辩护、程序性辩护。这种试题属于开放性试题，只要言之有理，论证有据，就可以得到高分。

21 辩护人

一、辩护人的人数

1名被告人可以委托1至2人作为辩护人。1名辩护人不得为2名以上的同案被告人，或者未同案处理但犯罪事实存在关联的被告人辩护。

一招制敌 上述情形可以概括为：1人最多找2辩，1人只为1人辩。

迷你案例

案情：罗某与张某共同实施犯罪，张某在逃。向律师担任罗某的辩护人。案件判决生效

3 年后，张某被抓获并被起诉。张某听说向律师为罗某作无罪辩护效果极佳，也希望能委托向律师担任其辩护人。

问题：本案向律师可否再担任张某的辩护人？

答案：不可以。罗某与张某属于同案犯，1 名辩护人不得为 2 名以上的同案被告人辩护。

二、辩护人的范围

（一）可以担任辩护人的范围

1. 律师。
2. 人民团体或者犯罪嫌疑人、被告人所在单位推荐的人。
3. 犯罪嫌疑人、被告人的监护人、亲友。

（二）不能担任辩护人的范围

绝对禁止的人

（1）正在被执行刑罚或者处于缓刑、假释考验期间的人；

（2）依法被剥夺、限制人身自由的人；

（3）无行为能力或者限制行为能力的人。

一招制敌 绝对禁止担任辩护人的情形可以概括为：刑罚执行中、自由受限、能力有限。

相对禁止的人

（1）人民法院、人民检察院、监察机关、公安机关、国家安全机关、监狱的现职人员；

（2）人民陪审员；

（3）与本案审理结果有利害关系的人；

（4）外国人或者无国籍人；

（5）被开除公职或者被吊销律师、公证员执业证书的人。

备考提示 相对禁止的人员，如果是被告人的监护人、近亲属，被告人委托其担任辩护人的，可以准许。

一招制敌 相对禁止担任辩护人的情形可以概括为：现、陪、利、外、吊执照。

[法条链接]《刑诉解释》第 40 条第 2、3 款。

迷你案例

案情：犯罪嫌疑人罗伯特·翔（19 周岁），因组织跨国卖淫活动被北京市公安机关立案侦查。

问题：罗伯特·翔的日本爷爷马小田子（日本律师）能否担任他的辩护人？

答案：不能。外国人一般不能担任辩护人，除非是被告人的近亲属或监护人。

（三）法官、检察官担任辩护人、代理人的限制

1. 离任后 2 年限制

法官、检察官从法院、检察院离任后 2 年内，不得以律师身份担任诉讼代理人或者辩护人。

2. 离任或被开除后终身限制

（1）法官、检察官离任后，不得担任原任职法院、检察院办理案件的诉讼代理人或辩护人，但作为当事人的监护人或近亲属代理或辩护的除外；

（2）法官、检察官被开除后，不得担任诉讼代理人或辩护人，但作为当事人的监护人或近亲属代理或辩护的除外。

3. 任职回避的限制

法官、检察官的配偶、父母、子女有下列情形之一的，法官、检察官应当实行任职回避：

（1）担任该法官、检察官所任职机关辖区内律师事务所的合伙人或者设立人的；

（2）在该法官、检察官所任职机关辖区内以律师身份担任诉讼代理人、辩护人，或者为诉讼案件当事人提供其他有偿法律服务的。

一招制敌 上述关于法官、检察官担任辩护人、代理人的限制情形可以概括为：2 年、终身、家庭店。

一、阅卷权

1. 辩护律师自人民检察院对案件审查起诉之日起，可以查阅、摘抄、复制本案的案卷材料。

2. 其他（非律师）辩护人经人民法院、人民检察院许可，也可以查阅、摘抄、复制上述材料。

一招制敌 辩护人的阅卷权可概括为：非律阅卷要许可，律师阅卷不用批，均自审查起诉起。

[法条链接]《刑事诉讼法》第 40 条；《刑诉解释》第 53 条；《高检规则》第 49 条。

迷你案例

案情：罗某涉嫌强奸张某一案，罗某委托向律师担任其辩护人。

问题：在侦查阶段，向律师可否申请查看讯问时的同步录音录像？

答案：不可以。因为辩护律师在侦查阶段尚无阅卷权，自审查起诉之日起方可阅卷。在侦查阶段，辩护律师可以向侦查机关了解犯罪嫌疑人涉嫌的罪名，当时已查明的该罪的主要事实，犯罪嫌疑人被采取、变更、解除强制措施的情况以及侦查机关延长侦查羁押期限等情况。

二、会见、通信权

1. 辩护律师可以同在押的（被监视居住的）犯罪嫌疑人、被告人会见和通信。

（1）辩护律师持律师执业证书、律师事务所证明和委托书或者法律援助公函要求会见在押的犯罪嫌疑人、被告人的，看守所应当及时安排会见，至迟不得超过 48 小时。

（2）危害国家安全犯罪、恐怖活动犯罪案件，在侦查期间辩护律师会见在押的（被监视居住的）犯罪嫌疑人，应当经侦查机关许可。上述案件，侦查机关应当事先通知看守所。

（3）辩护律师会见在押的（被监视居住的）犯罪嫌疑人、被告人，可以了解案件有关情况，提供法律咨询等。

（4）自案件移送审查起诉之日起，辩护律师可以向犯罪嫌疑人、被告人核实有关证据。

（5）辩护律师会见犯罪嫌疑人、被告人时不被监听。

2. 其他（非律师）辩护人经法、检许可，也可以同在押的（被监视居住的）犯罪嫌疑人、被告人会见和通信。

一招制敌 辩护人的会见、通信权可以概括为：非律会见要许可，律师一般不用批，律师会见凭三证，危恐除外要许可。侦查律师可会见，核证等到下阶段。

［法条链接］《刑事诉讼法》第 39 条。

迷你案例

案情：张大翔、罗小翔涉嫌间谍罪，侦查机关依法报请人民检察院对两人予以逮捕。

问 1：在侦查阶段，律师向某会见本案犯罪嫌疑人张大翔，需要哪个机关的许可？

答案：国家安全机关。间谍罪属于危害国家安全犯罪，根据《刑事诉讼法》第 39 条第 3 款的规定，在侦查期间辩护律师会见在押的犯罪嫌疑人，应当经侦查机关许可。

问 2：在审查起诉阶段，罗小翔的情妇鄢某作为非律师辩护人欲会见罗小翔，需要哪个机关的许可？

答案：人民检察院。根据《刑事诉讼法》第 39 条第 1 款的规定，非律师辩护人经人民法院、人民检察院许可，也可以同在押的犯罪嫌疑人、被告人会见和通信。本案在审查起诉阶段，经过人民检察院许可，鄢某可以会见犯罪嫌疑人罗小翔。

问 3：在审判阶段，辩护律师向某、非律师辩护人鄢某欲会见在押的被告人张大翔、罗小翔，是否需要许可？

答案：

（1）向某会见张大翔无需许可。根据《刑事诉讼法》第 39 条第 3 款的规定，危害国家安全犯罪、恐怖活动犯罪案件，在侦查期间辩护律师会见在押的犯罪嫌疑人，应当经侦查机关许可。但本案已经进入审判阶段，因此，向某会见被告人张大翔不需要经过许可。

（2）鄢某会见罗小翔需要经过人民法院的许可。根据《刑事诉讼法》第 39 条第 1 款的规定，其他辩护人经人民法院、人民检察院许可，也可以同在押的犯罪嫌疑人、被告人会见和通信。本案处于审判阶段，因此，经过人民法院许可，鄢某可以会见在押的罗小翔。

三、调查取证权

1. 辩护律师经证人或者其他有关单位和个人同意，可以向他们收集与本案有关的材料。

2. 辩护律师也可以申请法、检收集、调取证据，或者申请法院通知证人出庭作证。

备考提示 此情形法、检认为需要调查取证的，应当自行收集、调取证据，不得向律师签发准许调查决定书，让律师收集、调取证据。

3. 辩护律师经法、检许可，且经被害人或者其近亲属、被害人提供的证人同意，可以向他们收集与本案有关的材料。

一招制敌 辩护人的调查取证权可以概括为：非律没有取证权，律师取证需同意，控方证人双重许，若有困难申请取。

[法条链接]《刑事诉讼法》第43条；《刑诉解释》第59、60条。

迷你案例

案情：罗小翔涉嫌强奸张大翔一案，在审判阶段，辩护律师向某欲向罗小翔的妻子和张大翔的丈夫收集相关证据。

问题：收集相关证据需要经过何种程序？

答案：①罗小翔的妻子作为普通证人，向某仅需要证人罗小翔的妻子同意就可以向其收集证据；②张大翔的丈夫作为控方证人，向某需要经过法院许可，并且经被害人张大翔的丈夫同意，方可向张大翔的丈夫收集与本案有关的材料。

四、提出意见的权利

（一）主动听取意见的情形

1. 人民检察院审查批准逮捕和人民法院决定逮捕未成年犯罪嫌疑人、被告人，应当听取辩护律师的意见。

2. 人民检察院审查起诉，应当听取辩护人的意见，并记录在案。

3. 二审人民法院决定不开庭审理的，应当听取辩护人的意见。

4. 死刑上诉、抗诉案件，人民检察院应当听取辩护人的意见。

5. 认罪认罚的案件，人民检察院应当听取辩护人的意见。

一招制敌 应当主动听取辩护人意见的情形可以概括为：批捕未成年、审查起诉中、二审不开庭、死刑上抗案、认罪又认罚。

[法条链接]《刑事诉讼法》第173条第1、2款，第234条第2款，第280条第1款；《高检规则》第450条第2项。

（二）被动听取意见的情形

1. 人民检察院审查批准逮捕，可以听取辩护律师的意见；辩护律师提出要求的，应当听取辩护律师的意见。

2. 在案件侦查终结前，辩护律师提出要求的，应当听取辩护律师的意见，并记录在案。辩护律师提出书面意见的，应当附卷。

3. 最高人民法院复核死刑案件，辩护律师提出要求的，应当听取辩护律师的意见。

[举案说法] 罗小翔诈骗一案，罗小翔委托律师向某担任其辩护人。人民检察院在批捕罗小翔时，如果罗小翔是未成年人，应当主动听取辩护律师向某的意见；如果罗小翔是

成年人，则辩护律师向某提出要求的，才应当听取其意见。

五、申诉、控告权

辩护人、诉讼代理人认为公安机关、人民检察院、人民法院及其工作人员阻碍其依法行使诉讼权利的，有权向同级或者上一级人民检察院申诉或者控告。

[法条链接]《刑事诉讼法》第49条。

六、人身保障权

1. 公安机关、人民检察院发现辩护人涉嫌犯罪，审查后认为符合立案条件的，应当按照规定报请办理辩护人所承办案件的侦查机关的上一级侦查机关指定其他侦查机关立案侦查，或者由上一级侦查机关立案侦查。不得指定办理辩护人所承办案件的侦查机关的下级侦查机关立案侦查。

[法条链接]《六机关规定》第9条。

[举案说法] 加拿大人罗小翔因贩毒被长沙市公安局立案侦查，罗小翔委托向律师担任其辩护人。在侦查阶段，长沙市公安局发现向律师涉嫌帮助毁灭、伪造证据罪。此时，长沙市公安局应当报请湖南省公安厅指定其他侦查机关立案侦查，或者由湖南省公安厅立案侦查。本案不得指定长沙市公安局下级的雨花区公安分局立案侦查。

2. 辩护人涉嫌犯罪，辩护人是律师的，应当及时通知其所在的律师事务所或者所属的律师协会。对律师采取强制措施后，应当在48小时以内通知其所在的律师事务所或者所属的律师协会。

[法条链接]《刑事诉讼法》第44条第2款；《关于依法保障律师执业权利的规定》第40条。

七、侦查阶段提供法律帮助权

辩护律师在侦查期间可以为犯罪嫌疑人提供法律帮助；代理申诉、控告；申请变更强制措施；向侦查机关了解犯罪嫌疑人涉嫌的罪名和案件有关情况，提出意见。

[法条链接]《刑事诉讼法》第38条。

备考提示 注意侦查阶段辩护律师的权利清单：①为犯罪嫌疑人提供法律帮助；②代理申诉、控告；③申请变更强制措施；④向侦查机关了解犯罪嫌疑人涉嫌的罪名和案件有关情况，提出意见；⑤与在押或被监视居住的犯罪嫌疑人会见、通信。

一招制敌 记住侦查阶段的消极权利清单：无阅卷、无核证、无非律。

迷你案例

案情：罗小翔涉嫌故意伤害张大翔。

问题：在侦查期间，罗小翔的辩护人向律师能否会见在押的罗小翔并向其核实证据？

答案：向律师在侦查期间可以会见在押的罗小翔，但还不能核实证据，需要等案件移送审查起诉之日起方可核实证据。

考点22

辩护人的义务

一、证据开示义务

辩护人收集的有关犯罪嫌疑人不在犯罪现场、未达到刑事责任年龄、属于依法不负刑事责任的精神病人的证据，应当及时告知公安机关、人民检察院。

证据应当及时告知公安机关和检察院的三种情况：不在场、不够大、不正常。

[法条链接]《刑事诉讼法》第42条。

迷你案例

案情：吴某某涉嫌强奸一案，辩护人向律师收集到被害女子有精神病且未成年的证据。

问题：向律师是否应当及时告知公安机关、人民检察院？

答案：不用告知。辩护人收集的有关犯罪嫌疑人不在犯罪现场、未达到刑事责任年龄、属于依法不负刑事责任的精神病人的证据，才应当及时告知公安机关、人民检察院。

二、保密义务

辩护律师对在执业活动中知悉的委托人的有关情况和信息，有权予以保密。但是，辩护律师在执业活动中知悉委托人或者其他人，准备或者正在实施危害国家安全、公共安全以及严重危害他人人身安全的犯罪的，应当及时告知司法机关。

一招制敌 辩护律师的保密义务：过去通通要保密，将来"国""公""人身"要揭发。

[法条链接]《刑事诉讼法》第48条。

迷你案例

案情：吴某某涉嫌强奸一案，辩护人向律师发现吴某某曾是一名加拿大间谍，实施过危害国家安全犯罪行为。

问题：向律师是否应当保密？

答案：应当保密。向律师只有发现吴某某准备或者正在实施危害国家安全、公共安全以及严重危害他人人身安全的犯罪的，才应当及时告知司法机关。

24 辩护的种类

一、自行辩护

这种辩护方式贯穿于刑事诉讼过程的始终，也是犯罪嫌疑人、被告人实现其辩护权的最基本方式。

[举案说法] 罗某涉嫌强奸罪被立案侦查，在本案侦查、起诉、审判各阶段，罗某都可以为自己辩护。

二、委托辩护

（一）委托时间

1. 公诉案件：犯罪嫌疑人自被侦查机关第一次讯问或者采取强制措施之日起，有权委托辩护人；在侦查阶段只能聘请律师担任辩护人。

备考提示 监察机关立案调查的职务犯罪案件，在调查阶段被调查人无权委托辩护人，自案件移送审查起诉之日起，被调查人方可委托辩护人。

2. 自诉案件：自诉案件的被告人有权随时委托辩护人为自己辩护。

（二）公、检、法机关的告知义务

1. 侦查机关在第一次讯问或采取强制措施的时候，应当告知犯罪嫌疑人有权委托辩护人。

2. 检察院自收到移送审查起诉的案件材料之日起3日内，应当告知犯罪嫌疑人有权委托辩护人。

3. 法院自受理案件之日起3日内，应当告知被告人有权委托辩护人。

[法条链接]《刑事诉讼法》第34条第2款。

三、法律援助辩护

（一）申请法律援助

犯罪嫌疑人、被告人因经济困难等原因没有委托辩护人的，本人及其近亲属可以向法律援助机构提出申请，符合法律援助条件的，“应当”为其提供法律援助辩护。

（二）应当通知法律援助

对下列没有委托辩护人的被告人，法院应当通知法援机构指派律师担任辩护人：①盲、聋、哑人；②尚未完全丧失辨认或者控制自己行为能力的精神病人；③可能被判处无期徒刑、死刑的人；④未成年人；⑤缺席审判案件。

一招制敌 强制法律援助辩护的情形可以概括为：盲聋哑、半疯傻、死无缺、未长大。

考点24

[法条链接]《刑事诉讼法》第278、293条；《刑诉解释》第47条第1款。

案情：高甲、高乙两兄弟涉嫌共同受贿500万元，审判阶段，哥哥高甲委托其女朋友担任辩护人，弟弟高乙因经济困难没有委托辩护人。

问题：对此，法院应当如何处理？

答案：法院应当通知法律援助机构为高乙指派律师。本案受贿金额达500万元，属于可能判处无期徒刑、死刑的案件，因此应当强制法律援助辩护。

（三）可以通知法律援助

对下列没有委托辩护人的被告人，人民法院可以通知法律援助机构指派律师为其提供辩护：①共同犯罪案件中，其他被告人已经委托辩护人；②有重大社会影响的案件；③人民检察院抗诉的案件；④被告人的行为可能不构成犯罪；⑤有必要指派律师提供辩护的其他情形。

案情：高甲、高乙两兄弟涉嫌共同盗窃6000元，审判阶段，哥哥高甲委托其女朋友担任辩护人，弟弟高乙因经济困难没有委托辩护人。

问题：对此，法院应当如何处理？

答案：法院可以通知法律援助机构为高乙指派律师。共同犯罪案件中，其他被告人已经委托辩护人的，法院可以通知法律援助机构指派律师为没有辩护人的被告人提供辩护。

25 辩护的内容和分类

一、辩护的内容

一般而言，辩护的内容涉及以下八个方面：

1. 指控的犯罪事实能否成立。

2. 被追诉人是否已经达到刑事责任年龄，有无不负刑事责任等其他不应当追究其刑事责任的情形。

3. 被追诉人有无法律规定的从轻、减轻或免除处罚的情节，有无酌情考虑的从轻或减轻处罚的情节。

4. 对案件定性和认定罪名是否准确，适用法律条文是否恰当。

5. 被追诉人主观上是故意还是过失，是否属于意外事件，是否属于正当防卫或紧急避险。

6. 共同犯罪案件中，对主犯、从犯、胁从犯的划分是否清楚。

7. 证据与证据之间、证据与被追诉人口供之间是否存在矛盾。

8. 诉讼程序是否合法。

一招制敌 案例分析题中，命题人可能要求考生作为辩护人针对本案提出辩护意见，给大家简要概括成以下分析思路：罪、责、刑、名、过、主从，分析证据和程序。

二、辩护的分类

按照理论和实践的情况，可以对辩护进行如下分类：

1. 无罪辩护

无罪辩护，是指辩护人针对有关犯罪嫌疑人、被告人构成犯罪、应受刑事处罚的指控，依据事实和法律进行反驳和辩解，说明其不构成犯罪的一种辩护。无罪辩护可以分为：

（1）事实上无罪：①犯罪行为未发生；②犯罪并非被追诉人所为；③事实不清、证据不足。

备考提示 刑事案件中，无罪辩护大量运用的是第三种“事实不清、证据不足”的辩护方案。

（2）法律上无罪：①犯罪主体不适格；②无刑事责任能力；③正当防卫和紧急避险；④主观方面无过错；⑤刑事责任已消灭。

2. 罪名辩护

罪名辩护，也称轻罪辩护，是指控方指控犯罪嫌疑人、被告人构成了一个较重的罪名，而辩护人依据事实和法律进行反驳和辩解，认为犯罪嫌疑人、被告人只构成一个较轻的罪名，而不构成控方指控的较重的罪名的一种辩护。

［举案说法］控方指控的是职务侵占罪，而辩护人认为犯罪嫌疑人、被告人的侵占行为并没有利用职务便利，因而只构成普通的侵占罪。

3. 罪数辩护

罪数辩护，是指当案件涉及一罪与数罪的关系时，辩护人从有利于犯罪嫌疑人、被告人的角度，指出控方指控的罪数不正确的辩护。

［举案说法］被告人被指控贪污 300 万元，可能判处 10 年以上有期徒刑或者无期徒刑。辩护人指出，涉案金额中只有 100 万元是被告人贪污所得，100 万元实为挪用公款所得，另外 100 万元是职务侵占所得，虽然一罪改为三罪，但即使数罪并罚也不会超过 10 年以上有期徒刑。

4. 量刑辩护

量刑辩护，是指在犯罪嫌疑人、被告人确实已实施犯罪行为且控方指控的罪名无误的情况下，辩护人从最大限度降低最终可能判处的刑罚的角度出发，针对如何量刑展开论辩的辩护。

备考提示 量刑辩护意义重大，也是司法实践中运用得最多的一种辩护方案。例如，既可以从适用哪一个法定量刑幅度的角度进行量刑辩护，也可以通过指出各种法定的从轻、减轻或者免除刑罚的量刑情节进行量刑辩护。

5. 程序性辩护

程序性辩护，是指辩护人针对公、检、法办案机关办案行为中存在的违反法律规定的

考点 25

诉讼程序展开辩护的一种辩护方案。

备考提示 通过排除非法证据获得有利于犯罪嫌疑人、被告人的罪轻甚至是无罪的结果。

三、辩护词

被告人××涉嫌××罪一案

辩护词

审判长、审判员（人民陪审员）：

根据《中华人民共和国刑事诉讼法》第三十三条第一款的规定，××律师事务所接受本案被告人××（近亲属××）委托，指派我担任其一审辩护人，为被告人××进行辩护。庭前，辩护人研究了本案的起诉书，查阅了卷宗材料，会见了被告人，对本案有了较清楚的了解。辩护人认为，被告人××不构成××罪。（或辩护人对公诉机关指控被告人××构成××罪没有异议，但对公诉机关的量刑意见持有异议）为维护被告人××的合法权益，现发表如下辩护意见：

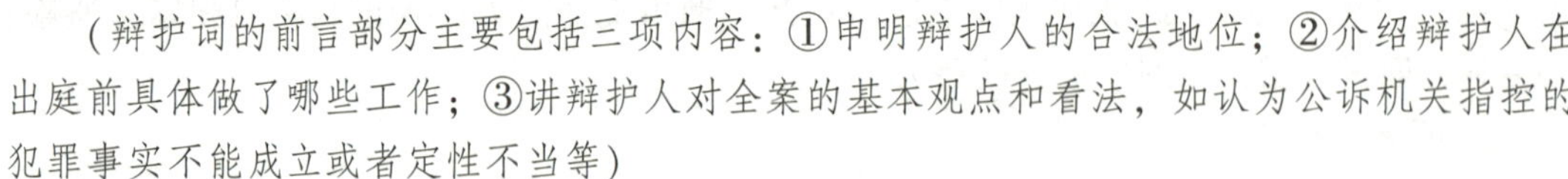

（辩护词的前言部分主要包括三项内容：①申明辩护人的合法地位；②介绍辩护人在出庭前具体做了哪些工作；③讲辩护人对全案的基本观点和看法，如认为公诉机关指控的犯罪事实不能成立或者定性不当等）

……（辩护理由，此部分主要是写明辩护的理由、观点。辩护理由应该从起诉书指控的犯罪事实出发，围绕被告人是否构成犯罪、触犯何种罪名、有无从轻处罚的法定条件以及诉讼程序是否合法等问题展开论述。辩护理由要求充分、于法有据、论证清晰。）

综上所述，……（此部分是对辩护词的归纳和小结，主要包括两项内容：①辩护词的内容核心，如无罪、罪轻等；②向法庭提出对被告人的处理意见）

辩护人：×××

××××年××月××日

26 拒绝辩护

一、辩护人拒绝辩护

律师接受委托后，无正当理由的，不得拒绝辩护或者代理。但是，委托事项违法、委托人利用律师提供的服务从事违法活动或者委托人故意隐瞒与案件有关的重要事实的，律师有权拒绝辩护或者代理。

备考提示 律师拒绝继续为犯罪嫌疑人、被告人辩护具有严格的法定条件。

二、被告人拒绝辩护人为其辩护

在审判过程中，被告人可以拒绝辩护人继续为他辩护，也可以另行委托辩护人辩护。

（一）强制法律援助

1. 拒绝法律援助机构指派的律师为其辩护，如果有正当理由，法院应当准许。

2. 法院准许时，被告人可以另行委托辩护人，也可以由法院指定，但无论如何，必须有辩护人为其辩护。

3. 重新开庭后再次当庭拒绝辩护人辩护的，无论有无理由，都不予准许。

一招制敌 此类情形可以概括为：有理、1次、有人辩。

（二）其他一般情形

如果被告人当庭拒绝辩护人辩护，法院应当准许；应当准许被告人另行委托。重新开庭后，被告人再次当庭拒绝辩护人辩护的，可以准许，但是最终只能自行辩护。

一招制敌 此类情形可以概括为：无理、2次、自己辩。

［法条链接］《刑诉解释》第50、311条。

迷你案例

案情：罗小翔涉嫌强奸一案，被告人罗小翔可能被判处死刑。法院依法通知法援机构为其指派了辩护人，但是罗小翔拒绝指派的辩护人为其辩护。

问题：对此，法院应当如何处理？最终能否只由罗小翔自行辩护？

答案：法院应当先审查，被告人有正当理由的，应当准许。本案不能只由罗小翔自行辩护，因为罗小翔可能被判处死刑，属于强制辩护的情形，罗小翔可以另行委托辩护人，也可以由法院指定，但无论如何，必须有辩护人为其辩护。

27 值班律师

犯罪嫌疑人、被告人没有委托辩护人，法律援助机构没有指派律师为其提供辩护的，由值班律师为犯罪嫌疑人、被告人提供法律咨询、程序选择建议、申请变更强制措施、对案件处理提出意见等法律帮助。

一、值班律师的特点

1. 值班律师制度是对我国辩护制度的重要补充，是对委托辩护与法律援助辩护的重要补位，性质上属于为被追诉者提供的必要的最低限度的法律帮助。

迷你案例

1. 案情：罗某强奸杀害张某一案，罗某因经济困难没有委托辩护人。

问题：办案机关是否应当通知值班律师为罗某提供法律帮助？

答案：本案罗某可能被判处无期徒刑、死刑，满足法律援助辩护条件，法院应当通知法律援助机构指派律师为其提供辩护。值班律师只是为既未委托辩护人又未获得法律援助机构指派律师辩护的犯罪嫌疑人、被告人提供法律帮助。

2. 案情：罗某强制猥亵高乙一案，在侦查阶段，侦查人员通过暴力手段向高乙取证。

问题：高乙可否请求值班律师代理申诉、控告？

答案：不可以。因为值班律师是专门为刑事诉讼的犯罪嫌疑人、被告人提供法律帮助的，本案高乙为被害人，无权得到值班律师的帮助。

2. 值班律师制度是我国法律援助制度的重要组成部分。

3. 值班律师在具体案件中的身份不是辩护人，不提供出庭辩护的服务，但需要以其专业的法律知识为犯罪嫌疑人、被告人提供包括法律咨询、程序选择建议、申请变更强制措施等一系列法律帮助。

4. 值班律师制度的适用范围并不限于认罪认罚从宽制度，而应该覆盖所有案件的所有诉讼阶段中犯罪嫌疑人、被告人没有辩护人的情形。

5. 人民法院、人民检察院和看守所等办案机关需要为值班律师制度的设立和运转承担相应的责任。

二、值班律师的职责

值班律师应当为认罪认罚的犯罪嫌疑人、被告人提供下列法律帮助：

1. 提供法律咨询，包括告知涉嫌或被指控的罪名和相关法律规定、认罪认罚的性质和法律后果等。
2. 提供程序选择建议。
3. 帮助申请变更强制措施。
4. 对人民检察院指控罪名、量刑建议、诉讼程序适用等事项提出意见。
5. 就案件处理，向人民法院、人民检察院、公安机关提出意见。
6. 帮助犯罪嫌疑人、被告人及其近亲属申请法律援助。
7. 犯罪嫌疑人签署认罪认罚具结书时在场。
8. 法律法规规定的其他事项。

一招制敌 值班律师的职责可以概括为：提供咨询、出建议；申请变更、提意见；申请法援或其他。

[法条链接]《法律援助值班律师工作办法》第6条第1、2款。

三、值班律师的权限

1. 会见权。值班律师可以会见犯罪嫌疑人、被告人，看守所应当为值班律师会见提

供便利。危害国家安全犯罪、恐怖活动犯罪案件，侦查期间值班律师会见在押犯罪嫌疑人的，应当经侦查机关许可。

2. 阅卷权。自人民检察院对案件审查起诉之日起，值班律师可以查阅案卷材料、了解案情。人民法院、人民检察院应当为值班律师查阅案卷材料提供便利。

3. 意见权。值班律师提供法律咨询、查阅案卷材料、会见犯罪嫌疑人或者被告人、提出书面意见等法律帮助活动的相关情况应当记录在案，并随案移送。

一招制敌 值班律师的会见权、阅卷权、意见权可以类推辩护律师，但是值班律师不提供出庭辩护服务，不可以复制案卷材料，无调查取证的权利。

[法条链接]《认罪认罚从宽意见》第 12 条第 2、3 款。

迷你案例

案情：刘某涉嫌强制猥亵一案，审判阶段，向律师作为被告人刘某的值班律师为其提供法律帮助。

问题：向律师能否出庭为刘某辩护？

答案：不能。因为值班律师并非被告人的辩护人，其不享有出庭辩护的权利。

28 代理制度

一、代理的不同种类

（一）公诉案件被害人的代理

公诉案件的被害人及其法定代理人或者近亲属，自案件移送审查起诉之日起，有权委托诉讼代理人。

备考提示 在公诉案件侦查阶段，被害人不能委托代理人。

[举案说法] 吴某某强奸都某某一案，在侦查阶段，被害人都某某无权委托诉讼代理人，需要等案件移送审查起诉之日，其方可委托诉讼代理人。但是吴某某在侦查阶段可以委托律师担任辩护人。

迷你案例

1. 案情：吴某某涉嫌强奸。

问题：本案犯罪嫌疑人、被告人吴某某能否委托诉讼代理人？

答案：不能。犯罪嫌疑人、被告人委托的是辩护人而非诉讼代理人。

2. 案情：殷某因积怨将鄢某打成重伤，致鄢某丧失劳动能力。

问题：本案中，哪些人有权为鄢某委托诉讼代理人？

答案：被害人鄢某及其法定代理人或者近亲属自案件移送审查起诉之日起，有权委托诉讼代理人。

（二）自诉案件的代理

自诉案件的自诉人及其法定代理人，有权随时委托诉讼代理人。

备考提示 在刑事自诉案件中，被告人依法有权提起反诉。被告人提起反诉后，本诉中的自诉人成了反诉中的被告人，本诉中自诉人委托的代理人可以接受反诉的被告人的委托做他的辩护人，即由行使控诉职能转变为兼行控诉与辩护职能。反诉案件的代理人一般都具有双重身份，既是被告人的辩护人，又是反诉的诉讼代理人，因此，必须办理双重委托手续，明确代理权限。

［举案说法］罗某诉张某侮辱，张某反诉罗某诽谤。在侮辱案中，向律师可以接受自诉人罗某的委托担任其诉讼代理人；在诽谤案中，向律师可以接受刑事被告人罗某的委托担任其辩护人。

（三）附带民事诉讼当事人的代理

1. 公诉案件附带民事诉讼的当事人及其法定代理人，自案件移送审查起诉之日起，有权委托诉讼代理人。

2. 自诉案件附带民事诉讼的当事人及其法定代理人，有权随时委托诉讼代理人。

备考提示 附带民事诉讼的代理人可能身兼数职，如既担任刑事被告人的辩护人，又担任附带民事诉讼被告人的代理人。因此，其也必须办理双重委托手续。

［举案说法］罗某强奸张某一案，检察院以强奸罪起诉了罗某，张某同时对罗某提起了附带民事诉讼。在刑事案件中，向律师可以接受被告人罗某的委托担任其辩护人；在附带民事案件中，向律师可以接受附带民事被告人罗某的委托担任其诉讼代理人。

（四）没收程序中的代理

犯罪嫌疑人、被告人的近亲属和其他利害关系人有权申请参加诉讼，也可以委托诉讼代理人参加诉讼。

（五）精神病人的强制医疗程序中的代理

被申请人或者被告人没有委托诉讼代理人的，人民法院应当通知法律援助机构指派律师为其提供法律帮助。

二、诉讼代理人的权利

（一）阅卷权

律师担任诉讼代理人的，可以查阅、摘抄、复制案卷材料。其他诉讼代理人经人民法院许可，也可以查阅、摘抄、复制案卷材料。

一招制敌 诉讼代理人的阅卷权可以概括为：非律阅卷要许可，律师阅卷不用批。

（二）调查取证权

律师担任诉讼代理人，需要收集、调取与本案有关的证据材料的，参照律师担任辩护

人的规定。

（三）申诉、控告权

参照辩护人的规定。

备考提示 诉讼代理人与辩护人的诉讼权利基本一致，但是诉讼代理人没有会见、通信权以及申请变更强制措施的权利。

三、比较辩护人和诉讼代理人的差异

	辩护人	诉讼代理人
地位不同	具有独立的诉讼地位，以自己的名义进行辩护。	不具有独立的诉讼地位，附属于被代理人，依被代理人意志从事活动。
职能不同	承担的是辩护职能。	职责在于维护被代理人的合法权益。
委托主体不同	犯罪嫌疑人、被告人以及他们的监护人或近亲属。	（1）公诉案件的被害人及其法定代理人或近亲属； （2）自诉人及其法定代理人； （3）附带民事案件当事人及其法定代理人。
委托时间不同	公诉案件第一次讯问或采取强制措施之日起；自诉案件随时委托。	公诉案件移送审查起诉之日起；自诉案件随时委托。
个别权利不同	可以会见在押的犯罪嫌疑人、被告人；可以为在押的犯罪嫌疑人、被告人申请取保候审。	无

案情：吴某某涉嫌强奸。

问题：在侦查阶段，吴某某能否委托向律师担任其辩护人，同时担任其附带民事诉讼的诉讼代理人？

答案：在侦查阶段，吴某某可以委托向律师担任其辩护人；但是需要等到案件移送审查起诉之日，其才可委托向律师担任其附带民事诉讼的诉讼代理人。

小综案例

案情

被告人杨明在顺丰公司的“成都中转场”上夜班，负责快递包裹的分拣工作。凌晨3时许，杨明在分拣快递包裹的过程中，将自己经手分拣的一个外有“M”标志、内有一部小米 3TD 手机的快递包裹秘密窃走。顺丰公司发现托运的包裹丢失，遂向公安机关报案。当日下午，杨明被抓获，公安人员从杨明身上搜出了被盗的手机，从杨明住处查获了被盗手机的充电器和发票。经鉴定，被盗手机价值 1999 元。杨明归案后如实供述了自己在分拣快递包裹时窃取手机的事实，并赔偿顺丰公司 1999 元。本案由四川省双流县人民检察院以被告人杨明涉嫌盗窃罪向双流县人民法院提起公诉。

问题：如果你是本案被告人杨明聘请的辩护人，请简述你的辩护意见。

答案 作为杨明的第一审辩护律师，应作无罪辩护。本案可以从实体上进行辩护，认为被告人的行为不构成盗窃罪，而是职务侵占行为。本案被告人侵占的数额经鉴定为 1999 元，根据司法解释的规定，没有达到构成职务侵占罪的“数额较大”的标准，被告人不构成犯罪。具体辩护意见围绕以下两个方面论证：

（1）被告人的行为是职务侵占行为，而非盗窃行为。①被告人在实施侵占行为时为顺丰公司的员工；②被告人实施侵占涉案财物行为时，利用了职务上的便利；③本案中的被害人为顺丰公司，并非涉案手机的实际所有人。综上，被告人的行为属于《刑法》第 271 条第 1 款规定的职务侵占罪中的职务侵占行为，而非《刑法》第 264 条规定的盗窃罪中的盗窃行为。

（2）被告人非法占有财物的数额较小，没有达到构成职务侵占罪所要求的“数额较大”的标准。根据《刑法》第 271 条第 1 款的规定，构成职务侵占罪要求非法占为己有的本单位财物必须达到“数额较大”的严重程度。根据《最高人民法院、最高人民检察院关于办理贪污贿赂刑事案件适用法律若干问题的解释》第 1 条第 1 款、第 11 条第 1 款的规定，职务侵占罪中的“数额较大”，应在 6 万元以上。本案涉案手机的价值为 1999 元。故被告人的行为不构成职务侵占罪，应判决被告人无罪。

刑事证据

考情概述

证据制度是整个刑事诉讼法中最重要、最核心的考点，没有之一。总结近十年的主观题考点分布，有8年考查过证据制度，可知，证据制度是主观题备考的绝对重点。同学们要注意把握以下内容：刑事证据的三大基本属性、刑事证据的三大基本原则、八种法定证据种类的划分和审查、刑事证据的四组理论分类、七种刑事证据规则的内容及我国的立法现状，最后要学会如何运用在案证据来证明案件事实，要掌握刑事诉讼的证明对象、证明责任、证明标准等考点。在未来的复习中，刑事证据依然是王牌考点，同学们务必认真掌握各类证据的审查判断方法，准确记忆非法证据的排除规则，最后熟练运用在案证据来证明案件事实。

一、客观性

客观性，又称真实性，是指证据必须是客观存在的事实，不以人的主观意志为转移。

备考提示 任何主观想象、虚构、猜测、假设、臆断、梦境以及来源不清的道听途说等并非客观存在的材料，都不能成为刑事诉讼中的证据。客观性是刑事证据的首要属性和最本质的特征。

[举案说法] 张某向公安机关控告，自己昨夜在梦中被罗某追杀。张某陈述的内容是自己的梦境，不具备证据的客观属性，因此不能作为认定罗某杀人的证据。

二、关联性

关联性，又称相关性，是指证据必须与案件事实有客观联系，对证明刑事案件事实具有某种实际意义；反之，与本案无关的事实或材料，都不能成为刑事证据。

备考提示 类似事件、品格事实、表情、被害人过去的行为都与案件事实不具关联性。

［举案说法］吴某某涉嫌强奸一案，村民反映村里人都认为吴某某平时就品行不端。吴某某的品格事实与吴某某是否强奸并无关联。有关个人品格方面的证据材料，不得作为定罪证据，但与犯罪相关的个人品格情况可以作为酌定量刑情节予以综合考虑。

三、合法性

合法性，是指对证据必须依法加以收集和运用。证据的合法性是证据客观性和关联性的重要保证，也是证据具有法律效力的重要条件。

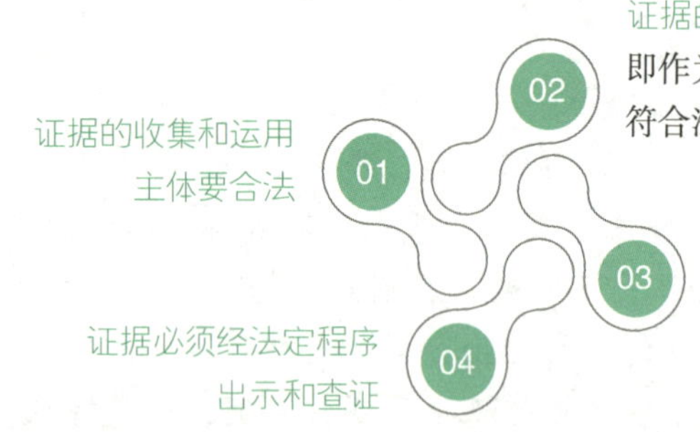

证据的形式应当合法

即作为证明案件事实的证据材料，形式上必须符合法律要求。

证据的提供、收集和审查，必须符合法定的程序要求

无论是公安、司法人员收集证据，还是当事人或其他诉讼参与人提供证据，都应当符合法定的程序要求。

［举案说法］吴某某涉嫌强奸一案，侦查人员通过刑讯逼供的手段取得了吴某某的有罪供述。该供述不能作为定案依据，因为证据收集程序不合法。

备考提示 刑事证据具有客观性、关联性和合法性三个基本属性。三者是互相联系、缺一不可的。客观性和关联性涉及的是刑事证据的内容，合法性涉及的是刑事证据的形式。客观性、关联性和合法性表明了刑事证据内容和形式的统一。在案例分析题中，我们往往会用证据的基本属性来对案例中的证据是否具有证据能力及其证明力的大小进行审查判断。

30 刑事证据的三大基本原则

一、证据裁判原则

证据裁判原则，又称证据裁判主义，是指对于诉讼中事实的认定，应依据有关的证据作出；没有证据，不得认定事实。在现代诉讼制度下，证据裁判原则至少包含以下四个方面的含义：

1. 对事实问题的裁判必须依靠证据，没有证据不得认定事实。

2. 认定案件事实的证据必须具有证据能力，即具有证据资格。

3. 裁判所依据的必须是经过法庭调查的证据，除非法律另有规定。

4. 综合全案，证据必须达到法定的证明标准才能认定案件事实。

[法条链接]《刑事诉讼法》第55条。

[举案说法] 罗某涉嫌强奸一案，审判人员仅根据被告人的供述就认定罗某构成强奸罪，违反了证据裁判原则。对于诉讼中事实的认定，应依据有关的证据作出；没有证据，不得认定事实。只有被告人供述，没有其他证据的，不能认定被告人有罪并对其处以刑罚。

二、自由心证原则（了解即可）

自由心证原则，是指证据的取舍、证据的证明力大小以及对案件事实的认定规则等，法律不预先加以明确规定，而由裁判主体按照自己的良心、理性形成内心确信，以此作为对案件事实认定的一项证据原则。通常认为，自由心证包含两个方面的内容：①自由判断；②内心确信。

备考提示 自由心证原则并不适用于证据的发现、收集、质证、认证全过程，它是只适用于最终的裁判阶段的原则。

三、直接言词原则（了解即可）

直接言词原则，也称口证原则，是指法官亲自听取双方当事人、证人及其他诉讼参与人的当庭口头陈述和法庭辩论，从而形成案件事实真实性的内心确认，并据此对案件作出裁判。

考点31

31

可以用于证明案件事实的材料，都是证据。证据包括：①物证；②书证；③证人证言；④被害人陈述；⑤犯罪嫌疑人、被告人供述和辩解；⑥鉴定意见；⑦勘验、检查、辨认、侦查实验等笔录；⑧视听资料、电子数据。

[法条链接]《刑事诉讼法》第50条第1、2款。

一、物证和书证

1. 物证，是指证明案件真实情况的一切物品和痕迹。

2. 书证，是指以文字、符号、图画等记载的内容和反映的思想来证明案件真实情况的书面材料或其他物质材料。

备考提示 判定一个证据是书证必须同时满足三个条件：①书证强调记载的内容或所表达的思想必须与待证明的案件事实有关联，能够被用来证明案件事实；②书证必须以一定的物质材料为载体；③书证的内容往往形成于案件发生过程中，而非诉讼过程中。

迷你案例

案情：罗小翔盗窃超市一案，在罗小翔家中收集到被盗窃的几本淫秽书刊以及罗小翔盗窃当晚写下的盗窃日记，还有罗小翔出卖赃物时支付宝的转账记录，以及侦查人员勘查时制作的失窃物品清单。

问题：以上证据中哪种证据属于书证？

答案：以上证据中，只有罗小翔的盗窃日记属于书证。该日记内容和盗窃有关，日记本属于物质载体，日记形成于案发过程中。盗窃的淫秽书刊内容与案件无关，属于物证而非书证；支付宝的转账记录内容虽然和案件有关，但是该内容的载体是数字化载体而非物质载体，属于电子数据而非书证；失窃物品清单虽然内容和案件有关，也是以物质材料为载体，但是并非形成于案发过程中，属于勘验笔录而非书证。

二、证人证言，被害人陈述，犯罪嫌疑人、被告人供述和辩解

（一）证人证言

证人证言，是指证人就其所了解的案件情况向公安、司法机关所作的陈述。

备考提示 证人证言的保存形式并不改变证据的性质。例如，证人将证言书写在纸上，这份笔录还是证人证言；公安、司法人员将证人陈述记录成录音录像，该录音带和录像带依然属于证人证言。

（二）被害人陈述

被害人陈述，是指刑事被害人就其受害情况和其他与案件有关的情况向公安、司法机关所作的陈述。

（三）犯罪嫌疑人、被告人供述和辩解

犯罪嫌疑人、被告人供述和辩解，是指犯罪嫌疑人、被告人就有关案件的情况向侦查、检察和审判人员所作的陈述，通常称之为口供。它的内容主要包括犯罪嫌疑人、被告人承认自己有罪的供述和说明自己无罪、罪轻的辩解。

备考提示 只有被告人供述，没有其他证据的，不能认定被告人有罪和处以刑罚；没有被告人供述，证据确实、充分的，可以认定被告人有罪和处以刑罚。

[法条链接]《刑事诉讼法》第55条第1款。

迷你案例

案情：罗小翔和张大翔涉嫌共同抢劫一案，侦查机关通过讯问获得若干证据。

问1：张大翔说："我和罗小翔确实参与了抢劫银行。"该陈述是何种证据种类？

答案：该陈述是犯罪嫌疑人、被告人供述。在抢劫案中，张大翔作为犯罪嫌疑人就有关案件的情况向侦查人员所作的陈述属于供述。

问2：张大翔说："上个月罗小翔还杀过一个人。"该陈述是何种证据种类？

答案：该陈述是证人证言。在故意杀人案中，张大翔作为证人就其所了解的案件情况向公安、司法机关所作的陈述属于证人证言。

问 3：张大翔说："去年的今天，罗小翔还打断过我的腿。"该陈述是何种证据种类？

答案：该陈述是被害人陈述。在故意伤害案中，张大翔作为被害人就其受害情况和其他与案件有关的情况向公安、司法机关所作的陈述属于被害人陈述。

三、鉴定意见，勘验、检查、辨认、侦查实验等笔录

（一）鉴定意见

鉴定意见，是指公安、司法机关为了解决案件中某些专门性问题，指派或聘请具有这方面专门知识或技能的人，进行鉴定后所作的书面意见。

[举案说法] 犯罪嫌疑人罗某在犯罪前曾到某精神病医院看病。精神病医生向某对其所作的患有精神病的诊断结论不能作为鉴定意见使用，因为向某不是公安、司法机关指派或聘请的有专门知识或技能的人。

（二）勘验、检查、辨认、侦查实验等笔录

1. 勘验笔录，是指办案人员对与犯罪有关的场所、物品、尸体等进行勘查、检验后所作的记录。

2. 检查笔录，是指办案人员为确定被害人、犯罪嫌疑人、被告人的某些特征、伤害情况和生理状态，对他们的人身进行检验和观察后所作的客观记录。

3. 辨认笔录，是指客观、全面记录辨认过程和辨认结果，并由有关在场人员签名的记录。

4. 侦查实验笔录，是指对侦查实验的试验条件、试验过程和试验结果的客观记录。

备考提示 上述笔录是一种书面形式的证据材料，但其在形成时间、制作主体以及内容等方面都有别于书证。

（三）专门性问题的报告和事故调查报告

1. 专门性问题的报告。因无鉴定机构，或者根据法律、司法解释的规定，指派、聘请有专门知识的人就案件的专门性问题出具的报告，可以作为证据使用。对该报告的审查与认定，参照适用鉴定意见的有关规定。经人民法院通知，出具报告的人拒不出庭作证的，有关报告不得作为定案的根据。

[法条链接]《刑诉解释》第 100 条。

[举案说法] 罗某涉嫌盗窃一案，物价部门的工作人员出具了价格认定报告。该价格认定报告就属于有专门知识的人就案件的专门性问题出具的报告，可以作为证据使用。

2. 事故调查报告。有关部门对事故进行调查形成的报告，在刑事诉讼中可以作为证据使用；报告中涉及专门性问题的意见，经法庭查证属实，且调查程序符合法律、有关规定的，可以作为定案的根据。

[法条链接]《刑诉解释》第 101 条。

[举案说法] 某火灾事故调查报告记录了火灾的起火时间、起火点、可能的起火原因等对案件事实认定至关重要的因素。由于上述材料无法归入现行的证据种类，实践中对其能否作为刑事证据使用，存在不同观点。根据《刑诉解释》第 101 条的规定，报告中涉及专门性问题的意见，经法庭查证属实，且调查程序符合法律、有关规定的，才能作为定案的根据。首先，事故调查报告中涉及的对专门性问题的意见的性质实际与鉴定意见类似，

也需要接受控辩双方质证，接受法庭调查，只有经查证属实，且调查程序符合法律、有关规定的，才能作为定案的根据；其次，事故调查报告中常常会涉及其他事项，有关事项与事实认定无关或者不属于专门性问题的，不具有证据性质，不能作为定案的根据。

四、视听资料、电子数据

（一）基本概念

1. 视听资料，是指以录音、录像、计算机磁盘所记载的音像信息来证明案件真实情况的资料。

2. 电子数据，是指案件发生过程中形成的，以数字化形式存储、处理、传输的，能够证明案件事实的数据。

（二）基本特征

1. 作为视听资料、电子数据的录音、录像的内容一定要和案件有关，否则可能是物证。

[举案说法] 罗某在超市盗窃的几张光盘，由于其内容与案件无关，仅以其物理特征证明案件事实，因此属于物证。

2. 视听资料的内容是以计算机磁盘记载；电子数据的内容是以数字化的形式存储、处理、传输。

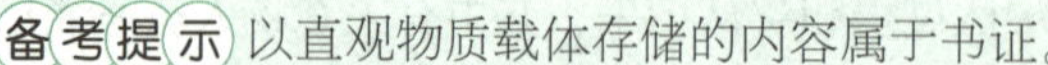

备考提示 以直观物质载体存储的内容属于书证。

迷你案例

案情：罗某用笔写了一封勒索信，邮寄至被害人殷某家，同时其又通过邮件向殷某发送了一封勒索信。

问题：这两封勒索信分别属于何种证据种类？

答案：手写的勒索信是以直观物质材料为载体，属于书证；通过邮件发送勒索信，该信件是通过数字化的形式来存储、处理、传输，因此属于电子数据。

3. 作为视听资料、电子数据的录音、录像，一般产生于诉讼程序开始之前、犯罪实施过程中。

备考提示 在刑事诉讼程序启动之后，公安、司法机关为了收集、固定和保全证据而制作的录音、录像等，不是视听资料、电子数据。

[举案说法] 在询问证人、被害人，讯问犯罪嫌疑人、被告人过程中进行的录音、录像，分别属于证人证言，被害人陈述，犯罪嫌疑人、被告人供述；在勘验、检查中进行的录像，是勘验、检查笔录的组成部分。但是，该资料用于证明询问、讯问或勘验、检查程序是否合法这一争议问题时，则属于视听资料、电子数据。

迷你案例

案情：在法院审理一起强奸案时，被告人石某称因侦查人员刑讯逼供不得已承认犯罪事实，并讲述了其受到刑讯逼供的具体时间。检察机关为证明侦查讯问程序合法，当庭播放了有关讯问的录音录像，并提交了书面说明。

问题：该录音录像属于何种证据种类？

答案：视听资料。该录音录像内容用于证明刑讯逼供是否存在，形成于刑讯逼供案发过程中，因此属于视听资料。

32 刑事证据的收集和移送

一、刑事证据的收集

（一）公、检、法机关

公、检、法机关有权向有关单位和个人收集、调取证据。有关单位和个人应当如实提供证据。

（二）辩护律师

辩护律师经证人或者其他有关单位和个人同意，可以向他们收集与本案有关的材料，也可以申请法院、检察院收集、调取证据，或者申请法院通知证人出庭作证。

备考提示 非律师辩护人没有调查取证权。

（三）行政机关

行政机关在行政执法和查办案件过程中收集的物证、书证、视听资料、电子数据等证据材料，经法庭查证属实，且收集程序符合有关法律、行政法规规定的，可以作为定案的根据。

[法条链接]《刑诉解释》第 75 条第 1 款。

备考提示 行政机关在行政执法过程中收集的证据不能全部直接作为刑事证据使用，如证人证言、被害人陈述、犯罪嫌疑人供述等言词证据需要重新收集。

（四）监察机关

监察机关依照《监察法》规定收集的物证、书证、证人证言、被调查人供述和辩解、视听资料、电子数据等证据材料，在刑事诉讼中可以作为证据使用。

备考提示 监察机关收集证据的标准与刑事审判关于证据的要求和标准相一致，因此，监察机关收集的证据均可以作为刑事证据使用，无需重新收集。

[法条链接]《监察法》第 36 条第 1、2 款；《刑诉解释》第 76 条。

（五）境外证据

1. 对来自境外的证据材料，人民检察院应当随案移送有关材料来源、提供人、提取人、提取时间等情况的说明。

2. 经人民法院审查，相关证据材料能够证明案件事实且符合《刑事诉讼法》规定的，可以作为证据使用，但提供人或者我国与有关国家签订的双边条约对材料的使用范围有明确限制的除外；材料来源不明或者真实性无法确认的，不得作为定案的根据。

备考提示 当事人及其辩护人、诉讼代理人提供来自境外的证据材料的，该证据材料应当经所在国公证机关证明，所在国中央外交主管机关或者其授权机关认证，并经中华人民共和国驻该国使领馆认证，或者履行中华人民共和国与该所在国订立的有关条约中规定的证明手续，但我国与该国之间有互免认证协定的除外。

一招制敌 对于办案机关收集的境外证据材料，无需经过公证、认证程序，只需满足证据的关联性、合法性、客观性即可；但是当事人等个人提供的境外证据材料需要经过一个证明加两个认证程序。

[法条链接]《刑诉解释》第 77 条。

[举案说法] 加拿大人吴某某强奸一案，公诉人向法院出示了来自加拿大的某被害人的陈述，经法院审查，该陈述内容真实，能够证明案件事实且符合法律规定，可以作为证据使用。如果是辩护人提供的来自加拿大的证人证言，则该证言还需要经过公证、认证程序方可作为证据使用。

二、刑事证据的移送

1. 证据材料的移送。对提起公诉的案件，人民法院应当审查证明被告人有罪、无罪、罪重、罪轻的证据材料是否全部随案移送。

备考提示 证据材料未随案移送的，人民法院应当通知人民检察院在指定时间内移送。人民检察院未移送的，人民法院应当根据在案证据对案件事实作出认定。

[法条链接]《刑诉解释》第 73 条。

迷你案例

案情：未成年人罗小翔涉嫌组织卖淫一案，人民检察院未随案移送关于被告人罗小翔年龄的证据材料。庭审中辩护人提出罗小翔未满 18 周岁的辩护理由，人民检察院在人民法院通知其在指定时间内移送证据的情况下仍拒绝移送相关材料。

问题：人民法院该如何处理？

答案：人民法院应当根据在案证据对案件事实作出认定，如果在案证据不能证明罗小翔是否年满 18 周岁，根据《刑诉解释》第 146 条第 2 款的规定，证明被告人已满 12 周岁、14 周岁、16 周岁、18 周岁或者不满 75 周岁的证据不足的，应当作出有利于被告人的认定，即认定罗小翔不满 18 周岁。

2. 同步录音录像的移送。依法应当对讯问过程录音录像的案件，相关录音录像未随案移送的，必要时，法院可以通知检察院在指定时间内移送。检察院未移送，导致不能排除以非法方法收集证据情形的，对有关证据应当依法排除；导致有关证据的真实性无法确认的，不得作为定案的根据。

迷你案例

案情：罗某涉嫌强奸杀人一案，相关录音录像未随案移送，法院直接以此为由排除罗某的

供述。

问题：法院的做法是否正确？

答案：不正确。此时法院可以通知检察院在指定时间内移送。检察院未移送，导致不能排除以非法方法收集证据情形的，对有关证据应当依法排除；导致有关证据的真实性无法确认的，不得作为定案的根据。

33 刑事证据的审查判断

在刑事诉讼中，并非所有证据都会当然地被法院采纳作为定案依据，有些证据因为不满足真实性或者合法性等原因不能被采纳作为定案依据。同学们在主观题备考中，尤其要掌握各类证据不能作为定案依据的相关情形。各类刑事证据的审查判断的具体规则是历年主观题考试的重中之重。

一、物证、书证的审查判断

（一）强制排除

1. 物证的照片、录像、复制品，不能反映原物的外形和特征的。

2. 对书证的更改或者更改迹象不能作出合理解释，或者书证的副本、复制件不能反映原件及其内容的。

3. 在勘验、检查、搜查过程中提取、扣押的物证、书证，未附笔录或者清单，不能证明物证、书证来源的。

4. 物证、书证的来源、收集程序有疑问，不能作出合理解释的。

［法条链接］《刑诉解释》第 83 条第 2 款，第 84 条第 2 款，第 86 条第 1、3 款。

一招制敌 记住物证、书证不能作为定案依据的情形："真伪不明""来源不明""无法解释"。

（二）可以补正（略）

［法条链接］《刑诉解释》第 86 条第 2 款。

迷你案例

1. 案情：搜查获得的杀人案凶器，未附搜查笔录，不能证明该凶器来源。

问题：该物证能否作为定案依据？

答案：不能。根据《刑诉解释》第 86 条第 1 款的规定，在勘验、检查、搜查过程中提取、扣押的物证、书证，未附笔录或者清单，不能证明物证、书证来源的，不得作为定案的根据。

2. 案情：搜查获得的杀人案凶器，扣押物品清单上没有侦查人员、物品持有人、见证人签名。

问题：该物证能否作为定案依据？

答案：该物证经补正或者作出合理解释的，可以作为定案依据。

二、证人证言（被害人陈述）的审查判断

（一）强制排除

1. 处于明显醉酒、中毒或者麻醉等状态，不能正常感知或者正确表达的证人所提供的证言。

2. 证人的猜测性、评论性、推断性的证言（根据一般生活经验判断符合事实的除外）。

3. 询问证人没有个别进行的。

4. 书面证言没有经证人核对确认的。

5. 询问聋、哑人，应当提供通晓聋、哑手势的人员而未提供的。

6. 询问不通晓当地通用语言、文字的证人，应当提供翻译人员而未提供的。

7. 采用暴力、威胁以及非法限制人身自由等非法方法收集的证人证言、被害人陈述。

8. 经法院通知，证人没有正当理由拒绝出庭或者出庭后拒绝作证，法庭对其证言的真实性无法确认的。

［法条链接］《刑诉解释》第88、89条，第91条第3款，第125条。

一招制敌 记住证人证言（被害人陈述）不能作为定案依据的情形："麻醉""猜测""未个别""核对""翻译""暴限胁""拒绝出庭不真实"。

（二）可以补正（略）

［法条链接］《刑诉解释》第90条。

迷你案例

1. 案情：询问未成年被害人殷某时，没有法定代理人或者合适成年人在场。

问题：该陈述能否作为定案依据？

答案：根据《刑诉解释》第90条第5项的规定，该陈述属于瑕疵证据，经补正或者作出合理解释的，可以采用；不能补正或者作出合理解释的，不得作为定案的根据。

2. 案情：询问聋、哑证人，应当提供通晓聋、哑手势的人员而未提供。

问题：该证言能否作为定案依据？

答案：不能。根据《刑诉解释》第89条第3项的规定，询问聋、哑人，应当提供通晓聋、哑手势的人员而未提供的，该证言不能作为定案依据。

三、犯罪嫌疑人、被告人供述的审查判断

（一）强制排除

1. 讯问笔录没有经被告人核对确认的。

2. 讯问聋、哑人，应当提供通晓聋、哑手势的人员而未提供的。

3. 讯问不通晓当地通用语言、文字的被告人，应当提供翻译人员而未提供的。

4. 讯问未成年人，其法定代理人或者合适成年人不在场的。

5. 除情况紧急必须现场讯问以外，在规定的办案场所外讯问取得的供述。

6. 未依法对讯问进行全程录音录像取得的供述。

7. 采用殴打、违法使用戒具等暴力方法或者变相肉刑的恶劣手段，使被告人遭受难以忍受的痛苦而违背意愿作出的供述。

8. 采用以暴力或者严重损害本人及其近亲属合法权益等相威胁的方法，使被告人遭受难以忍受的痛苦而违背意愿作出的供述。

9. 采用非法拘禁等非法限制人身自由的方法收集的被告人供述。

[法条链接]《刑诉解释》第 94、123 条；《关于建立健全防范刑事冤假错案工作机制的意见》第 8 条第 2 款。

一招制敌 记住犯罪嫌疑人、被告人供述不能作为定案依据的情形："核对""翻译""无法代""场外""音像""暴限胁"。

（二）可以补正（略）

[法条链接]《刑诉解释》第 95 条。

迷你案例

1. 案情：讯问未成年犯罪嫌疑人刘某时，没有法定代理人或者合适成年人在场。

问题：该供述能否作为定案依据？

答案：不能。根据《刑诉解释》第 94 条第 4 项的规定，讯问未成年人，其法定代理人或者合适成年人不在场的，该供述不能作为定案依据。

2. 案情：讯问笔录没有经过讯问人员核对确认。

问题：该讯问笔录能否作为定案依据？

答案：根据《刑诉解释》第 95 条第 2 项的规定，该讯问笔录有瑕疵，经补正或者作出合理解释的，可以采用；不能补正或者作出合理解释的，不得作为定案依据。

考点 33

四、鉴定意见的审查判断

鉴定意见具有下列情形之一的，不得作为定案的根据：

1. 鉴定机构不具备法定资质，或者鉴定事项超出该鉴定机构业务范围、技术条件的。

2. 鉴定人不具备法定资质，不具有相关专业技术或者职称，或者违反回避规定的。

3. 送检材料、样本来源不明，或者因污染不具备鉴定条件的。

4. 鉴定对象与送检材料、样本不一致的。

5. 鉴定程序违反规定的。

6. 鉴定过程和方法不符合相关专业的规范要求的。

7. 鉴定文书缺少签名、盖章的。

8. 鉴定意见与案件事实没有关联的。

9. 经人民法院通知，鉴定人拒不出庭作证的。

10. 违反有关规定的其他情形。

一招制敌 鉴定意见不存在可以补正、解释的情形，鉴定意见不能作为定案依据的情形可

以概括为：见错就排。

[法条链接]《刑诉解释》第 98 条、第 99 条第 1 款。

迷你案例

1. 案情：刘某故意杀人一案，本案的现场指纹鉴定意见中无鉴定人签名。

问题：该鉴定意见能否作为本案的定案依据？

答案：不能。根据《刑诉解释》第 98 条第 7 项的规定，鉴定文书缺少签名、盖章的，不得作为定案的根据。

2. 案情：刘某故意伤害一案，本案作出伤情鉴定的鉴定人向某没有出庭。

问题：该鉴定意见能否作为本案的定案依据？

答案：能。鉴定人不出庭并没有违反法律规定。只有在鉴定人应当出庭而拒绝出庭的情况下，该鉴定意见才不能作为定案依据。不是所有案件的鉴定人都应当出庭发表鉴定意见。如果双方当事人对鉴定意见无异议或者法院认为没有必要让鉴定人出庭，鉴定人可以不出庭。

五、勘验、检查、侦查实验笔录的审查判断

1. 勘验、检查笔录存在明显不符合法律、有关规定的情形，不能作出合理解释的，不得作为定案的根据。

一招制敌 勘验、检查笔录不能作为定案依据的情形可以概括为：无法解释。

[举案说法] 罗某抢劫杀人一案，侦查人员在现场勘验时没有邀请见证人在场，勘验笔录上没有见证人签名。该勘验笔录如果不能作出合理解释，不得作为定案的根据。

2. 侦查实验的条件与事件发生时的条件有明显差异，或者存在影响实验结论科学性的其他情形的，侦查实验笔录不得作为定案的根据。

一招制敌 侦查实验笔录不能作为定案依据的情形可以概括为：条件差异。

六、辨认笔录的审查判断

（一）强制排除

1. 辨认不是在调查人员、侦查人员主持下进行的。

2. 辨认前使辨认人见到辨认对象的。

3. 辨认活动没有个别进行的。

4. 辨认对象没有混杂在具有类似特征的其他对象中，或者供辨认的对象数量不符合规定的。

5. 辨认中给辨认人明显暗示或者明显有指认嫌疑的。

6. 违反有关规定，不能确定辨认笔录真实性的其他情形。

[法条链接]《刑诉解释》第 105 条。

一招制敌 记住辨认笔录不能作为定案依据的情形：没有侦调来主持，指示预见个混混。

（二）可以补正（略）

[法条链接]《关于办理死刑案件审查判断证据若干问题的规定》第 30 条第 2 款。

迷你案例

案情：辨认时只有 1 个侦查人员主持。

问题：该辨认结果能否作为定案依据？

答案：根据《关于办理死刑案件审查判断证据若干问题的规定》第 30 条第 2 款第 1 项的规定，主持辨认的侦查人员少于 2 人，通过有关办案人员的补正或者作出合理解释的，辨认结果可以作为证据使用。

七、视听资料、电子数据的审查判断

（一）强制排除

1. 视听资料具有下列情形之一的，不得作为定案的根据：

（1）系篡改、伪造或者无法确定真伪的；

（2）制作、取得的时间、地点、方式等有疑问，不能作出合理解释的。

2. 电子数据具有下列情形之一的，不得作为定案的根据：

（1）系篡改、伪造或者无法确定真伪的；

（2）有增加、删除、修改等情形，影响电子数据真实性的；

（3）其他无法保证电子数据真实性的情形。

[法条链接]《刑诉解释》第 109、114 条。

一招制敌 视听资料、电子数据不能作为定案依据的情形可概括为：真伪不明、无法解释。

（二）可以补正（略）

[法条链接]《刑诉解释》第 113 条。

迷你案例

案情：吴某贩卖毒品一案，侦查人员收集的电子数据清单上没有侦查人员签名或者盖章。

问题：该电子数据能否作为定案依据？

答案：该电子数据的收集、提取程序有瑕疵，经补正或者作出合理解释的，可以采用；不能补正或者作出合理解释的，不得作为定案依据。

八、技术调查、侦查证据的审查判断

依法采取技术调查、侦查措施收集的材料在刑事诉讼中可以作为证据使用。采取技术调查、侦查措施收集的材料，作为证据使用的，应当随案移送。

备考提示 采取技术调查、侦查措施收集的材料在刑事诉讼中可以作为证据使用。但其依然要经过法庭查证属实，方可成为最终的定案依据。另外，请同学们注意，技术调查、侦查证据并非独立的证据种类，仅因取证手段特殊而在证据的审查判断以及质证规则上有一定的特殊之处。

[法条链接]《刑诉解释》第116~122条。

九、信息网络犯罪案件证据的收集和审查

备考提示

1. 办理信息网络犯罪案件，对于数量特别众多且具有同类性质、特征或者功能的证据材料，确因客观条件限制无法逐一收集的，应当按照一定比例或者数量选取证据，并对选取情况作出说明和论证。经审查认为取证不科学的，应当由原取证机关作出补充说明或者重新取证。经审查，对相关事实不能排除合理怀疑的，应当作出有利于犯罪嫌疑人、被告人的认定。

[法条链接]《最高人民法院、最高人民检察院、公安部关于办理信息网络犯罪案件适用刑事诉讼程序若干问题的意见》第20条。

2. 对于涉案人数特别众多的信息网络犯罪案件，确因客观条件限制无法收集证据逐一证明、逐人核实涉案账户的资金来源，但根据银行账户、非银行支付账户等交易记录和其他证据材料，足以认定有关账户主要用于接收、流转涉案资金的，可以按照该账户接收的资金数额认定犯罪数额，但犯罪嫌疑人、被告人能够作出合理说明的除外。案外人提出异议的，应当依法审查。

[法条链接]《最高人民法院、最高人民检察院、公安部关于办理信息网络犯罪案件适用刑事诉讼程序若干问题的意见》第21条。

34 刑事证据的理论分类

刑事证据的分类，是指在对证据进行理论研究过程中，按照证据本身的不同特点，从不同角度在理论上将证据划分为不同的类别。

一、原始证据与传来证据

1. 原始证据。凡是直接来源于案件事实，未经过复制、转述的证据，是原始证据，即通常所说的第一手材料。

2. 传来证据。凡不是直接来源于案件事实，而是间接地来源于案件事实，经过复制或者转述原始证据而派生出来的证据，是传来证据，即通常所说的第二手材料。

备考提示 通常情况下，原始证据的证明价值大于传来证据。如果案件只有传来证据，没有任何原始证据，不得认定犯罪嫌疑人、被告人有罪。运用传来证据时，来源不明的材料不能作为证据使用。

迷你案例

案情：证人高某作证，昨晚听到楼上传来刘某的尖叫声："罗哥，放开我，不要这样！"

问题：该证言是原始证据还是传来证据？

答案：原始证据。该证据直接来源于案件事实，未经过复制、转述，因此属于原始证据。

二、有罪证据与无罪证据

1. 有罪证据。凡是能够证明犯罪事实存在和犯罪行为系犯罪嫌疑人、被告人所为的证据，是有罪证据。

2. 无罪证据。凡是能够否定犯罪事实存在，或者能够证明犯罪嫌疑人、被告人未实施犯罪行为的证据，是无罪证据。

备考提示 常见的无罪证据有两种：①证明犯罪事实并未发生的证据；②证明犯罪行为并非该犯罪嫌疑人、被告人所为的证据。如果案内有无罪证据尚未排除，不能得出犯罪嫌疑人、被告人有罪的结论。

［举案说法］辩护人向律师提出被告人罗某有自首、立功等可以从轻、减轻处罚等表现的证据，这些证据都属于有罪证据。

三、言词证据与实物证据

1. 言词证据。凡是表现为人的陈述，即以言词作为表现形式的证据，是言词证据。

2. 实物证据。凡是表现为物品、痕迹和内容具有证据价值的书面文件，即以实物作为表现形式的证据，是实物证据。

备考提示 证人证言，被害人陈述，犯罪嫌疑人、被告人供述和辩解都属于言词证据。辨认笔录和侦查实验笔录，一般认为也属于言词证据。鉴定意见也属于言词证据。物证，书证，勘验、检查笔录属于实物证据。视听资料、电子数据，一般认为属于实物证据。讯问犯罪嫌疑人、被告人以及询问证人、被害人时的录音、录像应分属犯罪嫌疑人、被告人供述和辩解，证人证言，被害人陈述，属于言词证据。

考点34

迷你案例

案情：罗小翔故意杀人一案，侦查机关在讯问犯罪嫌疑人罗小翔时制作了同步录音、录像。

问题：该录音、录像属于言词证据还是实物证据？

答案：该录音、录像如果被认定为犯罪嫌疑人供述和辩解，属于言词证据；如果被认定为视听资料，则属于实物证据。

四、直接证据与间接证据（重点）

（一）直接证据

直接证据是能够单独、直接证明案件主要事实的证据。也就是说，某一项证据的内容无须经过推理过程，即可以直观地说明犯罪行为是不是由犯罪嫌疑人、被告人所实施。

备考提示 虽然直接证据能够单独、直接证明案件主要事实，但在运用直接证据时应当坚持孤证不能定案的原则。直接证据并不等于单独定案的证据。

［举案说法］罗某亲口承认自己杀害了被害人张某，该供述是直接证据，但是仅凭借被告人罗某的供述无法单独定案，法官不能仅依据罗某的口供对其作有罪认定。

备考提示 直接证据可以分为肯定性直接证据和否定性直接证据。肯定性直接证据必须能够同时证明发生了犯罪事实和谁是犯罪人这两个要素，而否定性直接证据只要足以否定其中的一个要素即可。

[举案说法] 罗某杀害张某一案，罗某亲口承认自己杀人的全过程；同时证人高某证实案发时自己和罗某在外地开会，罗某没有作案时间。本案罗某和高某的陈述均属于直接证据：罗某的供述可以直接证明其杀害张某的主要事实，是肯定性直接证据；高某的证言可以直接否定罗某杀害张某，是否定性直接证据。

（二）间接证据

间接证据是不能单独、直接证明刑事案件主要事实，需要与其他证据相结合才能证明的证据。

[举案说法] 例如，杀人现场发现的菜刀，只能表明有人在杀人现场遗留了一把菜刀，至于这把菜刀与杀人案件到底是什么关系，还需要其他证据予以证明。又如，案件现场有某人的指纹，只能说明该人到过案发现场，而不能说明该人就是作案人。这些证据都属于间接证据。

备考提示 命题者可能给出一个案情，要求考生在没有直接证据的情况下，判断该案能否对犯罪嫌疑人、被告人作出有罪认定。没有直接证据，但间接证据同时符合下列条件的，可以认定被告人有罪：①证据已经查证属实；②证据之间相互印证，不存在无法排除的矛盾和无法解释的疑问；③全案证据形成完整的证据链；④根据证据认定案件事实足以排除合理怀疑，结论具有唯一性；⑤运用证据进行的推理符合逻辑和经验。

[法条链接]《刑诉解释》第140条。

35 刑事证据规则

刑事证据规则，是指在刑事证据制度中，控辩双方收集和出示证据，法庭采纳、运用证据认定案件事实必须遵循的重要准则。

一、非法证据排除规则（重点）

非法证据排除规则，是指违反法定程序，以非法方法获取的证据，原则上不具有证据能力，不能为法庭采纳。2017年，“两高三部”联合发布的《严格排除非法证据规定》对我国非法证据的排除范围作了进一步的细化和完善。2021年，《刑诉解释》修改，对前述规定进行了吸收，并进一步丰富、细化了相关内容。

备考提示 在历年主观题考试中，非法证据排除规则考查过5次，主要考查角度是非法证据排除的范围和非法证据排除的程序。

（一）排除的范围

1. 实物证据

收集物证、书证不符合法定程序，可能严重影响司法公正的，应当予以补正或者作出合理解释；不能补正或者作出合理解释的，对该证据应当予以排除。

［法条链接］《刑事诉讼法》第 56 条第 1 款。

［举案说法］罗某杀人一案，侦查人员在未出示搜查证的情况下，在罗某住处搜查到一把带血的刀，该物证应当予以补正或者作出合理解释；不能补正或者作出合理解释的，对该证据应当予以排除。

2. 言词证据

（1）证人证言、被害人陈述。采用暴力、威胁以及非法限制人身自由等非法方法收集的证人证言、被害人陈述，应当予以排除。

［法条链接］《刑诉解释》第 125 条。

（2）被告人供述。采用下列非法方法收集的被告人供述，应当予以排除：①采用殴打、违法使用戒具等暴力方法或者变相肉刑的恶劣手段，使被告人遭受难以忍受的痛苦而违背意愿作出的供述；②采用以暴力或者严重损害本人及其近亲属合法权益等相威胁的方法，使被告人遭受难以忍受的痛苦而违背意愿作出的供述；③采用非法拘禁等非法限制人身自由的方法收集的被告人供述。

［法条链接］《刑诉解释》第 123 条。

一招制敌 上述言词证据排除的情形可以概括为：言词排非“暴”“限”“胁”。注意，“引诱”“欺骗”这样的手段虽然违法，但是法律并没有规定采用这些手段取得的言词证据需要排除。

迷你案例

1. 案情：罗某涉嫌强奸罪，侦查人员不许他吃饭，不许他睡觉，把他放到寒冷的夜里受冻，在饥寒交迫下，罗某承认了强奸张某的犯罪事实。

问题：该供述是否需要排除？

答案：需要。此为采用变相肉刑的恶劣手段获取的供述。

2. 案情：罗某涉嫌故意杀人罪，侦查人员“威胁”罗某说：“不如实交代你自己的犯罪行为，就揭发你的偷税漏税行为。”罗某迫于压力，交代了自己犯罪的经过。

问题：该供述是否需要排除？

答案：不需要。偷税漏税本就属于违法犯罪，该供述不属于采用以损害本人及其近亲属合法权益等相威胁的方法取得的供述。

3. 案情：张某涉嫌贩毒一案，侦查人员对张某说：“不如实供述就打断你情妇的双腿！”张某被迫承认了自己的犯罪事实。

问题：张某的供述是否需要排除？

答案：不需要。情妇并不属于近亲属范围，张某的供述并非采用以暴力或者严重损害本人及其近亲属合法权益等相威胁的方法取得的，因此，张某的供述无需排除。

（3）重复性供述。采用刑讯逼供方法使被告人作出供述，之后被告人受该刑讯逼供行为影响而作出的与该供述相同的重复性供述，应当一并排除，但下列情形除外：①调查、侦查期间，监察机关、侦查机关根据控告、举报或者自己发现等，确认或者不能排除以非法方法收集证据而更换调查、侦查人员，其他调查、侦查人员再次讯问时告知有关权利和认罪的法律后果，被告人自愿供述的；②审查逮捕、审查起诉和审判期间，检察人员、审判人员讯问时告知诉讼权利和认罪的法律后果，被告人自愿供述的。

[法条链接]《刑诉解释》第 124 条。

一招制敌 重复性供述排除的情形可以概括为：重复供述一并排，除非换人、换阶段。

案情：侦查阶段，罗某被刑讯逼供，被迫作出了一份有罪供述。审查起诉阶段，在检察人员告知权利和认罪的法律后果后，罗某又自愿作出一份与侦查阶段相同的供述。

问题：此供述是否需要排除？

答案：不需要。后一份供述并非受之前刑讯逼供行为影响而作出的与该供述相同的重复性供述，因此无需排除。

（二）排除的阶段

1. 侦查阶段

犯罪嫌疑人及其辩护人在侦查期间可以向人民检察院申请排除非法证据。对确有以非法方法收集证据情形的，人民检察院应当向侦查机关提出纠正意见。侦查机关对审查认定的非法证据，应当予以排除，不得作为提请批准逮捕、移送审查起诉的根据。

[法条链接]《严格排除非法证据规定》第 14 条第 1、2 款。

2. 审查逮捕、审查起诉阶段

（1）审查逮捕、审查起诉期间，犯罪嫌疑人及其辩护人申请排除非法证据，并提供相关线索或者材料的，人民检察院应当调查核实。

（2）人民检察院在审查起诉期间发现侦查人员以刑讯逼供等非法方法收集证据的，应当依法排除相关证据并提出纠正意见，必要时人民检察院可以自行调查取证。

（3）人民检察院对审查认定的非法证据，应当予以排除，不得作为批准或者决定逮捕、提起公诉的根据。被排除的非法证据应当随案移送，并写明为依法排除的非法证据。

[法条链接]《严格排除非法证据规定》第 17 条。

3. 审判阶段

（1）法庭审理过程中，审判人员认为可能存在以非法方法收集证据情形的，应当对证据收集的合法性进行法庭调查。

（2）当事人及其辩护人、诉讼代理人有权申请人民法院对以非法方法收集的证据依法予以排除。申请排除以非法方法收集的证据的，应当提供相关线索或者材料。

[法条链接]《刑事诉讼法》第 58 条。

案情：罗某故意杀人一案，侦查阶段，辩护律师向某认为侦查人员对罗某刑讯逼供。

问题：向某该向哪个机关申请排除非法证据？如果确有以非法方法收集证据的情形，受理机关该如何处理？

答案：向某在侦查期间可以向人民检察院申请排除非法证据。对确有以非法方法收集证据情形的，人民检察院应当向侦查机关提出纠正意见。侦查机关对审查认定的非法证据，应当予以排除，不得作为提请批准逮捕、移送审查起诉的根据。

（三）开庭前排非申请的审查

1. 申请时间：应当在开庭审理前提出，但在庭审期间发现相关线索或者材料等情形除外。

2. 申请条件：未提供相关线索或材料，不符合法律规定的申请条件的，法院对申请不予受理。

3. 申请效果：按照法律规定提供相关线索或者材料的，法院应当召开庭前会议。法院可以核实情况，听取意见。

4. 启动调查：法院对证据收集的合法性有疑问的，应当在庭审中进行调查；法院对证据收集的合法性没有疑问，且没有新的线索或者材料表明可能存在非法取证的，可以决定不再进行调查。

［法条链接］《严格排除非法证据规定》第23~26条。

迷你案例

案情：被告人罗某主张自己在侦查阶段受到了刑讯逼供。

问题：如果罗某要向法院申请排除非法证据，需要在什么时间提出？申请需要满足什么条件？

答案：应当在开庭审理前提出，但在庭审期间发现相关线索或者材料等情形除外。申请应当提供相关线索或者材料，否则法院对申请不予受理。

（四）庭审中的审查与调查

1. 说明理由：在开庭审理前未申请排除非法证据，在法庭审理过程中提出申请的，应当说明理由。

2. 启动调查：法庭经审查，对证据收集的合法性有疑问的，应当进行调查；没有疑问的，应当驳回申请。

3. 调查时间：法庭决定对证据收集的合法性进行调查的，应当先行当庭调查。但为防止庭审过分迟延，也可以在法庭调查结束前进行调查。

4. 调查方式：①公诉人对证据收集的合法性加以证明；②被告人及其辩护人可以出示相关线索或者材料，并申请法庭播放特定时段的讯问录音录像；③侦查人员或者其他人员出庭，应当向法庭说明证据收集过程，并就相关情况接受发问；④公诉人、被告人及其辩护人可以对证据收集的合法性进行质证、辩论。

［法条链接］《严格排除非法证据规定》第29~31条。

（五）证明责任和证明标准

1. 初步责任：当事人及其辩护人、诉讼代理人申请法院排除以非法方法收集的证据的，应当提供涉嫌非法取证的人员、时间、地点、方式、内容等相关线索或者材料。

备考提示 这种证明标准只需要达到“引起法官怀疑”的程度就可以了。

2. 证明责任：检察院应当对证据收集的合法性加以证明。

备考提示 这种证明标准需要达到确实、充分的程度，否则法院将认定该证据不合法，应予以排除。

[法条链接]《严格排除非法证据规定》第25条第1款、第26条、第31条第1款、第34条第1款。

案情：庭审过程中，被告人罗某的辩护律师提出非法证据排除申请，法官经过审查，认定辩护律师的申请证据不足，对其申请不予受理。

问题：法院的处理是否正确？

答案：不正确。《刑事诉讼法》第58条第2款规定：“当事人及其辩护人、诉讼代理人有权申请人民法院对以非法方法收集的证据依法予以排除。申请排除以非法方法收集的证据的，应当提供相关线索或者材料。”《刑事诉讼法》第59条第1款规定：“在对证据收集的合法性进行法庭调查的过程中，人民检察院应当对证据收集的合法性加以证明。”因此，对证据收集的合法性的证明责任由控方承担，而本案中法院仅仅通过审查辩护律师的申请就认定非法证据排除申请不成立，显然是变相让提出申请的辩护律师承担了证据收集的非法性的证明责任，是违反法律规定的。

向高甲主观题

（六）法庭处理结果

1. 排除情形：对于经过法庭审理，确认或者不能排除存在《刑事诉讼法》第56条规定的以非法方法收集证据情形的，对有关证据应当予以排除。

[法条链接]《刑事诉讼法》第60条。

2. 排除效果：对依法予以排除的证据，不得宣读、质证，不得作为判决的根据。

3. 裁判结果：人民法院排除非法证据后，案件事实清楚，证据确实、充分，依据法律认定被告人有罪的，应当作出有罪判决；证据不足，不能认定被告人有罪的，应当作出证据不足、指控的犯罪不能成立的无罪判决；案件部分事实清楚，证据确实、充分的，依法认定该部分事实。

4. 裁判文书：人民法院对证据收集合法性的审查、调查结论，应当在裁判文书中写明，并说明理由。

[法条链接]《严格排除非法证据规定》第34条第2款，第35、36条。

迷你案例

案情：法院经过调查，认为本案中没有充分证据证明被告人供述的取得存在刑讯逼供，但又不能排除刑讯逼供的可能。

问题：法院是否应当排除该供述？如果排除，法院还能否对被告人作有罪判决？

答案：对于经过法庭审理，确认或者不能排除存在《刑事诉讼法》第56条规定的以非法方法收集证据情形的，对有关证据应当予以排除。法院排除非法证据后，案件事实清楚，证据确实、充分，依据法律认定被告人有罪的，仍然应当作出有罪判决。

（七）二审法院对证据合法性的审查

1. 应当审查的情形

（1）一审法院对当事人及其辩护人、诉讼代理人排除非法证据的申请没有审查，且以该证据作为定案根据的；

（2）检察院或者被告人、自诉人及其法定代理人不服一审法院作出的有关证据收集合法性的调查结论，提出抗诉、上诉的；

（3）当事人及其辩护人、诉讼代理人在一审结束后才发现相关线索或者材料，申请法院排除非法证据的。

一招制敌 上述情形可以概括为：一审申请未审查，一审审查我不服，一审之后才发现。

［法条链接］《刑诉解释》第 138 条。

2. 审查结果

（1）一审法院对被告人及其辩护人排除非法证据的申请未予审查，并以有关证据作为定案根据，可能影响公正审判的，二审法院可以裁定撤销原判，发回原审法院重新审判。

（2）一审法院对依法应当排除的非法证据未予排除的，二审法院可以依法排除非法证据。排除非法证据后，依法作出二审裁判。

［法条链接］《严格排除非法证据规定》第 40 条。

考点 35

二、自白任意规则

自白任意规则，又称非任意自白排除规则，是指在刑事诉讼中，只有基于被追诉人自由意志而作出的自白（即承认有罪的供述），才具有可采性；违背当事人意愿或违反法定程序而强制作出的供述不是自白，而是逼供，不具有可采性，必须予以排除。

三、传闻证据规则（难点）

传闻证据规则，也称传闻证据排除规则，即法律排除传闻证据作为认定犯罪事实的根据的规则。如无法定理由，证人在庭审期间以外的陈述，不得作为认定被告人有罪的证据。

传闻证据主要包括两种形式：①书面传闻证据，即亲身感受了案件事实的证人在庭审之外所作的书面证人证言，以及公安机关、检察人员所作的（证人）询问笔录；②言词传闻证据，即证人并非就自己亲身感知的事实作证，而是向法庭转述他从别人那里听到的情况。

之所以排除传闻证据，主要原因是传闻证据有可能失真。首先，传闻证据具有复述的性质，可能因故意或过失导致转述错误或偏差；其次，传闻证据无法接受交叉询问，无法在法庭上当面对质，真实性无法证实，也妨碍当事人权利的行使。

备考提示

1. 根据《刑事诉讼法》第195条的规定，对未到庭的证人的证言笔录、鉴定人的鉴定意见、勘验笔录和其他作为证据的文书，应当当庭宣读。该规定表明，在立法上还是允许一部分证人不出庭作证的。由此可见，我国现行立法并没有规定传闻证据排除规则，只是部分地体现了该规则的精神。

2. 传闻证据和传来证据不能等同。

（1）含义不同。传闻证据，是指证人在法庭审理之外作出的陈述，由其他人或者采用书面表达的方式加以叙述的证据。传来证据，是指不是直接来源于案件事实或原始出处，而是经过复制、复印、传抄、转述等中间环节形成的派生证据。

（2）范围不同。①传闻证据仅限于人的陈述，不包括实物证据；而传来证据可以是第二手的实物证据，如尸体的照片。②证人当庭陈述以外的陈述都是传闻证据，只有证人转述他人的陈述才是传来证据。

（3）运用规则不同。英美法系中传闻证据一般是要排除的；而传来证据，经过控辩双方质证，查证属实是可以作为定案依据的。

［举案说法］目击证人张三陈述了其看到罗某杀害张某的案件事实，该陈述是直接来源于案件事实的，属于原始证据，但是如果张三没有出庭作证，该陈述就属于传闻证据。在英美法系国家，根据传闻证据规则，未出庭作证的证人的证言不得作为定案依据。但是我国刑事诉讼法并未完全确立这一规则，因此，即使证人未出庭，其证言仍然可能作为定案依据。

四、意见证据规则

意见证据规则，是指证人只能陈述自己亲身感受和经历的事实，而不得陈述其对该事实的意见或者结论。

备考提示 意见证据规则只约束证人，不约束鉴定人。证人不能发表猜测性、评论性、推断性的证言，但是鉴定人可以发表自己的专业意见。

［法条链接］《刑诉解释》第88条第2款。

五、补强证据规则（难点）

补强证据规则，是指为了防止误认事实或发生其他危险性，而在运用某些证明力显然薄弱的证据认定案情时，必须有其他证据补强其证明力，才能被法庭采信为定案根据。

备考提示 下列证据应当慎重使用，有其他证据印证的，可以采信：①生理上、精神上有缺陷，对案件事实的认知和表达存在一定困难，但尚未丧失正确认知、表达能力的被害人、证人和被告人所作的陈述、证言和供述；②与被告人有亲属关系或者其他密切关系的证人所作的有利于被告人的证言，或者与被告人有利害冲突的证人所作的不利于被告人的证言。

［法条链接］《刑诉解释》第143条。

补强证据，是指用以增强另一证据证明力的证据。一开始收集到的对证实案情有重要意义的证据，称为“主证据”，而用以印证该证据真实性的其他证据，就称之为“补强证据”。补强证据必须满足以下条件：

补强证据必须具有证据能力

01

［举案说法］用暴力手段获取的一份A证言不能成为B证言的补强证据，因为暴力获得的A证言本身就不具备证据能力。

补强证据本身必须具有担保补强对象真实的能力

02

［举案说法］证明获取被告人口供过程合法性的书面说明材料，不能成为该口供的补强证据，因为补强证据必须能担保补强对象的真实性而非合法性。

补强证据必须具有独立的来源

03

［举案说法］被告人在审前程序中所作的供述不能作为其当庭供述的补强证据，审前供述和当庭供述属于同一来源。

迷你案例

案情：向某作证称其亲眼看到穿着红色长裙、留着长发的罗某在昨天夜里杀死了张某。由于向某和罗某曾有过节，因此该证言需要经过补强方可采信。

问题：侦查人员在罗某的衣柜中找到了一条红色裙子和一顶假发，该物证能否成为向某证言的补强证据？

答案：能。①该物证具有证据能力；②该物证可以担保向某证言的真实性；③该物证具有独立来源。

六、最佳证据规则

最佳证据规则，又称原始证据规则，是指以文字、符号、图形等方式记载的内容来证明案情时，其原件才是最佳证据。该规则要求书证的提供者应尽量提供原件，如果提供副本、抄本、影印本等非原始材料，则必须提供充足理由加以说明，否则该书证不具有可采性。

七、关联性规则（参照证据的关联性）

关联性规则，是指只有与案件事实有关的材料，才能作为证据使用。关联性是证据被采纳的首要条件。没有关联性的证据不具有可采性，但具有关联性的证据未必都具有可采性。

36 证据的运用之如何运用证据来证明

刑事诉讼中的证明，是指国家公诉机关和诉讼当事人在法庭审理中依照法律规定的程序和要求向审判机关提出证据，运用证据阐明系争事实，论证诉讼主张成立的活动。

一、证明对象

刑事诉讼中的证明对象，是指证明主体运用一定的证明方法所要证明的一切法律要件事实。

（一）需要证明的对象

需要证明的对象是必须运用证据予以证明的案件事实，主要是由实体法所规定的行为人的行为是否构成犯罪以及应当对其处以何种刑罚的事实。此外，在诉讼中对解决诉讼程序具有法律意义的事实，由于与正确处理案件密切相关，也是应当予以证明的事实。

[法条链接]《刑诉解释》第72条第1款。

备考提示 证据事实不是证明对象。案件事实情况是证明对象，而证据事实归根结底是用以证明案件事实的手段和工具。例如，在某强奸案中，用于鉴定的体液检材是否被污染的事实不属于证明对象，体液属于证据事实，不属于案件事实。

（二）免证事实

免证事实，是指免除控辩双方举证责任，由法院直接确认的事实。在法庭审理中，下列事实不必提出证据进行证明：

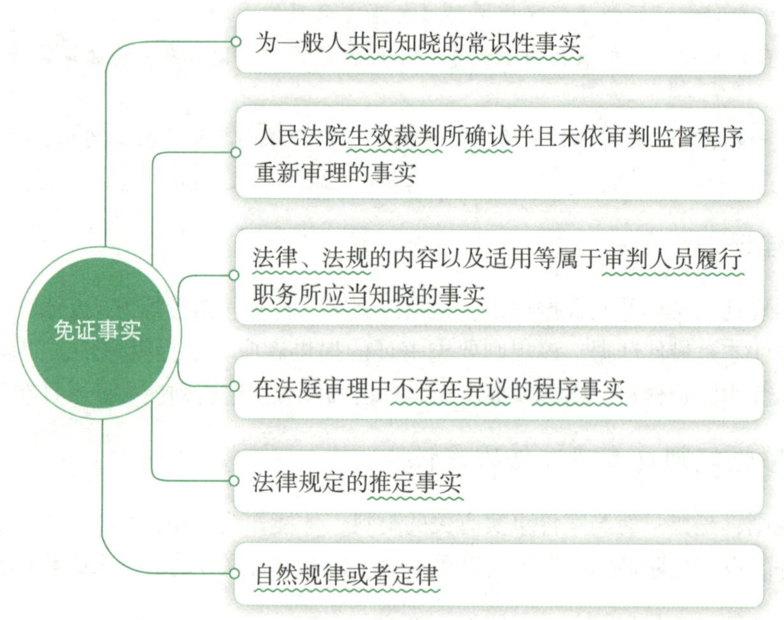

[法条链接]《高检规则》第401条。

[举案说法] 甲、乙两家曾因宅基地纠纷诉至法院，尽管有法院作出的生效裁判，但甲、乙两家关于宅基地的争议未得到根本解决。一日，甲、乙因各自车辆谁先过桥产生争执，继而扭打，甲拿起车上的柴刀砍中乙颈部，乙当场死亡。在刑事案件中，法院先前就甲、乙两家宅基地纠纷所作出的生效裁判就属于免证事实，无需证明。

二、证明责任

刑事诉讼中的证明责任，是指人民检察院或某些当事人应当承担的收集或提供证据证明应予认定的案件事实或有利于自己的主张的责任，否则将承担其主张不能成立的后果。

1. 公诉案件中被告人有罪的举证责任由人民检察院承担。

2. 自诉案件中被告人有罪的举证责任由自诉人承担。

备考提示 被告人不承担证明责任，既不证明自己有罪，也不证明自己无罪。即使在巨额财产来源不明罪、持有型犯罪（持有假币罪、非法持有毒品罪）中，人民检察院仍然要承担证明责任，被告人只对财产来源合法、物品持有合法的主张承担提出证据的责任。

迷你案例

1. 案情：罗某非法持有毒品一案，辩护人作无罪辩护，主张被告人罗某并未持有毒品。

问题：辩护人是否承担证明责任？

答案：不承担。被告人未持有毒品的主张为消极主张，否认者不负证明责任。根据《刑事诉讼法》第51条的规定，公诉案件中被告人有罪的举证责任由人民检察院承担，辩护人不承担证明责任。

2. 案情：罗某非法持有毒品一案，辩护人主张被告人对涉案毒品之持有为"合法"持有。

问题：辩护人是否承担证明责任？

答案：承担。被告人对涉案毒品之持有为"合法"持有的主张为积极主张，对该主张，辩护人承担提供证据的责任。

三、证明标准

刑事诉讼中的证明标准，是指法律规定的检察机关和当事人运用证据证明案件事实要求达到的程度。在刑事诉讼法的各个诉讼阶段，由于诉讼行为的不同，以及实体法事实和程序法事实的不同，证明标准也有所不同。

（一）立案时的证明标准

立案阶段的证明标准相对较低，只需要证明有犯罪事实存在，需要追究刑事责任就应立案。

[法条链接]《刑事诉讼法》第112条。

迷你案例

案情：张某被抢劫杀害，根据案发现场的证据无法确定凶手为何人。

问题：本案是否满足立案条件？

答案：本案满足了立案条件，应当立案。因为只要证明有犯罪事实存在，需要追究刑事责任，就应立案。

（二）逮捕时的证明标准

有证据证明有犯罪事实是指同时具备下列情形：①有证据证明发生了犯罪事实；②有证据证明该犯罪事实是犯罪嫌疑人实施的；③证明犯罪嫌疑人实施犯罪行为的证据已经查证属实。

一招制敌 逮捕时的证明标准可以概括为：发生了、他干了、已有查证属实了。

[法条链接]《高检规则》第128条第2款。

考点36

迷你案例

案情：张某被抢劫杀害，根据案发现场的证据可以确定是他18位情妇中的一人所为。

问题：本案是否满足逮捕条件？

答案：本案不满足逮捕条件。满足逮捕的条件需要同时具备下列情形：①有证据证明发生了犯罪事实；②有证据证明该犯罪事实是犯罪嫌疑人实施的；③证明犯罪嫌疑人实施犯罪行为的证据已经查证属实。而本案尚不能确定是哪个犯罪嫌疑人所为，因此还不能逮捕犯罪嫌疑人。

（三）侦查终结、提起公诉、作出有罪判决时的证明标准

这三个阶段的证明标准统一是犯罪事实清楚，证据确实、充分。证据确实、充分，应当符合以下条件：①定罪量刑的事实都有证据证明；②据以定案的证据均经法定程序查证属实；③综合全案证据，对所认定事实已排除合理怀疑。

[法条链接]《刑事诉讼法》第55条第2款。

（四）事实不清、证据不足的处理（重点）

1. 疑罪从无

疑罪，是指既有相当的证据说明犯罪嫌疑人、被告人有犯罪嫌疑，但全案证据又未达到确实、充分的要求，不能确定无疑地得出犯罪嫌疑人、被告人有罪的结论。

备考提示 定罪证据不足时，应当坚持疑罪从无原则，依法宣告犯罪嫌疑人、被告人无罪。

[举案说法] 甲供认自己强奸了乙，乙否认，该案没有其他证据，不能认定被告人有罪。关于甲是否强奸了乙，仅有被告人供述，而且该供述还与被害人陈述相矛盾，不能排除合理怀疑，根据疑罪从无的原则，法院应当对甲作出无罪判决。

2. 疑案从轻

定罪证据确实、充分，但影响量刑的证据存疑的，应当在量刑时作出有利于被告人的处理，即疑案从轻的处理。

[法条链接]《关于建立健全防范刑事冤假错案工作机制的意见》第6条第1、2款。

[举案说法] 甲、乙二人没有通谋，各自埋伏，几乎同时向丙开枪。后查明丙身中一弹，甲、乙对各自的犯罪行为供认不讳，但根据收集到的证据无法查明这一枪到底是谁打中的。该案对甲、乙二人都以故意杀人罪处理（定罪没有疑问），但由于无法认定是谁造成了被害人死亡的结果，因此无法按照犯罪既遂对甲、乙二人量刑，只能作出对被告人有利的推定，都按未遂处理。

迷你案例

案情：甲、乙、丙三人涉嫌共同盗窃，三人均承认参与盗窃的事实。侦查人员搜查到被盗赃物，但是现场监控录像只拍到甲、乙二人的盗窃经过，没有其他证据指向丙盗窃的犯罪事实；甲坚称乙是主犯，乙矢口否认。

问题：本案关于甲、乙、丙的犯罪事实是否达到了证据确实、充分的标准？

答案：①甲的盗窃事实达到了事实清楚，证据确实、充分的标准；②乙的犯罪事实定罪证据确实、充分，但其是否为主犯的证据存疑，应当在量刑时作出有利于被告人的处理，认定其

不构成主犯；③丙的定罪证据不足，仅凭供述不能认定丙构成盗窃罪，应当坚持疑罪从无原则，依法宣告被告人丙无罪。

回　顾

总结梳理 证据相关考点总结

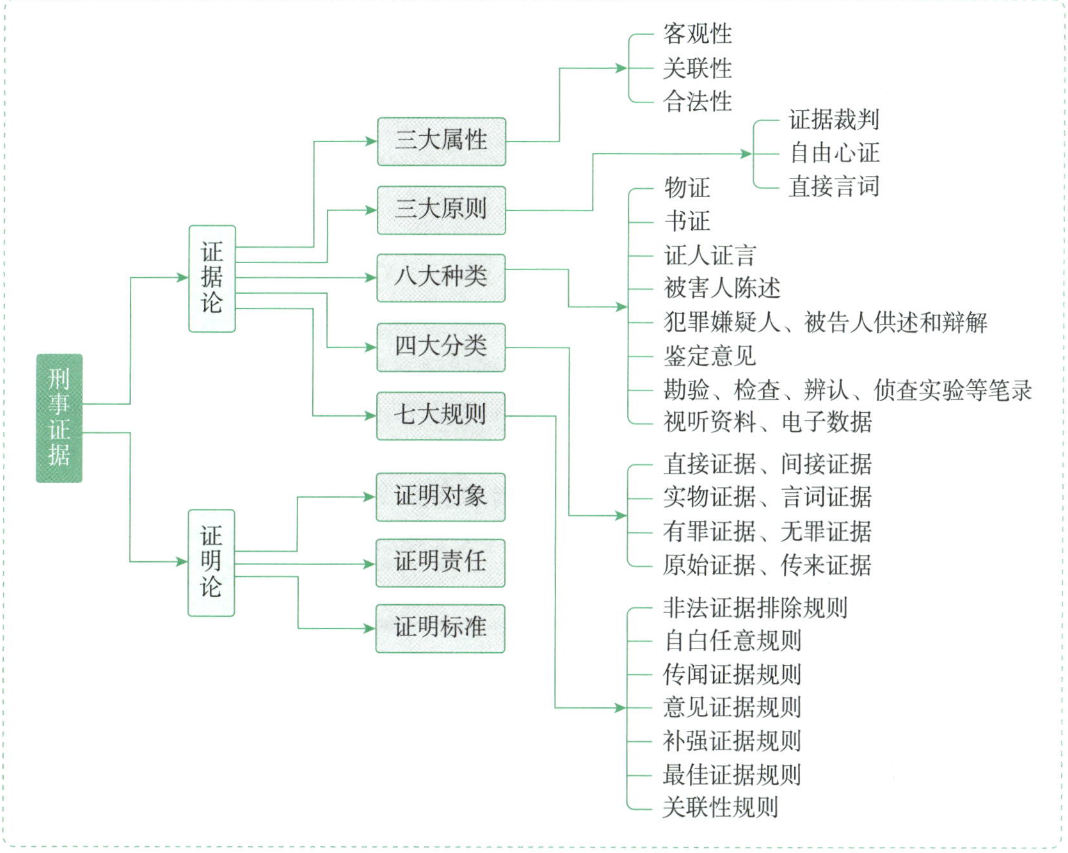

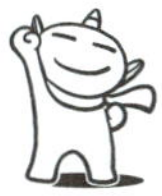

- 刑事证据
  - 证据论
    - 三大属性
      - 客观性
      - 关联性
      - 合法性
    - 三大原则
      - 证据裁判
      - 自由心证
      - 直接言词
    - 八大种类
      - 物证
      - 书证
      - 证人证言
      - 被害人陈述
      - 犯罪嫌疑人、被告人供述和辩解
      - 鉴定意见
      - 勘验、检查、辨认、侦查实验等笔录
      - 视听资料、电子数据
    - 四大分类
      - 直接证据、间接证据
      - 实物证据、言词证据
      - 有罪证据、无罪证据
      - 原始证据、传来证据
    - 七大规则
      - 非法证据排除规则
      - 自白任意规则
      - 传闻证据规则
      - 意见证据规则
      - 补强证据规则
      - 最佳证据规则
      - 关联性规则
  - 证明论
    - 证明对象
    - 证明责任
    - 证明标准

强制措施

考情概述

本讲主要内容为五种刑事强制措施的适用主体、对象、条件以及程序限制。由于主观题为“开卷”考试，而本讲的考点均有法律明确规定，因此可考性较小，同学们无需花费太多时间准备，即使出现试题，我们也可以在考场上迅速查询到相关法律依据。本讲的命题通常会以程序纠错的形式出现，如果出现该题型，建议大家分两步作答：第一步，指明错误出处；第二步，写明法律依据或说明理由。另外，由于2022年9月最高院、最高检、公安部、国家安全部对《关于取保候审若干问题的规定》进行了修订，考生需要重点关注该规定修订的亮点。

37

刑事诉讼中的强制措施，是指公安机关、人民检察院和人民法院为了保证刑事诉讼顺利进行，依法对刑事案件的犯罪嫌疑人、被告人的人身自由进行限制或者剥夺的各种强制性方法，从轻到重依次包括拘传、取保候审、监视居住、拘留、逮捕。适用强制措施应当遵循必要性原则、相当性原则和变更性原则。

1. 必要性原则，是指只有在为保证刑事诉讼顺利进行而有必要时方能采取，若无必要，不得随意适用强制措施。

2. 相当性原则，是指适用何种强制措施，应当与犯罪嫌疑人、被告人的人身危险性程度和涉嫌犯罪的轻重程度相适应。

3. 变更性原则，是指强制措施的适用，需要随着诉讼的进展以及犯罪嫌疑人、被告人与案件情况的变化而及时变更或解除。

案情：罗某故意伤害一案，检察院认为罗某虽然可能被判处有期徒刑以下的刑罚，但是罗某认罪态度不好，于是直接逮捕罗某。

问题：本案强制措施的适用是否符合相当性原则？

答案：本案的逮捕适用违反了相当性原则。适用何种强制措施，应当与犯罪嫌疑人、被告人的人身危险性程度和涉嫌犯罪的轻重程度相适应。根据刑事诉讼法的规定，逮捕的条件之一为犯罪嫌疑人、被告人可能被判处有期徒刑以上刑罚，而本案并不满足该条件。另外，本案也不符合转化型逮捕的条件。

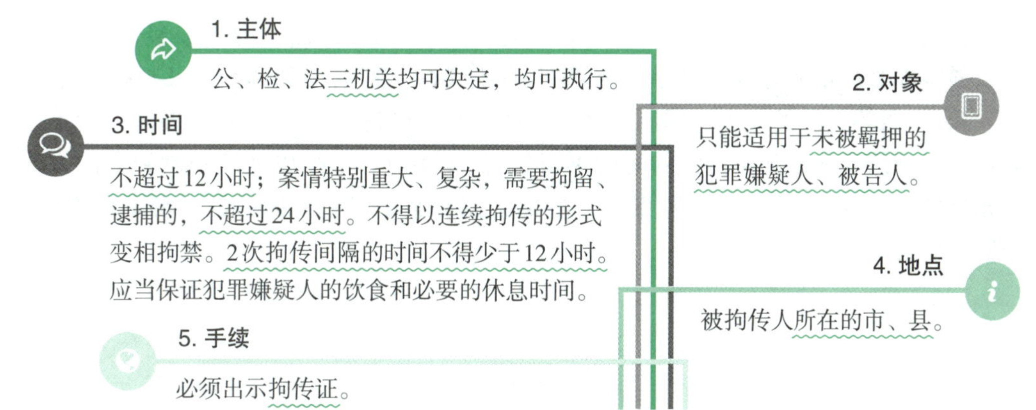

[法条链接]《刑事诉讼法》第 66 条，第 119 条第 2、3 款；《公安部规定》第 78 条第 1 款、第 80 条第 1 款；《高检规则》第 82~84 条。

迷你案例

案情：赵某贩卖淫秽物品一案，2012 年 5 月 10 日 9 时，侦查人员直接决定对赵某进行拘传，并在 2012 年 5 月 11 日 11 时对赵某进行了讯问。由于赵某对贩卖淫秽物品的事实予以否认，侦查人员出于尽快破案的考量，对赵某进行连夜突审，直到 2012 年 5 月 12 日 20 时，赵某才初步供认了犯罪事实。

问题：本案中侦查机关拘传赵某的过程中存在哪些错误？

答案：本案中，侦查机关在拘传犯罪嫌疑人赵某的过程中存在以下三个错误：①侦查人员直接决定对赵某进行拘传是不正确的。拘传必须经过公安局局长、人民检察院检察长或者人民法院院长的批准，而就本案而言，在没有申请公安局局长批准的情况下直接决定对赵某进行拘传显然是不正确的。②侦查人员在拘传赵某之后，并没有立即进行讯问，而是在次日才对其进行讯问的做法是不正确的，违反了在拘传犯罪嫌疑人之后立即进行讯问的规定。③侦查人员对赵某的拘传时间违反了法律规定。根据《刑事诉讼法》第119条第2、3款的规定，拘传的持续时间一般不得超过12小时，最长不得超过24小时，而且在讯问的过程中应该保证犯罪嫌疑人的饮食和必要的休息时间。在本案中，侦查机关在5月10日对赵某适用了拘传的强制措施，但是到5月12日才讯问结束，持续时间超过了最长规定时间，而且连夜审讯，没有保证赵某必要的休息时间，属于“疲劳审讯”。

备考提示 同学们还需要注意拘传和传唤的区别：

	对象不同	强度不同	文书不同
拘　传	适用于未被羁押的犯罪嫌疑人、被告人。	具有强制性，是强制措施。	必须出示拘传证。
传　唤	适用于所有当事人。	不具有强制性。	出示传唤通知书。对在现场发现的犯罪嫌疑人，侦查人员经出示工作证件，可以口头传唤，但应当在讯问笔录中注明。

新法必考

根据修正后的《监察法》第21条的规定，监察机关根据案件情况，经依法审批，可以强制涉嫌严重职务违法或者职务犯罪的被调查人到案接受调查。又根据《监察法》第46条第2款的规定，强制到案持续的时间不得超过12小时；需要采取管护或者留置措施的，强制到案持续的时间不得超过24小时。不得以连续强制到案的方式变相拘禁被调查人。可知，《监察法》中的强制到案手段，对标的是《刑事诉讼法》中的拘传措施。

向高甲 主观题

39

取保候审

一、适用条件

（一）积极条件

公、检、法机关对有下列情形之一的犯罪嫌疑人、被告人，可以决定取保候审，由公安机关执行：

1. 可能判处管制、拘役或者独立适用附加刑的。

2. 可能判处有期徒刑以上刑罚，采取取保候审不致发生社会危险性的。

3. 患有严重疾病、生活不能自理，怀孕或者正在哺乳自己婴儿的妇女，采取取保候审不致发生社会危险性的。

4. 羁押期限届满，案件尚未办结，需要采取取保候审的。

一招制敌 上述情形可以概括为："徒刑以下""不危险""疾病、孕乳""超期限"。

［法条链接］《刑事诉讼法》第67条。

（二）消极条件

对累犯，犯罪集团的主犯，以自伤、自残办法逃避侦查的犯罪嫌疑人，严重暴力犯罪以及其他严重犯罪的犯罪嫌疑人不得取保候审，但犯罪嫌疑人具有上述积极条件中的第3、4项规定情形的除外。

一招制敌 上述情形可以概括为：禁止"累""主""残""暴""严"，除非"疾病、孕乳""超期限"。

［法条链接］《公安部规定》第82条。

新法必考

根据最新修正的《监察法》第23条第1款的规定，被调查人涉嫌严重职务违法或者职务犯罪，并有下列情形之一的，经监察机关依法审批，可以对其采取责令候查措施：①不具有本法第24条第1款所列情形的；②符合留置条件，但患有严重疾病、生活不能自理的，系怀孕或者正在哺乳自己婴儿的妇女，或者生活不能自理的人的唯一扶养人；③案件尚未办结，但留置期限届满或者对被留置人员不需要继续采取留置措施的；④符合留置条件，但因为案件的特殊情况或者办理案件的需要，采取责令候查措施更为适宜的。可知，新《监察法》关于责令候查的规定，对标了《刑事诉讼法》中的取保候审，创设了一种与取保候审类似的调查手段。

二、保证方式

公、检、法机关决定对犯罪嫌疑人、被告人取保候审，应当责令犯罪嫌疑人、被告人提出保证人或者交纳保证金。

备考提示 对同一犯罪嫌疑人、被告人决定取保候审的，不能同时适用保证人保证和保证金保证。

［法条链接］《刑事诉讼法》第68～70、72、73条；《刑诉解释》第151条；《六机关规定》第14条；《关于取保候审若干问题的规定》第5、27、29条。

三、被取保候审人的义务

（一）法定义务

被取保候审的犯罪嫌疑人、被告人应当遵守以下规定：

1. 未经执行机关批准不得离开所居住的市、县。
2. 住址、工作单位和联系方式发生变动的，在24小时以内向执行机关报告。
3. 在传讯的时候及时到案。

考点39

4. 不得以任何形式干扰证人作证。
5. 不得毁灭、伪造证据或者串供。

一招制敌 上述应当遵守的义务可以概括为：市县、报告、及时到，不扰证人、不毁证。

［法条链接］《刑事诉讼法》第 71 条第 1 款。

（二）酌定义务

公、检、法机关可以根据案件情况，责令被取保候审的犯罪嫌疑人、被告人遵守以下一项或者多项规定：

1. 不得进入特定的场所。
2. 不得与特定的人员会见或者通信。
3. 不得从事特定的活动。
4. 将护照等出入境证件、驾驶证件交执行机关保存。

一招制敌 上述可以遵守的义务可以概括为：特定地方、特定人、特定活动、特定证。

［法条链接］《刑事诉讼法》第 71 条第 2 款。

（三）违反义务的后果

已交纳保证金的，没收部分或者全部保证金，并且区别情形，责令犯罪嫌疑人、被告人具结悔过，重新交纳保证金、提出保证人，或者监视居住、予以逮捕。对违反取保候审规定，需要予以逮捕的，可以对犯罪嫌疑人、被告人先行拘留。

［法条链接］《刑事诉讼法》第 71 条第 3、4 款；《高检规则》第 101 条。

案情：张某刑满释放半年后，与邻居罗某发生冲突致罗某重伤。张某被逮捕期间，张某的父亲代为与罗某达成和解，人民检察院决定对张某取保候审。张某的同事向某担任保证人，并由其交纳 1000 元保证金。取保候审期间，张某经人民检察院批准，离开了其所居住的市去隔壁市参加女儿的婚礼。参加完婚礼后，张某企图自杀、逃跑。于是人民检察院决定将取保候审变更为监视居住。

问题：本案中取保候审的程序适用存在哪些错误？

答案：①张某是累犯，对其适用取保候审程序违法。根据《公安部规定》第 82 条的规定，对累犯，犯罪集团的主犯，以自伤、自残办法逃避侦查的犯罪嫌疑人，严重暴力犯罪以及其他严重犯罪的犯罪嫌疑人不得取保候审，但犯罪嫌疑人具有本规定第 81 条第 1 款第 3、4 项规定情形的除外。张某不具备例外情形，不能适用取保候审。②保证人和保证金同时适用程序违法。根据《刑事诉讼法》第 68 条的规定，人民法院、人民检察院和公安机关决定对犯罪嫌疑人、被告人取保候审，应当责令犯罪嫌疑人、被告人提出保证人或者交纳保证金。③人民检察院批准张某离开其所居住的市、县程序违法。根据《刑事诉讼法》第 71 条第 1 款第 1 项的规定，被取保候审的犯罪嫌疑人、被告人应当经过执行机关（公安机关）批准方可离开所居住的市、县。④张某企图自杀、逃跑，于是人民检察院决定将取保候审变更为监视居住程序违法。根据《高检规则》第 101 条第 1 款第 2 项的规定，犯罪嫌疑人张某违反取保候审的规定，企图自杀、逃跑，人民检察院应当对张某予以逮捕。

新法必考

根据最新修正的《监察法》第 23 条第 2、3 款的规定，被责令候查人员应当遵守以下规定：①未经监察机关批准不得离开所居住的直辖市、设区的市的城市市区或者不设区的市、县的辖区；②住址、工作单位和联系方式发生变动的，在 24 小时以内向监察机关报告；③在接到通知的时候及时到案接受调查；④不得以任何形式干扰证人作证；⑤不得串供或者伪造、隐匿、毁灭证据。被责令候查人员违反前款规定，情节严重的，可以依法予以留置。可知，责令候查期间，被调查人需要遵守的义务与被取保候审人基本类似。

40 监视居住

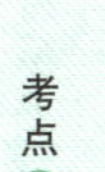

一、适用情形

（一）替代逮捕的情形

公、检、法机关对符合逮捕条件，有下列情形之一的犯罪嫌疑人、被告人，可以监视居住：

1. 患有严重疾病、生活不能自理的。
2. 怀孕或者正在哺乳自己婴儿的妇女。
3. 系生活不能自理的人的唯一扶养人。
4. 因为案件的特殊情况或者办理案件的需要，采取监视居住措施更为适宜的。
5. 羁押期限届满，案件尚未办结，需要采取监视居住措施的。

一招制敌 上述情形可以概括为：疾病、孕乳、唯一扶，特殊、需要、已超期。

[法条链接]《刑事诉讼法》第 74 条第 1 款。

（二）替代取保候审的情形

对符合取保候审条件，但犯罪嫌疑人、被告人不能提出保证人，也不交纳保证金的，可以监视居住。

一招制敌 上述情形可以概括为：没钱又没人。

[法条链接]《刑事诉讼法》第 74 条第 2 款。

二、监视场所

（一）住处监视

原则上监视居住应当在犯罪嫌疑人、被告人的住处执行。

（二）指定居所

1. 无固定住处的，可以在指定的居所执行。

2. 对于涉嫌危害国家安全犯罪、恐怖活动犯罪，在住处执行可能有碍侦查的，经上一级公安机关批准，也可以在指定的居所执行。

一招制敌 上述情形可以概括为：有家就在家，没家找个家，有家要找家，就得危和恐。

［法条链接］《刑事诉讼法》第75条第1款。

备考提示 指定居所监视居住要注意以下问题：①不得在羁押、监管场所以及专门的办案场所、办公区域执行。②指定居所监视居住的，除无法通知的以外，应当在执行监视居住后24小时以内，通知被监视居住人的家属。③指定居所监视居住的期限应当折抵刑期。被判处管制的，监视居住1日折抵刑期1日；被判处拘役、有期徒刑的，监视居住2日折抵刑期1日。

［举案说法］罗小翔涉嫌诈骗罪，如果罗小翔有固定住处，则不能对其指定居所监视居住。因为指定居所的适用条件是犯罪嫌疑人、被告人无固定住处或者涉嫌危害国家安全犯罪、恐怖活动犯罪，在住处执行可能有碍侦查，而本案并不符合指定居所监视居住的条件。

三、被监视居住人的义务

（一）法定义务

被监视居住的犯罪嫌疑人、被告人应当遵守以下规定：

1. 未经执行机关批准不得离开执行监视居住的处所。
2. 未经执行机关批准不得会见他人或者通信。
3. 在传讯的时候及时到案。
4. 不得以任何形式干扰证人作证。
5. 不得毁灭、伪造证据或者串供。
6. 将护照等出入境证件、身份证件、驾驶证件交执行机关保存。

一招制敌 上述应当遵守的义务可以概括为：处所、会见、及时到，不扰证人、不毁证，保存还要身份证。

［法条链接］《刑事诉讼法》第77条第1款。

（二）违反义务的后果

情节严重的，可以予以逮捕；需要予以逮捕的，可以对犯罪嫌疑人、被告人先行拘留。

［法条链接］《刑事诉讼法》第77条第2款；《高检规则》第111条。

迷你案例

案情：吴某涉嫌贩卖毒品罪，侦查羁押期限届满，案件尚未办结，于是公安机关决定对吴某监视居住。侦查机关认为在住处执行可能有碍侦查，于是指定在某酒店房间对吴某监视居住。指定居所监视居住后第3天通知了吴某家属。经过公安机关批准后，吴某会见了其经纪人王某。后公安机关发现吴某企图自杀、逃跑，于是直接决定逮捕吴某。

问题：本案中监视居住的程序适用存在哪些错误？

答案：

（1）侦查机关指定在某酒店房间对吴某监视居住程序违法。根据《刑事诉讼法》第75条第1款的规定，指定居所监视居住仅适用于两种情形：①无固定住处的，可以在指定的居所执行；②对于涉嫌危害国家安全犯罪、恐怖活动犯罪，在住处执行可能有碍侦查的，经上一级公安机关批准，也可以在指定的居所执行。本案并不满足上述条件。

（2）指定居所监视居住后第3天通知了吴某家属程序违法。根据《刑事诉讼法》第75条第2款的规定，指定居所监视居住的，除无法通知的以外，应当在执行监视居住后24小时以内，通知被监视居住人的家属。

（3）公安机关发现吴某企图自杀、逃跑，直接决定逮捕吴某程序违法。根据《刑事诉讼法》第80条的规定，逮捕犯罪嫌疑人、被告人，必须经过人民检察院批准或者人民法院决定，由公安机关执行。逮捕需要报请人民检察院批准，公安机关无权直接决定。

41

拘　留

一、适用情形

1. 公安机关决定的情形

公安机关对于现行犯或者重大嫌疑分子，如果有下列情形之一的，可以先行拘留：①正在预备犯罪、实行犯罪或者在犯罪后即时被发觉的；②被害人或者在场亲眼看见的人指认他犯罪的；③在身边或者住处发现有犯罪证据的；④犯罪后企图自杀、逃跑或者在逃的；⑤有毁灭、伪造证据或者串供可能的；⑥不讲真实姓名、住址，身份不明的；⑦有流窜作案、多次作案、结伙作案重大嫌疑的。

一招制敌 上述情形可以概括为：正在、指认、发现证，毁、姓、逃杀、流结多。

［法条链接］《刑事诉讼法》第82条。

2. 检察院决定的情形

检察院对于具有下列情形之一的犯罪嫌疑人，可以决定拘留：

（1）犯罪后企图自杀、逃跑或者在逃的；

（2）有毁灭、伪造证据或者串供可能的。

一招制敌 上述情形可以概括为：自杀、逃跑、在逃的，毁灭、伪造、串供的。

［法条链接］《高检规则》第121条。

二、拘留的程序

1. 送看。拘留后，应当立即将被拘留人送看守所羁押，至迟不得超过24小时。

2. 通知。除无法通知或者涉嫌危害国家安全犯罪、恐怖活动犯罪通知可能有碍侦查的情形以外，应当在拘留后24小时以内，通知被拘留人的家属。有碍侦查的情形消失以后，应当立即通知被拘留人的家属。

3. 讯问。应当在拘留后的24小时以内进行讯问。

一招制敌 上述情形可以概括为：拘留后24小时内，送看、通知和讯问。

[法条链接]《刑事诉讼法》第85条第2款、第86条。

4. 文书。执行拘留时，必须出示拘留证。紧急情况下，对于符合先行拘留情形的，经出示警察证，可以将犯罪嫌疑人口头传唤至公安机关后立即审查，办理法律手续。

[法条链接]《公安部规定》第125条。

5. 异地。公安机关在异地执行拘留、逮捕的时候，应当通知被拘留、逮捕人所在地的公安机关，被拘留、逮捕人所在地的公安机关应当予以配合。

[法条链接]《刑事诉讼法》第83条。

三、拘留的期限

1. 公安机关：①一般：3+7；②复杂：7+7；③流结多：30+7。

[法条链接]《刑事诉讼法》第91条。

2. 人民检察院：①一般：7+7；②复杂：7+10。

[法条链接]《高检规则》第296、297条。

迷你案例

案情：罗某涉嫌黑社会性质组织犯罪，于10月5日上午10时被刑事拘留，并于当月7日上午10时前被送至看守所羁押。考虑到罗某的犯罪性质，通知其家属可能有碍进一步侦查，决定暂不通知其家属。罗某在被送至看守所之后，公安机关在24小时内对其进行了讯问。讯问后，发现罗某依法需要逮捕，于当月8日提请检察院审批。

问题：本案中拘留的程序适用存在哪些错误？

答案：①送进看守所的时间违法。根据《刑事诉讼法》第85条第2款的规定，拘留后，应当立即将被拘留人送看守所羁押，至迟不得超过24小时。②拘留后不通知家属违法。根据《刑事诉讼法》第85条第2款的规定，除无法通知或者涉嫌危害国家安全犯罪、恐怖活动犯罪通知可能有碍侦查的情形以外，应当在拘留后24小时以内，通知被拘留人的家属。本案并不属于不通知家属的特殊罪名。③拘留后的讯问时间违法。根据《刑事诉讼法》第86条的规定，公安机关对被拘留的人，应当在拘留后的24小时以内进行讯问。本案在送看后24小时内才讯问，晚于法定时间。

新法必考

根据最新修正的《监察法》第25条的规定，对于未被留置的下列人员，监察机关发现存在逃跑、自杀等重大安全风险的，经依法审批，可以进行管护：①涉嫌严重职务违法或者职务犯罪的自动投案人员；②在接受谈话、函询、询问过程中，交代涉嫌严重职务违法或者职务犯罪问题的人员；③在接受讯问过程中，主动交代涉嫌重大职务犯罪问题的人员。采取管护措施后，应当立即将被管护人员送留置场所，至迟不得超过 24 小时。又根据《监察法》第 46 条第 4 款的规定，监察机关采取管护措施的，应当在 7 日以内依法作出留置或者解除管护的决定，特殊情况下可以延长 1~3 日。可知，修正后的《监察法》创设的管护措施，对标的是《刑事诉讼法》中的拘留措施，二者在程度上和程序上均高度相似。

逮捕是刑事诉讼强制措施中最严厉的一种。因此，必须严格把握逮捕条件，坚持“少捕”和“慎捕”的刑事政策，切实做到不枉不纵，既不能该捕不捕，也不能以捕代侦，任意逮捕。

一、逮捕的主体

（一）决定主体

1. 人民检察院有权决定或者批准逮捕。
2. 人民法院有权决定逮捕。

（二）执行主体

公安机关无权自行决定逮捕，但逮捕的执行机关是公安机关（国安机关）。

[举案说法] 吴某强奸一案，侦查机关认为吴某满足逮捕条件，不能直接决定逮捕吴某，而应当报请人民检察院批准方可逮捕吴某。

二、逮捕的条件

（一）基本条件

对有证据证明有犯罪事实，可能判处徒刑以上刑罚的犯罪嫌疑人、被告人，采取取保候审尚不足以防止社会危险性发生的，应当予以逮捕。

逮捕的三个基本条件可以概括为：有证据、够徒刑、有危险。

[法条链接]《刑事诉讼法》第 81 条第 1 款。

备考提示 有证据证明有犯罪事实是指同时具备下列情形：①有证据证明发生了犯罪事实；②有证据证明该犯罪事实是犯罪嫌疑人实施的；③证明犯罪嫌疑人实施犯罪行为的证据已经查证属实。

一招制敌 逮捕的证据条件可以概括为：发生了、他干了、已有查证属实了。

[法条链接]《高检规则》第128条第2款。

[举案说法] 罗某涉嫌交通肇事一案，如果办案机关初步判定罗某可能被判处拘役，则罗某不符合逮捕的刑罚条件；如果罗某没有社会危险性，则应当依法对其取保候审。

（二）径行逮捕的情形

1. 有证据证明有犯罪事实，可能判处10年有期徒刑以上刑罚的。
2. 有证据证明有犯罪事实，可能判处徒刑以上刑罚，曾经故意犯罪的。
3. 有证据证明有犯罪事实，可能判处徒刑以上刑罚，身份不明的。

[法条链接]《刑事诉讼法》第81条第3款。

备考提示 上述三种情形要么涉嫌的犯罪较为严重，要么因犯罪嫌疑人、被告人之前的故意犯罪记录或身份不明而表明其有较大的社会危险性，符合上述三种情形之一的，必须逮捕。

[举案说法] 杭州许某杀人碎尸一案，已有查证属实的证据证明许某实施了犯罪，由于故意杀人可能判处10年有期徒刑以上刑罚，应当对其予以逮捕。

（三）转化型逮捕

被取保候审、监视居住的犯罪嫌疑人、被告人违反取保候审、监视居住的规定，情节严重的，可以予以逮捕。

备考提示 一般逮捕都要满足可能判处徒刑以上刑罚的条件，但是转化型逮捕突破了徒刑的底线要求。

[举案说法] 罗某涉嫌故意伤害罪一案，如果本案罗某可能被判处拘役，检察院直接决定批准逮捕罗某是违法的；但是，如果罗某在取保候审期间严重违反规定，情节严重，是可以对其予以逮捕的，这属于转化型逮捕。

迷你案例

案情：殷某贪污一案，调查阶段有证据证明殷某有犯罪事实，可能被判处10年有期徒刑以上刑罚。

问题：人民检察院能否决定逮捕殷某？

答案：不能。本案属于监委调查的职务犯罪，根据《监察法》第24条第1款的规定，调查阶段，经监察机关依法审批，可以将被调查人留置在特定场所，但是不能对其适用逮捕的强制措施。如果本案已移送审查起诉，在满足上述条件的情况下，人民检察院应当决定逮捕殷某。

三、逮捕的审查、批捕、决定程序

（一）人民检察院对公安机关提请逮捕的批准程序

1. 报批逮捕

经县级以上公安机关负责人批准，制作提请批准逮捕书，连同案卷材料、证据，一并移送同级人民检察院审查批准。

2. 捕前讯问

具有下列情形之一的，应当讯问犯罪嫌疑人：①对是否符合逮捕条件有疑问的；②犯罪嫌疑人要求向检察人员当面陈述的；③侦查活动可能有重大违法行为的；④案情重大、疑难、复杂的；⑤犯罪嫌疑人认罪认罚的；⑥犯罪嫌疑人系未成年人的；⑦犯罪嫌疑人是盲、聋、哑人或者是尚未完全丧失辨认或者控制自己行为能力的精神病人的。

一招制敌 逮捕前应当讯问的情形可以概括为：疑面违难加认罚，小孩聋哑半疯傻。

3. 审批时间

（1）已被拘留的，7 日以内作出是否批准逮捕的决定；

（2）未被拘留的，15 日以内作出是否批准逮捕的决定，重大、复杂案件，不得超过 20 日。

4. 审批结果

应当根据情况分别作出批准逮捕或者不批准逮捕的决定。对于批准逮捕的决定，公安机关应当立即执行，并且将执行情况及时通知人民检察院；对于不批准逮捕的决定，人民检察院应当说明理由，需要补充侦查的，应当同时通知公安机关。

5. 复议、复核

可以要求复议，但是必须将被拘留的人立即释放。如果意见不被接受，可以向上一级人民检察院提请复核。

[法条链接]《刑事诉讼法》第 92 条；《公安部规定》第 137 条第 1 款；《高检规则》第 280 条第 1 款，第 282、284 条，第 285 条第 1 款，第 286 条第 1 款。

迷你案例

案情：聋哑人赵某涉嫌贩卖毒品罪，2012 年 5 月 29 日，公安机关决定拘留赵某，赵某认罪认罚。2012 年 6 月 4 日，公安机关提请检察机关批准逮捕赵某，并提交了相应的证据材料。人民检察院在未讯问聋哑犯罪嫌疑人赵某的情况下，于 6 月 15 日作出了批准逮捕的决定。

问题：本案中逮捕的程序适用存在哪些错误？

答案：①批捕前人民检察院未讯问犯罪嫌疑人赵某违法。根据《高检规则》第 280 条第 1 款第 5 项的规定，犯罪嫌疑人认罪认罚的，批捕前应当讯问犯罪嫌疑人。②6 月 15 日作出批准逮捕的决定超出了法定期限，违法。根据《高检规则》第 282 条的规定，对公安机关提请批准逮捕的犯罪嫌疑人，已经被拘留的，人民检察院应当在收到提请批准逮捕书后 7 日以内作出是否批准逮捕的决定。

（二）人民检察院自行决定逮捕的程序

1. 普通案件。在审查起诉阶段认为需要逮捕犯罪嫌疑人的，应当经检察长决定。

2. 自侦案件。自侦部门应当在拘留后 7 日以内将案件移送本院负责捕诉的部门审查；负责捕诉的部门应当在收到逮捕犯罪嫌疑人意见书后 7 日以内，报请检察长决定是否逮捕，特殊情况下，决定逮捕的时间可以延长 1~3 日。

[法条链接]《高检规则》第 296、297、337 条。

（三）人民法院决定逮捕的程序

1. 公诉案件。对于公诉时未予逮捕的被告人，人民法院认为符合逮捕条件的，也可以决定逮捕。

2. 自诉案件。对于直接受理的自诉案件，认为需要逮捕被告人时，由办案人员提交人民法院院长决定；对于重大、疑难、复杂案件的被告人的逮捕，提交审判委员会讨论决定。

[法条链接]《刑诉解释》第 147 条第 1 款，第 163、332 条。

四、逮捕的执行程序

1. 令状：公安机关逮捕人的时候，必须出示逮捕证。

2. 送看：逮捕后，应当立即将被逮捕人送看守所羁押。

3. 通知：除无法通知的以外，应当在逮捕后 24 小时以内，通知被逮捕人的家属。

4. 讯问：人民法院、人民检察院对于各自决定逮捕的人，公安机关对于经人民检察院批准逮捕的人，都必须在逮捕后的 24 小时以内进行讯问。

[法条链接]《刑事诉讼法》第 93、94 条。

新法链接《监察法》第 50 条。

五、逮捕的变更程序

1. 应当变更

被逮捕的被告人具有下列情形之一的，人民法院应当立即释放；必要时，可以依法变更强制措施：

（1）第一审人民法院判决被告人无罪、不负刑事责任或者免予刑事处罚的；

（2）第一审人民法院判处管制、宣告缓刑、单独适用附加刑，判决尚未发生法律效力的；

（3）被告人被羁押的时间已到第一审人民法院对其判处的刑期期限的；

（4）案件不能在法律规定的期限内审结的。

一招制敌 上述情形可概括为：无罪无责不处罚，量刑非羁押，刑期已折抵，办案已超期。

[法条链接]《刑诉解释》第 170 条。

2. 可以变更。（略）

[法条链接]《刑诉解释》第 169 条。

迷你案例

案情：一审法院判处被告人缓刑，同时发现其已怀有身孕。

问题：法院对已被逮捕的被告人该如何处理？

答案：一审法院判处被告人缓刑的，应当立即释放；必要时，可以依法变更强制措施。

六、特殊对象的逮捕

（一）人大代表

人民检察院对担任县级以上各级人民代表大会代表的犯罪嫌疑人决定采取拘传、取保候审、监视居住、拘留、逮捕强制措施的，应当报请该代表所属的人民代表大会主席团或者常务委员会许可。具体程序包括：

1. 本级：报请本级人民代表大会主席团或者常务委员会许可。
2. 上级：层报该代表所属的人民代表大会同级的人民检察院报请许可。
3. 下级：可以直接报请该代表所属的人民代表大会主席团或常务委员会许可，也可以委托该代表所属的人民代表大会同级的人民检察院报请许可。
4. 两级以上：分别依照以上规则报请许可。
5. 外地：委托该代表所属的人民代表大会同级的人民检察院报请许可。
6. 乡级：由县级人民检察院报告乡、民族乡、镇人民代表大会。

一招制敌 以上内容可以概括为一个记忆口诀：同级直接报；上级要层报；下级两路报；两级分别报；外地委托报；乡级县里告（报告）；拘留若已报，逮捕不再报；现行先拘后报告。

[法条链接]《高检规则》第148、149条。

（二）外国人、无国籍人

1. 特殊：危害国家安全犯罪的案件或者涉及国与国之间政治、外交关系的案件以及在适用法律上确有疑难的案件，人民检察院层报最高人民检察院审查，最高人民检察院认为需要逮捕的，经征求外交部的意见后，作出批捕的批复；认为不需要逮捕的，作出不批捕的批复。报送的人民检察院依据该批复作出是否批捕的决定。

2. 一般：其他的涉外案件，人民检察院应当在作出批准逮捕决定后48小时以内报上一级人民检察院备案，同时向同级人民政府外事部门通报。

一招制敌 逮捕外国人、无国籍人的程序可以概括为："危""交""难"找最高检，其他先批后备案。

[法条链接]《高检规则》第294条第1、3款。

一、审查对象

对被逮捕的犯罪嫌疑人、被告人有无继续羁押的必要性进行审查，对不需要继续羁押的，建议办案机关予以释放或者变更强制措施的监督活动。

二、审查主体

1. 侦查阶段、审判阶段。负责捕诉的部门依法对侦查和审判阶段的羁押必要性进行审查。经审查认为不需要继续羁押的，应当建议公安机关或者人民法院释放犯罪嫌疑人、被告人或者变更强制措施。

2. 审查起诉阶段。负责捕诉的部门经审查认为不需要继续羁押的，应当直接释放犯罪嫌疑人或者变更强制措施。

一招制敌 无论哪个阶段，羁押必要性审查的主体均为捕诉部门。

[法条链接]《高检规则》第575条第1、2款。

三、审查方式

可以依照有关规定进行公开审查。但是，涉及国家秘密、商业秘密、个人隐私的案件除外。

四、审查结果

（一）应当建议变更

具有下列情形之一的，检察院应当向办案机关提出释放或者变更强制措施的建议：

1. 案件证据发生重大变化，没有证据证明有犯罪事实或者犯罪行为系犯罪嫌疑人、被告人所为的。

2. 案件事实或者情节发生变化，犯罪嫌疑人、被告人可能被判处拘役、管制、独立适用附加刑、免予刑事处罚或者判决无罪的。

3. 继续羁押犯罪嫌疑人、被告人，羁押期限将超过依法可能判处的刑期的。

4. 案件事实基本查清，证据已经收集固定，符合取保候审或者监视居住条件的。

一招制敌 检察院"应当"提出释放或变更建议的情形可以概括为：无证据、无徒刑、无必要、已超期。

[法条链接]《高检规则》第579条。

（二）可以建议变更（略）

迷你案例

案情：罗某甲涉嫌强奸罪被逮捕。在侦查阶段，罗父向检察院申请进行羁押必要性审查。检察院捕诉部门依法进行公开审查，经审查发现罗某甲怀有身孕，于是检察院直接决定释放犯罪嫌疑人罗某甲。

问题：请指出本案的程序错误。

答案：①本案进行公开审查违法。本案涉及个人隐私，应当不公开审查。②检察院直接决定释放犯罪嫌疑人罗某甲违法。本案尚处于侦查阶段，检察院应当建议公安机关释放犯罪嫌疑人或变更强制措施。

回　顾

总结梳理　刑事强制措施相关考点总结

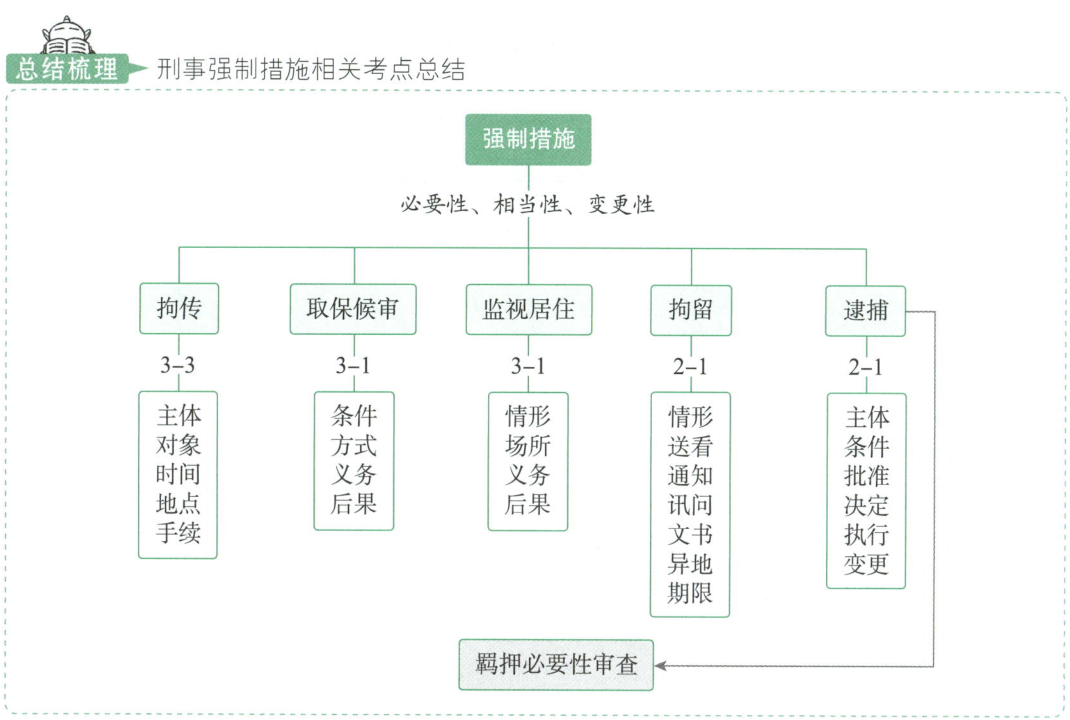

不要让成功冲昏头脑，
也别把失败久铭在心。

附带民事诉讼

考情概述

附带民事诉讼本质上就是民事诉讼，只不过它的存在必须以刑事诉讼为前提，如果刑事诉讼不存在，那附带民事诉讼就没有存在的依据。同学们在备考中需要重点掌握附带民事诉讼的成立条件、赔偿范围以及诉讼主体；同时还需要掌握附带民事诉讼中一些特有的规定，如调解原则、财产保全规则、当事人缺席的处理规则等，这些规定都是有别于刑事诉讼的。本讲的考点适合作为案例分析题的边角料进行考查，题干中凡是存在因犯罪行为造成被害人物质损失的情形的，命题人就随时可以就附带民事诉讼进行设问。本讲的法律依据主要集中在《刑诉解释》第175~201条。

44 附带民事诉讼的成立条件

一、前提条件

附带民事诉讼必须以刑事诉讼的成立为前提，如果刑事诉讼不能成立，附带民事诉讼也不能成立，但附带民事诉讼原告人可以另行提起独立的民事诉讼。

1. 法院认定公诉案件被告人的行为不构成犯罪，对已经提起的附带民事诉讼，经调解不能达成协议的，可以一并作出刑事附带民事判决，也可以告知附带民事诉讼原告人另行提起民事诉讼。

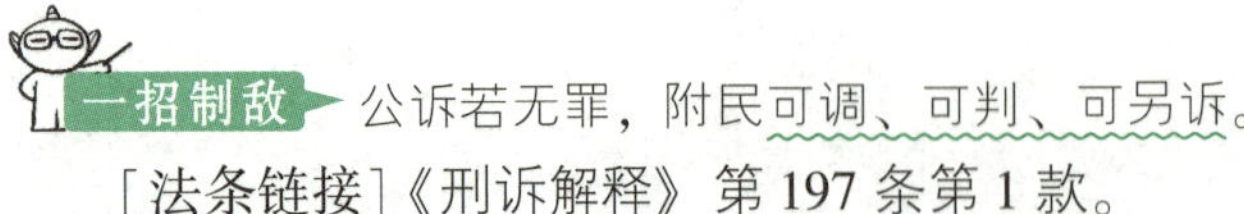

公诉若无罪，附民可调、可判、可另诉。

[法条链接]《刑诉解释》第197条第1款。

2. 法院准许撤回起诉的公诉案件，对已经提起的附带民事诉讼，可以进行调解；不宜调解或者经调解不能达成协议的，应当裁定驳回起诉，并告知附带民事诉讼原告人可以另行提起民事诉讼。

一招制敌 公诉若撤回，附民调、驳、另。

[法条链接]《刑诉解释》第197条第2款。

迷你案例

案情：罗某故意伤害张某一案，在侦查阶段罗某自杀身亡。

问题：张某还能否就此案提起刑事附带民事诉讼？

答案：不能。因为在侦查阶段罗某死亡，公安机关应当撤销案件，附带民事诉讼丧失了存在的前提条件。针对此种情形，张某只能另行提起民事诉讼要求罗某的继承人承担赔偿责任。

二、赔偿范围

附带民事诉讼的赔偿范围仅限于因被告人的犯罪行为造成的实际的必然的物质损失。

（一）精神损害不予支持

1. 被害人因人身权利受到犯罪侵犯或者财物被犯罪分子毁坏而遭受物质损失的，有权在刑事诉讼过程中提起附带民事诉讼。

2. 因受到犯罪侵犯，提起附带民事诉讼或者单独提起民事诉讼要求赔偿精神损失的，法院一般不予受理。

[法条链接]《刑诉解释》第175条。

迷你案例

案情：老罗经过隔壁老王楼下时，楼上花盆坠落砸断了老罗的左腿，致其残疾。老罗去老王家索要医药费，老王抄起家里的铁棍又打断了老罗的右腿，致其残疾。

问题：老罗如果向老王请求精神损害赔偿，法院能否支持？

答案：①老罗可以左腿残疾为由向法院提起民事诉讼，要求精神损害赔偿。因为该损害是侵权所致，根据《民法典》的规定，法院可以支持老罗要求的精神损害赔偿。②因为右腿残疾是犯罪所致，老罗如果以右腿残疾为由向法院提起附带民事诉讼或者单独提起民事诉讼，要求精神损害赔偿，法院一般不予受理。

（二）非法占有、处置的财产犯罪不予支持

被告人非法占有、处置被害人财产，被害人提起附带民事诉讼的，法院不予受理，但法院应当依法予以追缴或者责令退赔。追缴、退赔的情况，可以作为量刑情节考虑。

[法条链接]《刑诉解释》第176条。

迷你案例

1. 案情：罗某抢夺一案，被害人为殷某。

问题：殷某能否提起附带民事诉讼，要求罗某赔偿其被夺走并变卖的手机？

答案：不能。非法占有、处置被害人财产的案件，被害人提起附带民事诉讼的，法院不予受理。

2. 案情：张某故意毁坏财物一案，被害人为鄢某。

问题：鄢某能否提起附带民事诉讼，要求张某赔偿其被损毁的手机？

答案：能。鄢某的损失属于因犯罪行为造成的物质损失。

（三）公权力侵权不予支持

国家机关工作人员在行使职权时，侵犯他人人身、财产权利构成犯罪，被害人或者其法定代理人、近亲属提起附带民事诉讼的，法院不予受理，但应当告知其可以依法申请国家赔偿。

[法条链接]《刑诉解释》第177条。

案情：魏某虐待被监管人一案，被害人为贾某。

问题：贾某能否提起附带民事诉讼，要求魏某赔偿因体罚虐待致其身体损害所产生的医疗费？

答案：不能。因为虐待被监管人案属于国家机关工作人员在行使职权时，侵犯他人人身权利的犯罪，被害人提起附带民事诉讼的，法院不予受理，但应当告知其可以依法申请国家赔偿。

（四）非实际、必然的损失不予支持

1. 实际的损失，如犯罪分子破坏的门窗、车辆、物品，被害人的医疗费、营养费等，这种损失又称积极损失。

2. 必然的损失，如因伤残减少的劳动收入、今后继续治疗的费用、被毁坏的丰收在望的庄稼等。

迷你案例

案情：罗某殴打向某，致向某长期昏迷，检察院以故意伤害罪对罗某提起公诉。

问题：向某能否提起附带民事诉讼，要求罗某赔偿医药费以及其因误工而不能拿到的年终奖金？

答案：向某的医药费属于附带民事诉讼的赔偿范围，但是年终奖金不属于附带民事诉讼的赔偿范围，该损失并非实际、必然的损失。

（五）残疾赔偿金、死亡赔偿金不予支持

犯罪行为造成被害人人身损害的，应当赔偿医疗费、护理费、交通费等为治疗和康复支付的合理费用，以及因误工减少的收入。造成被害人残疾的，还应当赔偿残疾生活辅助器具费等费用；造成被害人死亡的，还应当赔偿丧葬费等费用。

备考提示 附带民事诉讼当事人就民事赔偿问题达成调解、和解协议的，赔偿范围、数额不受上述规定的限制。

一招制敌 因犯罪造成被害人人身损害的赔偿范围可以概括为：医、护、交、康加误工，残疾辅助、死亡葬。

[法条链接]《刑诉解释》第 192 条第 2、4 款。

迷你案例

案情：老罗带着儿子小罗经过隔壁老王楼下时，楼上花盆坠落砸断了小罗的双腿，致其残疾。老罗去老王家索要医药费，老王抄起家里的铁棍又打断了老罗的双腿，致其残疾。

问题：老罗和小罗能否向老王要求残疾赔偿金？

答案：小罗的双腿系因侵权造成残疾，根据《民法典》的有关规定，其可以要求残疾赔偿金。老罗的双腿系因老王的犯罪行为致残，其不能要求残疾赔偿金，老王只赔偿医疗费、护理费、交通费等为治疗和康复支付的合理费用，因误工减少的收入，以及残疾生活辅助器具费等费用。

（六）非因犯罪行为所导致的损失不予支持

[举案说法] 罗某欠向某 10 万元，向某要债不成，反而被罗某殴打成重伤，花费医药费 10 万元。向某的 10 万元医药费属于附带民事诉讼的赔偿范围，但是 10 万元的借款并非因犯罪造成的物质损失，不属于附带民事诉讼的赔偿范围。

45 附带民事诉讼当事人

一、附带民事诉讼原告人

附带民事诉讼原告人，是指以自己的名义向司法机关提起附带民事诉讼赔偿请求的人。以下主体有权提起附带民事诉讼：

1. 因犯罪行为遭受物质损失的公民。
2. 因犯罪行为遭受物质损失的企业、事业单位、机关、团体等。
3. 被害人死亡或者丧失行为能力的，其法定代理人、近亲属有权提起附带民事诉讼。
4. 当被害人是未成年人或限制行为能力人时，其法定代理人可以代为提起附带民事诉讼。
5. 国家财产、集体财产遭受损失，且受损单位没有提起的，人民检察院在提起公诉的时候，可以提起附带民事诉讼。

备考提示 人民检察院提起附带民事诉讼的，应当列人民检察院为附带民事诉讼原告人。人民法院经审理，认为附带民事诉讼被告人依法应当承担赔偿责任的，应当判令附带民事诉讼被告人直接向遭受损失的单位作出赔偿；遭受损失的单位已经终止，有权利义务继受人的，应当判令其向继受人作出赔偿；没有权利义务继受人的，应当判令其向人民检察院交付赔偿款，由人民检察院上缴国库。

[法条链接]《刑事诉讼法》第101条；《刑诉解释》第193条。

[举案说法]张小翔与罗大翔发生斗殴，罗大翔因伤势过重死亡，同时商贩魏大新的水果因被打翻而受损。在本案中，由于罗大翔已死亡，罗大翔的近亲属有权提起附带民事诉讼。魏大新因犯罪行为遭受物质损失，也有权提起附带民事诉讼。

二、附带民事诉讼被告人

附带民事诉讼被告人，是指对被害人因犯罪行为而遭受的物质损失负有赔偿责任的人。附带民事诉讼中依法负有赔偿责任的人包括：

1. 刑事被告人以及未被追究刑事责任的其他共同侵害人。
2. 刑事被告人的监护人。
3. 死刑罪犯的遗产继承人。
4. 共同犯罪案件中，案件审结前死亡的被告人的遗产继承人。
5. 对被害人的物质损失依法应当承担赔偿责任的其他单位和个人。

[法条链接]《刑诉解释》第180条第1款。

备考提示 附带民事诉讼被告人不一定是承担刑事责任的被告人。

案情：张一、李二、王三因口角与赵四发生斗殴，赵四因伤势过重死亡。其中张一系未成年人，王三因犯罪情节轻微未被起诉，李二在一审开庭前意外死亡。

问题：本案依法负有民事赔偿责任的人有哪些？

答案：张一为未成年人，负有赔偿责任的人为张一的监护人；李二属于共同犯罪案件中案件审结前死亡的被告人，负有赔偿责任的人为李二的遗产继承人；王三为未被追究刑事责任的其他共同侵害人，由其自身承担赔偿责任。

三、共同侵害人的处理

1. 被害人或者其法定代理人、近亲属仅对部分共同侵害人提起附带民事诉讼的，法院应当告知其可以对其他共同侵害人一并提起附带民事诉讼，但共同犯罪案件中同案犯在逃的除外。

2. 被害人或者其法定代理人、近亲属放弃对其他共同侵害人的诉讼权利的，法院应当告知其相应法律后果，并在裁判文书中说明其放弃诉讼请求的情况。

3. 同案犯在逃的，不应列为附带民事诉讼被告人。

4. 逃跑的同案犯到案后，被害人或者其法定代理人、近亲属可以对其提起附带民事诉讼，但已经从其他共同犯罪人处获得足额赔偿的除外。

[法条链接]《刑诉解释》第181、183条。

备考提示 刑事被告人以外的附带民事诉讼被告人经传唤，无正当理由拒不到庭，或者未经法庭许可中途退庭的，附带民事部分可以缺席判决。刑事被告人以外的附带民事诉讼被告人下落不明，或者用公告送达以外的其他方式无法送达，可能导致刑事案件审判过分迟延的，可以不将其列为附带民事诉讼被告人，告知附带民事诉讼原告人另行提起民事诉讼。

[法条链接]《刑诉解释》第195条第2、3款。

迷你案例

1. 案情：甲、乙、丙殴打丁，致丁长期昏迷，乙在案发后潜逃，检察院以故意伤害罪对甲提起公诉。丁的父母同时对甲提起了附带民事诉讼。

问题：本案法院能否主动追加乙、丙为共同被告？

答案：不能。①在本案中，甲、乙、丙是共同侵害人，原告有权选择针对所有侵害人或者部分侵害人提起诉讼，这是原告行使处分权的体现，法院无权干涉。因此，在原告只对甲提起附带民事诉讼的情况下，法院首先应当告知其也可以向其他共同侵害人提起附带民事诉讼，并确认原告是否明确放弃对其他共同侵害人提起附带民事诉讼，告知其相应法律后果，而不能直接将其他共同侵害人列为共同被告。②在本案中，原告即使同意将其他共同侵害人列为共同被告，法院也不得将乙列为共同被告，因为在逃的同案犯不得被追加为附带民事诉讼被告人。

2. 案情：甲、乙、丙殴打丁，致丁长期昏迷，检察院以故意伤害罪对甲、丙提起公诉，对乙决定不起诉。丁的父母同时对甲、乙、丙提起了附带民事诉讼。

问题：本案乙在审判阶段潜逃，法院该如何处理？

答案：①经传唤，乙无正当理由拒不到庭，附带民事部分可以缺席判决；②如果乙下落不明，可能导致刑事案件审判过分迟延，可以不将其列为附带民事诉讼被告人，告知附带民事诉讼原告人另行提起民事诉讼。

46 附带民事诉讼的提起与审理

一、提起期间

附带民事诉讼应当在刑事案件立案后及时提起。

1. 侦查、审查起诉期间，有权提起附带民事诉讼的人提出赔偿要求，经公安机关、检察院调解，当事人双方已经达成协议并全部履行，被害人或者其法定代理人、近亲属又提起附带民事诉讼的，法院不予受理，但有证据证明调解违反自愿、合法原则的除外。

2. 二审期间才提起附带民事诉讼的，二审法院可以依法进行调解；调解不成的，告知当事人可以在刑事判决、裁定生效后另行提起民事诉讼。

[法条链接]《刑诉解释》第184条第1款，第185、198条。

[举案说法] 在罗某放火一案中，钱某、孙某和吴某三家房屋均被烧毁。一审期间，钱某和孙某提起要求罗某赔偿损失的附带民事诉讼，吴某未主张损失赔偿。一审判决宣告后，吴某欲让罗某赔偿财产损失。二审法院可以依法进行调解；调解不成的，告知吴某可以在刑事判决、裁定生效后另行提起民事诉讼。

二、提起条件

1. 起诉人符合法定条件。
2. 有明确的被告人。
3. 有请求赔偿的具体要求和事实、理由。
4. 属于人民法院受理附带民事诉讼的范围。

［法条链接］《刑诉解释》第 182 条。

三、附带民事诉讼审理程序

（一）附带民事诉讼的调解

1. 可以根据自愿、合法的原则进行调解。经调解达成协议的，应当制作调解书。
2. 调解书经双方当事人签收后即具有法律效力。
3. 调解达成协议并即时履行完毕的，可以不制作调解书，但应当制作笔录，经双方当事人、审判人员、书记员签名后即发生法律效力。
4. 调解未达成协议或者调解书签收前当事人反悔的，附带民事诉讼应当同刑事诉讼一并判决。

［法条链接］《刑诉解释》第 190、191 条。

（二）财产保全

1. 诉前保全

因情况紧急，不立即申请保全将会使其合法权益受到难以弥补的损害的，可以在提起附带民事诉讼前，向被保全财产所在地、被申请人居住地或者对案件有管辖权的法院申请采取保全措施。申请人在法院受理刑事案件后 15 日以内未提起附带民事诉讼的，法院应当解除保全措施。

2. 诉中保全

法院根据附带民事诉讼原告人的申请，可以裁定采取保全措施，查封、扣押或者冻结被告人的财产；附带民事诉讼原告人未提出申请的，必要时，法院也可以采取保全措施。

［法条链接］《刑诉解释》第 189 条第 1、2 款。

备考提示 案例分析中，一定要首先识别题目考查的是诉前保全还是诉中保全，《刑诉解释》第 189 条第 1 款表述的是诉中保全的规则，第 2 款表述的是诉前保全的规则，一定要注意二者的区别。

诉前保全有风险，只能申请必须担；48 小时作裁定，半月不诉除保全。

迷你案例

案情：罗某被张某打伤致残，在开庭审判前向法院提起附带民事诉讼，并提出财产保全的申请。

问题：在罗某没有提供担保的情况下，法院能否予以保全？

答案：能。本案属于诉讼中的财产保全，担保并非必须。

（三）当事人缺席的后果

1. 原告人：附带民事诉讼原告人经传唤，无正当理由拒不到庭，或者未经法庭许可中途退庭的，应当按撤诉处理。

2. 被告人：刑事被告人以外的附带民事诉讼被告人经传唤，无正当理由拒不到庭，或者未经法庭许可中途退庭的，附带民事部分可以缺席判决。

备考提示 刑事被告人以外的附带民事诉讼被告人下落不明，或者用公告送达以外的其他方式无法送达，可能导致刑事案件审判过分迟延的，可以不将其列为附带民事诉讼被告人，告知附带民事诉讼原告人另行提起民事诉讼。

［法条链接］《刑诉解释》第 195 条。

迷你案例

案情：张一、李二、王三因口角与赵四发生斗殴，赵四因伤势过重死亡。其中王三因犯罪情节轻微未被提起公诉。赵四的父亲赵老四对王三提起了附带民事诉讼。

问题：如果在一审过程中，赵老四和王三均无正当理由拒不到庭，法院该如何处理？

答案：赵老四作为附带民事诉讼原告人拒不到庭，法院应当按撤诉处理。王三作为附带民事诉讼被告人拒不到庭，法院可以缺席判决。

（四）审判组织

附带民事诉讼应当同刑事案件一并审判，只有为了防止刑事案件审判的过分迟延，才可以在刑事案件审判后，由同一审判组织继续审理附带民事诉讼；同一审判组织的成员确实不能继续参与审判的，可以更换。

［法条链接］《刑诉解释》第 196 条。

（五）处理结果

法院应当结合附带民事诉讼被告人赔偿被害人物质损失的情况认定其悔罪表现，并在量刑时予以考虑。

迷茫的反义词是具体。
当你从一件件具体的事开始着手，
焦虑就会一点点退去。

考点 46

立　案

考情概述

立案作为刑事诉讼开始的标志，是每一个刑事案件都必须经过的法定阶段。本讲主要考查立案材料的来源、立案的条件、不立案的监督这几个问题。考生需要重点掌握被害人对于公安机关不立案的救济途径以及检察院对公安机关不立案的监督方式。

47 立案材料的来源和立案的条件

一、立案材料的来源

1. 公安机关、检察院自行发现

公安机关或者人民检察院发现犯罪事实或者犯罪嫌疑人，应当按照管辖范围，立案侦查。

2. 通过报案、控告或者举报

	报　案	控　告	举　报
主　体	所有人	被害人	被害人以外的人
内　容	不知犯罪嫌疑人	知道犯罪嫌疑人	知道犯罪嫌疑人

[法条链接]《刑事诉讼法》第109条，第110条第1、2款。

备考提示 案例分析中一定要注意报案、控告与举报的区别，如果控告主体对不立案决定不服，会有相应的救济途径。

[举案说法1] 罗某向天津市公安局报警，称自己遭陌生女子猥亵，该行为是报案。

［举案说法2］罗某向天津市公安局报警，称自己老婆和向某重婚了，该行为是控告。

［举案说法3］罗某向天津市公安局报警，称自己老婆被向某拐卖了，该行为是举报。

二、立案的条件

（一）公诉案件的立案条件

公诉案件立案只需同时具备两个条件：①有犯罪事实（事实条件）；②需要追究刑事责任（法律条件）。

［法条链接］《刑事诉讼法》第112条。

迷你案例

1. 案情：某县公安机关收到孙某报案，称有人对其实施强奸，该县公安机关经过审查，发现本案犯罪嫌疑人畏罪潜逃了。

问题：该县公安机关应当如何处理？

答案：立案。因为只要发生了犯罪事实，嫌疑人潜逃并不影响立案。

2. 案情：某县公安机关收到孙某控告何某对其实施强奸的材料，经审查后认为该案件已经过了追诉时效。

问题：该县公安机关应当如何处理？

答案：不予立案。因为已经过了追诉时效，属于法定不予追究刑事责任的情形之一。

（二）自诉案件的立案条件

由于自诉案件不经过侦查，自诉人向人民法院提起诉讼后，如果符合立案条件，人民法院就应当予以受理，并直接进入审判程序。因此，自诉案件除了应当具备公诉案件的两个立案条件以外，还应当具备下列条件：

1. 属于刑事自诉案件的范围。
2. 属于该人民法院管辖。
3. 刑事案件的被害人告诉。
4. 有明确的被告人、具体的诉讼请求和证明被告人犯罪事实的证据。

［法条链接］《刑诉解释》第316条。

48

一、对立案材料的接受

1. 公、检、法机关对于报案、控告、举报，都应当接受。
2. 对于不属于自己管辖的，应当移送主管机关处理，并且通知报案人、控告人、举报人。
3. 对于不属于自己管辖而又必须采取紧急措施的，应当先采取紧急措施，然后移送

主管机关。

［法条链接］《刑事诉讼法》第110条第3款。

迷你案例

案情：刘某抢劫高某一案，高某为被害人。

问1：高某是否有权直接向法院提出控告？

答案：有权。高某作为被害人，有权向公、检、法中任一机关提出控告。

问2：针对高某的控告，法院该如何处理？

答案：法院对于高某的控告应当接受。由于抢劫案不属于法院管辖，法院应当将案件移送公安机关处理，并且通知控告人高某；必须采取紧急措施的，应当先采取紧急措施，然后移送公安机关。

二、调查核实

调查核实过程中，公安机关可以依照有关法律和规定采取询问、查询、勘验、鉴定和调取证据材料等不限制被调查对象人身、财产权利的措施。但是，不得对被调查对象采取强制措施，不得查封、扣押、冻结被调查对象的财产，不得采取技术侦查措施。

［法条链接］《公安部规定》第174条第2款。

备考提示 初步调查核实不同于侦查，侦查是在立案之后，调查核实是在立案之前。调查核实不能采取强制措施和技术侦查措施，只能采取任意性的措施。

迷你案例

案情：公安机关获知有多年吸毒史的王某近期可能从事毒品制售活动，遂对其展开初步调查工作。在此阶段，公安机关扣押了现场发现的毒品，并决定对王某采取强制措施。

问题：公安机关的做法是否合法？

答案：不合法。本案尚未立案，仍在调查核实过程中，公安机关不得对被调查对象采取强制措施，不得查封、扣押、冻结被调查对象的财产，不得采取技术侦查措施。

三、对立案材料的处理

1. 立案：认为有犯罪事实需要追究刑事责任的时候，应当立案。

2. 不立案：认为没有犯罪事实，或者犯罪事实显著轻微，不需要追究刑事责任的时候，不予立案，并且将不立案的原因通知控告人。控告人如果不服，可以申请复议。

［法条链接］《刑事诉讼法》第112条。

四、撤销案件

公安机关经过侦查，发现具有下列情形之一的，应当撤销案件：①没有犯罪事实的；②情节显著轻微、危害不大，不认为是犯罪的；③犯罪已过追诉时效期限的；④经特赦令免除刑罚的；⑤犯罪嫌疑人死亡的；⑥其他依法不追究刑事责任的。

一招制敌 公安机关撤销案件的情形可以概括为：显著轻、过时效，特赦、告诉和死掉，

还有无罪均撤案。

[法条链接]《公安部规定》第 186 条第 1 款。

[举案说法 1] 公安机关收到被害人高某控告罗某、张某强奸的材料，经审查，发现没有犯罪事实，公安机关应当决定不立案。

[举案说法 2] 公安机关收到被害人高某控告罗某、张某强奸的材料，决定立案。经侦查，发现没有犯罪事实发生，公安机关应当决定撤销案件。

[举案说法 3] 公安机关收到被害人高某控告罗某、张某强奸的材料，决定立案。经侦查，发现本案并非罗某所为，公安机关应当对罗某终止侦查，并对张某继续侦查。

49 立案监督

一、控告人对公安机关不立案的救济

1. 复议：向作出决定的公安机关申请复议；对复议决定不服的，可以向上一级公安机关申请复核。

2. 申诉：控告人可以向检察院提出申诉。

3. 自诉：对于公安机关不予立案的情形，还可以向法院提起自诉。

[法条链接]《刑事诉讼法》第 113 条；《刑诉解释》第 1 条第 3 项；《公安部规定》第 179 条第 1、2 款。

备考提示 被害人针对公安机关不予立案的情形有三种救济手段，分别是复议、申诉、自诉。注意这三种手段没有先后顺序的要求。

二、行政机关对其移送案件不立案的救济

移送案件的行政执法机关对不予立案决定不服的，可以在收到不予立案通知书后 3 日以内向作出决定的公安机关申请复议；公安机关应当在收到行政执法机关的复议申请后 3 日以内作出决定，并书面通知移送案件的行政执法机关。

[法条链接]《公安部规定》第 181 条。

迷你案例

案情：税务局将薇丫涉税案件的线索移送至公安机关，公安机关认为本案不符合立案条件，决定不予立案。

问题：税务局对公安机关不予立案的决定不服，该如何救济？

答案：税务局可以在收到不予立案通知书后 3 日以内向作出决定的公安机关申请复议。

三、人民检察院对公安机关的立案监督

1. 人民检察院认为公安机关对应当立案侦查的案件而不立案侦查的，应当要求公安

考点 49

机关说明不立案的理由。

2. 人民检察院认为公安机关不立案理由不能成立的，应当通知公安机关立案，公安机关接到通知后应当立案。

一招制敌 上述立案监督的步骤方法可以概括为：先要求说理，后通知立案（撤案）。

[法条链接]《刑事诉讼法》第 113 条；《高检规则》第 559 条第 1 款。

案情：环卫工人马某在垃圾桶内发现一名刚出生的婴儿后向公安机关报案，公安机关紧急将婴儿送往医院，成功抢救该婴儿后未予立案。

问题：人民检察院可否直接撤销公安机关的不立案决定？

答案：不可以。人民检察院首先应当要求公安机关书面说明不立案的理由，认为公安机关不立案理由不能成立的，经检察长决定，应当通知公安机关立案。

3. 公安机关对人民检察院立案监督的救济：①要求同级人民检察院复议；②不接受人民检察院复议决定的，提请上一级人民检察院复核。

[法条链接]《高检规则》第 565 条第 1、2 款。

立案相关程序总结

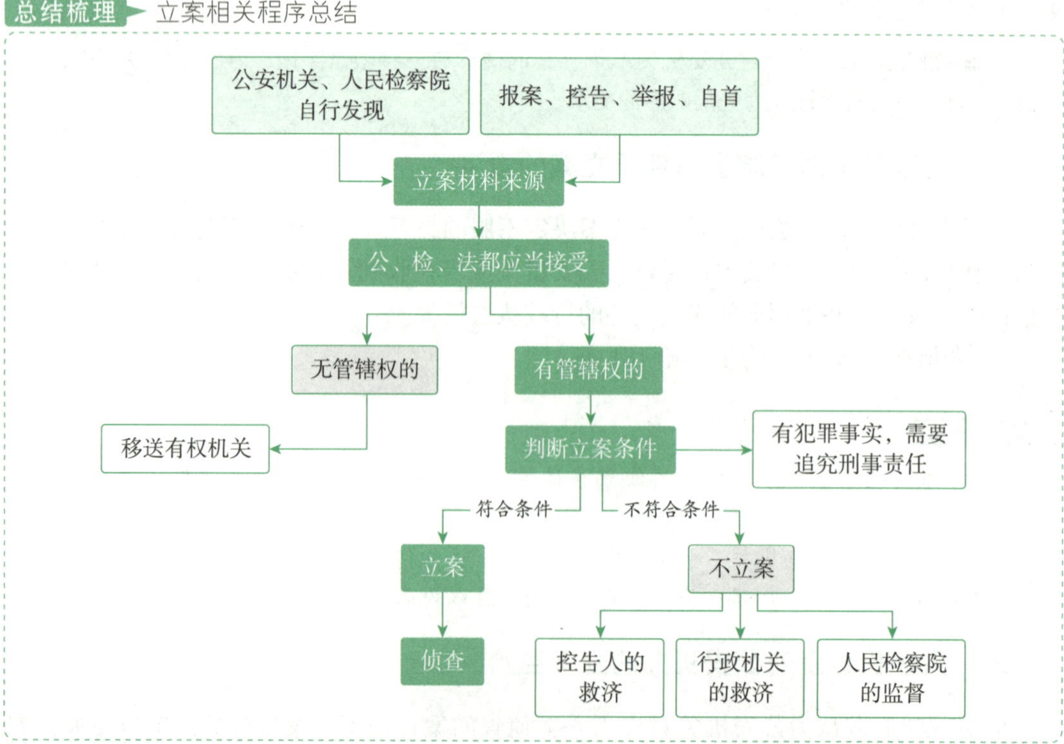

侦　查

考情概述

同学们首先需要掌握九种侦查行为（讯问犯罪嫌疑人，询问证人、被害人，勘验、检查，搜查，查封、扣押、查询、冻结，鉴定，技术侦查，通缉，辨认）的程序规定，这些具体的侦查措施可能以程序纠错的方式进行考查，这些规定同学们可以在《公安部规定》第191~297条和《高检规则》第176~254条中进行查询。另外，本讲的另一个重点是补充侦查问题，考生需要掌握不同阶段（批捕阶段、审查起诉阶段、审判阶段）补充侦查的不同规定。本讲的侦查措施容易和非法证据排除规则结合命题，从而实现程序与证据的综合考查。

九种侦查行为

备考提示

1. 主观题为开卷考试，因此，侦查手段的可考性较低。如果要考，可能会出现程序纠错题，要求考生找出案例中侦查程序的违法之处。针对这种问题，回答分两步：第一步，指出案例中的程序错误；第二步，写出正确的程序规则。

2. 侦查手段通常会和证据的审查判断一并考查，案例中可能出现某种违法侦查手段，要求考生判断该违法手段收集的供述、证人证言、物证、书证、辨认笔录等证据能否作为定案依据。此类问题，需要利用第7讲中的证据审查判断规则来作答。

一、讯问犯罪嫌疑人

1. 主体：讯问的时候，侦查人员不得少于2人。

2. 地点：已羁押的，讯问应当在看守所进行；未羁押的，讯问应当在办案场所、现场、住处进行。

一招制敌 讯问地点可以概括为：羁押仅在看守所，未押可在“现”“住”“办”。

3. 时间：拘留、逮捕后的24小时以内进行讯问；传唤、拘传后立即讯问。

4. 认罪认罚：应当告知其享有的诉讼权利，如实供述自己罪行可以从宽处理和认罪认罚的法律规定。

5. 特殊对象

（1）讯问聋、哑的犯罪嫌疑人，应当有通晓聋、哑手势的人参加；

（2）讯问未成年犯罪嫌疑人，应当通知法定代理人或合适的成年亲属，所在学校、单位、居住地或办案单位所在地基层组织或未成年人保护组织的代表到场；

（3）讯问女性未成年犯罪嫌疑人，应当有女工作人员在场。

6. 讯问笔录：应当交犯罪嫌疑人核对，侦查人员也应当在笔录上签名。

7. 录音录像：公安机关对于可能判处无期徒刑、死刑的案件或者其他重大犯罪案件，应当对讯问过程进行录音录像。人民检察院、监察委员会讯问都要进行录音录像。

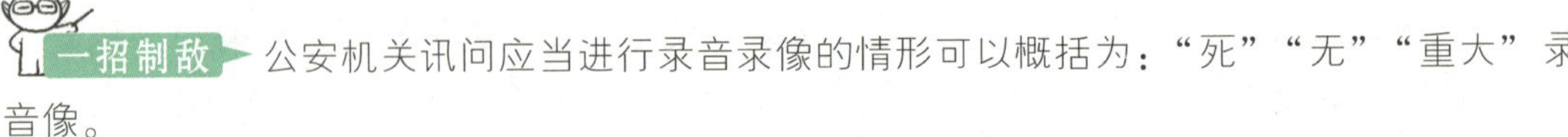

一招制敌 公安机关讯问应当进行录音录像的情形可以概括为：“死”“无”“重大”录音像。

［法条链接］《刑事诉讼法》第118~123条；《公安部规定》第198~209条、第323条第1款、第324条第2款。

一招制敌 注意总结违反哪些讯问规则会导致供述不能作为定案依据，记住一组口诀：核对、翻译、无法代，场外、音像、暴限胁；重复供述一并排，除非换人换阶段。

二、询问证人、被害人

1. 主体：询问的时候，侦查人员不得少于2人。

2. 地点：可以在现场或者证人、被害人所在单位、住处或者证人、被害人提出的地点进行，在必要的时候，可以通知证人、被害人到人民检察院或者公安机关提供证言。

一招制敌 询问地点可以概括为：“提”“住”“侦”“现”“单”。询问证人、被害人不得另行为其指定地点，此处不同于讯问犯罪嫌疑人。

［举案说法］罗某抢劫张某一案，侦查人员如果通知目击证人高某到指定的咖啡厅接受询问，则不符合法定程序。

3. 方法：询问证人、被害人应当个别进行。

4. 特殊对象。（同讯问）

5. 询问笔录。（同讯问）

6. 录音录像：询问重大或有社会影响的案件的重要证人，应当对询问过程全程录音录像。

一招制敌 注意总结违反哪些询问规则会导致证人证言、被害人陈述不能作为定案依据，记住一组口诀：麻醉、猜测、未个别，核对、翻译、暴限胁，拒绝出庭不真实。

[法条链接]《刑事诉讼法》第 124~127 条；《公安部规定》第 210~212 条；《高检规则》第 194 条第 2 款。

三、勘验、检查

对于与犯罪有关的场所、物品、人身、尸体应当进行勘验或者检查。在必要的时候，可以指派或者聘请具有专门知识的人，在侦查人员的主持下进行勘验、检查。

[法条链接]《刑事诉讼法》第 128~135 条；《公安部规定》第 213~221 条。

备考提示 注意总结勘验、检查笔录何时不能作为定案依据。根据《刑诉解释》第 103 条的规定，勘验、检查笔录存在明显不符合法律、有关规定的情形，不能作出合理解释的，不得作为定案的根据。

四、搜查

为了收集犯罪证据、查获犯罪人，经县级以上公安机关负责人批准，侦查人员可以对犯罪嫌疑人以及可能隐藏罪犯或者犯罪证据的人的身体、物品、住处和其他有关的地方进行搜查。

1. 搜查证：必须向被搜查人出示搜查证。执行逮捕、拘留，遇有紧急情况，可不另用搜查证。

2. 见证人：在搜查的时候，应当有被搜查人或者他的家属、邻居或者其他见证人在场。

3. 女性：搜查妇女的身体，应当由女工作人员进行。

4. 笔录：搜查的情况应当写成笔录。如果被搜查人或者他的家属在逃或者拒绝签名、盖章，应当在笔录上注明。

[法条链接]《刑事诉讼法》第 136~140 条；《公安部规定》第 222~226 条。

五、查封、扣押、查询、冻结

1. 在侦查活动中发现的可用以证明犯罪嫌疑人有罪或者无罪的各种财物、文件，应当查封、扣押；与案件无关的财物、文件，不得查封、扣押。

2. 根据侦查犯罪的需要，可以依照规定查询、冻结犯罪嫌疑人的存款、汇款、债券、股票、基金份额等财产。有关单位和个人应当配合。

3. 犯罪嫌疑人的存款、汇款、债券、股票、基金份额等财产已被冻结的，不得重复冻结，但可以轮候冻结。

备考提示

1. 查封的对象一般是不易搬动的物品或不动产；扣押的对象一般是方便移送的物品或文件；查询、冻结的对象是存款、汇款、债券、股票、基金份额等财产。

2. 注意总结在勘验、检查、搜查过程中提取、扣押的物证、书证何时不能作为定案依据。根据《刑诉解释》第 86 条第 1 款的规定，在勘验、检查、搜查过程中提取、扣押的物证、书证，未附笔录或者清单，不能证明物证、书证来源的，不得作为定案的根据。

[法条链接]《刑事诉讼法》第 141~145 条;《公安部规定》第 227~247 条。

六、鉴定

为了查明案情,需要解决案件中某些专门性问题的时候,应当指派、聘请有专门知识的人进行鉴定。

备考提示 重点掌握鉴定的主体、对象,鉴定意见的形式要求,补充鉴定或者重新鉴定的适用情形。

一招制敌 鉴定程序违法以及鉴定方法错误的鉴定意见都不能作为定案依据,简单概括为"见错就排"。

[法条链接]《刑事诉讼法》第 146~149 条;《公安部规定》第 248~257 条。

七、辨认

1. 2 人主持:在 2 名以上侦查人员的主持下进行。
2. 个别原则:几名辨认人对同一辨认对象进行辨认时,应当由辨认人个别进行。
3. 混杂原则:应当将辨认对象混杂在特征相类似的其他对象中(7 人 5 物 10 照片)。
4. 防止预断:在辨认前,应当向辨认人详细询问被辨认对象的具体特征,避免辨认人见到被辨认对象。
5. 禁止暗示:不得给辨认人任何暗示。

备考提示 重点掌握辨认的主体、对象、主持人、个别原则、混杂原则,防止预断,禁止暗示。

一招制敌 结合上述内容,总结辨认程序如果违法,辨认笔录何时不能作为定案依据。根据《刑诉解释》第 105 条的规定,辨认笔录不能作为定案依据的情形可以简单概括为:没有侦调来主持,指示预见个混混。

[法条链接]《公安部规定》第 258~262 条;《高检规则》第 223~226 条。

八、技术侦查(调查)措施

1. 主体控制:公安机关、人民检察院和监察机关可以决定,公安机关执行。
2. 案件控制

(1)公安机关:对于危害国家安全犯罪、恐怖活动犯罪、黑社会性质的组织犯罪、重大毒品犯罪或者其他严重危害社会的犯罪案件,可以采取技术侦查措施;

(2)人民检察院:对于利用职权实施的严重侵犯公民人身权利的重大犯罪案件,可以采取技术侦查措施,按照规定交有关机关执行;

(3)监察机关:调查涉嫌重大贪污贿赂等职务犯罪,可以采取技术调查措施,按照规定交有关机关执行;

(4)追捕被通缉或批准、决定逮捕的在逃的犯罪嫌疑人、被告人,可以采取追捕所必需的技术侦查措施。

一招制敌 技术侦查的案件范围可以概括为：公安危恐黑毒严，检院职权侵人权，监委贪贿职务犯，都有追捕在逃犯。

3. 批准程序：批准决定自签发之日起 3 个月以内有效。对于复杂、疑难案件，期限届满仍有必要继续采取技术侦查措施的，经过批准，有效期可以延长，每次不得超过 3 个月。

4. 执行程序

（1）采取技术侦查措施，必须严格按照批准的措施种类、适用对象和期限执行；

（2）侦查人员对采取技术侦查措施过程中知悉的国家秘密、商业秘密和个人隐私，应当保密；

（3）对采取技术侦查措施获取的与案件无关的材料，必须及时销毁；

（4）采取技术侦查措施获取的材料，只能用于对犯罪的侦查、起诉和审判，不得用于其他用途。

5. 证据使用：依法采取侦查措施收集的材料在刑事诉讼中可以作为证据使用。如果使用该证据可能危及有关人员的人身安全，或者可能产生其他严重后果的，应当采取不暴露有关人员身份、技术方法等保护措施，必要的时候，可以由审判人员在庭外对证据进行核实。

备考提示 重点掌握技术侦查的主体、适用案件、批准、执行、证据的特殊审查。

[法条链接]《刑事诉讼法》第 150～154 条；《公安部规定》第 263～273 条；《监察法》第 31 条第 1 款。

九、通缉

1. 主体：公安机关、检察院可以决定，由公安机关发布。

2. 对象：应当逮捕却在逃的犯罪嫌疑人。

3. 方法：各级公安机关在自己管辖的地区以内，可以直接发布通缉令；超出自己管辖的地区，应当报请有权决定的上级机关发布。

备考提示 重点掌握通缉的主体、对象、方法。

[法条链接]《刑事诉讼法》第 155 条；《公安部规定》第 274～282 条；《高检规则》第 232～234 条。

考点 51

51 违法侦查行为的救济

一、可以救济的违法行为

1. 采取强制措施法定期限届满，不予以释放、解除或者变更的。

2. 应当退还取保候审保证金不退还的。

3. 对与案件无关的财物采取查封、扣押、冻结措施的。
4. 应当解除查封、扣押、冻结不解除的。
5. 贪污、挪用、私分、调换、违反规定使用查封、扣押、冻结的财物的。

二、可以提出救济的主体

当事人和辩护人、诉讼代理人、利害关系人对于司法机关及其工作人员的违法行为，有权向该机关申诉或者控告。

三、救济途径

1. 有权向办案机关申诉或者控告。
2. 对处理不服的，可以向同级或上一级人民检察院申诉。

备考提示 未向办案机关申诉或者控告，或者办案机关在规定时间内尚未作出处理决定，直接向人民检察院申诉的，人民检察院应当告知其向办案机关申诉或者控告。

[法条链接]《刑事诉讼法》第117条；《高检规则》第555条第3款。

迷你案例

案情：刘某盗窃一案，辩护人向律师认为，公安机关对刘某采取强制措施，法定期限届满却未予以释放、解除或者变更强制措施。

问题：这种情况该如何救济？

答案：向律师有权向公安机关申诉或者控告；对处理不服的，还可以向同级人民检察院申诉。

52

侦查终结

一、侦查终结

（一）移送审查起诉

公安机关侦查终结的案件，应当做到犯罪事实清楚，证据确实、充分，并且写出起诉意见书，连同案卷材料、证据一并移送同级人民检察院审查决定；同时将案件移送情况告知犯罪嫌疑人及其辩护律师。

[法条链接]《刑事诉讼法》第162条第1款。

（二）撤销案件

在侦查过程中，发现不应对犯罪嫌疑人追究刑事责任的，应当撤销案件；犯罪嫌疑人已被逮捕的，应当立即释放，发给释放证明，并且通知原批准逮捕的人民检察院。

[法条链接]《刑事诉讼法》第163条。

（三）终止侦查

对于经过侦查，发现有犯罪事实需要追究刑事责任，但不是被立案侦查的犯罪嫌疑人实施的，或者共同犯罪案件中部分犯罪嫌疑人不够刑事处罚的，应当对有关犯罪嫌疑人终止侦查，并对该案件继续侦查。

一招制敌 公安机关终止侦查的情形可以概括为：并非他所为，共犯不处罚。

名师点睛：撤销案件和终止侦查的区别是：前者全部案件都撤销；后者案件并未撤销，只对部分人终止侦查。

[法条链接]《公安部规定》第 186 条第 2 款。

迷你案例

1. 案情：罗某组织卖淫一案，公安机关撤销案件以后又发现新的事实或者证据，或者发现原认定事实错误，认为罗某有犯罪事实需要追究刑事责任。

问题：公安机关该如何处理？

答案：根据《公安部规定》第 190 条第 1 款的规定，公安机关应当对罗某重新立案侦查。

2. 案情：刘某、高某贩毒一案，公安机关认为高某不够刑事处罚，对高某终止侦查后又发现新的事实或者证据，或者发现原认定事实错误，需要对高某追究刑事责任。

问题：公安机关该如何处理？

答案：根据《公安部规定》第 190 条第 2 款的规定，公安机关应当对高某继续侦查。

二、侦查羁押期限

侦查羁押期限，是指犯罪嫌疑人在侦查中被逮捕以后到侦查终结的期限。我国《刑事诉讼法》对侦查羁押期限明确加以规定，目的是切实保障犯罪嫌疑人的人身自由和合法权益，防止案件久拖不决，提高侦查工作效率，保证侦查工作顺利进行。

1. 对犯罪嫌疑人逮捕后的侦查羁押期限不得超过 2 个月。

2. 案情复杂、期限届满不能终结的案件，可以经上一级人民检察院批准延长 1 个月。

3. 下列案件在前述期限届满不能侦查终结的，经省、自治区、直辖市人民检察院批准或者决定，可以延长 2 个月：①交通十分不便的边远地区的重大复杂案件；②重大的犯罪集团案件；③流窜作案的重大复杂案件；④犯罪涉及面广，取证困难的重大复杂案件。

4. 特别重大复杂的案件，由最高检报请全国人大常委会批准延期审理。

一招制敌 侦查羁押期限可以总结为一个公式：2+1+2+2+X。

新法必考

根据《监察法》第 48 条的规定，留置时间不得超过 3 个月。在特殊情况下，可以延长 1 次，延长时间不得超过 3 个月。省级以下监察机关采取留置措施的，延长留置时间应当报上一级监察机关批准。监察机关发现采取留置措施不当或者不需要继续采取留置措施的，应当及时解除或者变更为责令候查措施。对涉嫌职务犯罪的被调查

考点 52

人可能判处10年有期徒刑以上刑罚，监察机关依照前款规定延长期限届满，仍不能调查终结的，经国家监察委员会批准或者决定，可以再延长2个月。省级以上监察机关在调查期间，发现涉嫌职务犯罪的被调查人另有与留置时的罪行不同种的重大职务犯罪或者同种的影响罪名认定、量刑档次的重大职务犯罪，经国家监察委员会批准或者决定，自发现之日起依照本条第1款的规定重新计算留置时间。留置时间重新计算以1次为限。

53 补充侦查

补充侦查，是指为案件的处理提供足够的证据材料，在原有侦查工作的基础上，对原有侦查工作的不足或薄弱部分重新进行侦查。补充侦查在程序上有三种，即审查批捕阶段的补充侦查、审查起诉阶段的补充侦查和法庭审理阶段的补充侦查。

一、审查批捕阶段的补充侦查

人民检察院对于公安机关提请批准逮捕的案件进行审查后，作出不批准逮捕决定的，应当说明理由，需要补充侦查的，应当同时通知公安机关。

备考提示 此处用的是通知公安机关补充侦查，人民检察院不能自行补充侦查，也不能退回公安机关补充侦查。

[法条链接]《刑事诉讼法》第90条。

二、审查起诉阶段的补充侦查

1. 补侦情形：人民检察院认为犯罪事实不清、证据不足或者存在遗漏罪行、遗漏同案犯罪嫌疑人等情形。

2. 补侦方式：①可以退回公安机关、自侦部门、监察机关补充侦查（调查）；②也可以自行侦查。

[法条链接]《高检规则》第342~345条。

备考提示 对于不同机关移送的案件，退回补充侦查（调查）的原则有所区别：①公安机关移送：可退回可自侦；②监察机关移送：原则退回，必要自侦；③自侦案件：原则退回，必要自侦。

3. 补侦的期限与次数：退回监察机关补充调查和退回公安机关、自侦部门补充侦查的案件，均应当在1个月以内补充调查、补充侦查完毕。补充调查、补充侦查以2次为限。补充调查、补充侦查完毕移送起诉后，人民检察院重新计算审查起诉期限。

[法条链接]《高检规则》第 346 条。

4. 补侦后的处理结果

(1) 对于 2 次退回补充调查或补充侦查的案件，仍然认为证据不足，不符合起诉条件的，经检察长批准，应当作出不起诉决定；

(2) 对于经过 1 次退回补充调查或补充侦查的案件，认为证据不足，不符合起诉条件，且没有再次退回补充调查或者补充侦查必要的，经检察长批准，可以作出不起诉决定。

[法条链接]《高检规则》第 367 条。

迷你案例

案情：罗某盗窃一案，在审查起诉阶段，检察院认为本案罪名认定错误，罗某应当构成诈骗罪，于是电话通知公安机关补充侦查。案件补充侦查完毕、移送检察院审查起诉后，公安机关又发现罗某还实施了强奸的犯罪事实，于是主动要求对本案进行补充侦查。

问题：本案补充侦查有哪些违法之处？

答案：①检察院以罪名认定错误为由将案件退回公安机关补充侦查违法。犯罪事实不清、证据不足或者存在遗漏罪行、遗漏同案犯罪嫌疑人等情形才是补充侦查的理由。②电话通知公安机关补充侦查违法。检察院应当制作补充侦查提纲，连同案卷材料一并退回公安机关补充侦查。③公安机关主动要求对本案进行补充侦查违法。只有检察院才是启动补充侦查的主体。

考点 53

三、法庭审理阶段的补充侦查

（一）补侦主体

1. 检察院。对于需要补充提供法庭审判所必需的证据或者补充侦查的，检察院应当自行收集证据和进行侦查，必要时可以要求监察机关或者公安机关提供协助。

备考提示 主要针对已经指控的犯罪事实的补充侦查，只能由检察院自行进行，不得再退回公安机关或监察机关。

[法条链接]《高检规则》第 422 条第 1 款。

迷你案例

案情：罗某涉嫌盗窃一案，在审判阶段，对该盗窃事实需要补充提供法庭审判所必需的证据或者补充侦查。

问题：此时能否由公安机关补充侦查？

答案：不能。此时检察院应当自行收集证据和进行侦查，必要时可以要求公安机关提供协助。

2. 公安机关。法院宣告判决前，检察院发现遗漏同案犯罪嫌疑人或者罪行的，应当要求公安机关补充移送起诉或者补充侦查；对于犯罪事实清楚，证据确实、充分的，可以直接追加、补充起诉。

备考提示 主要针对漏罪、漏人的补充侦查，应当要求公安机关补充侦查或者补充移送起诉，满足起诉条件的，也可以径行起诉。

[法条链接]《高检规则》第 423 条。

案情：罗某涉嫌盗窃一案，在审判阶段，检察院发现罗某还有强奸的犯罪事实。

问题：此时能否由公安机关补充侦查？

答案：能。此情形应当要求公安机关补充移送起诉或者补充侦查；对于犯罪事实清楚，证据确实、充分的，检察院也可以直接补充起诉。

一招制敌 法庭审理阶段的补侦主体究竟是检察院还是公安机关，关键看“这事赖谁，赖谁就由谁补侦”。

（二）启动方式

审判期间，公诉人发现案件需要补充侦查，建议延期审理的，合议庭可以同意，但建议延期审理不得超过 2 次。

备考提示 法院作为消极中立的裁判者，不会主动启动补充侦查程序。除非审判期间，被告人提出新的立功线索，法院可以建议检察院补充侦查。

[法条链接]《刑诉解释》第 274 条第 1 款、第 277 条第 2 款。

案情：罗某涉嫌盗窃一案，在审判阶段，法院发现罗某还有强奸的犯罪事实。

问题：法院能否建议检察院补充侦查？

答案：不能。此情形法院应当通知检察院，由其决定是否补充起诉强奸的犯罪事实，如果检察院决定不就强奸的犯罪事实提起公诉，法院只能就检察院起诉指控的犯罪事实依法作出裁判。

（三）补侦的期限与次数

1. 补侦期限：应当在 1 个月内补充侦查完毕。

2. 补侦次数：公诉人发现案件需要补充侦查，建议延期审理不得超过 2 次。

[法条链接]《刑事诉讼法》第 175 条第 3 款、第 205 条；《刑诉解释》第 274 条第 1 款。

（四）补侦后的处理程序

1. 人民检察院补充侦查的案件，补充侦查完毕移送人民法院后，人民法院重新计算审理期限。

2. 补充侦查期限届满后，人民检察院未将补充的证据材料移送人民法院的，人民法院可以根据在案证据作出判决、裁定。

[法条链接]《刑事诉讼法》第 208 条第 3 款；《刑诉解释》第 274 条第 3 款。

回顾与应用

总结梳理 侦查相关程序总结

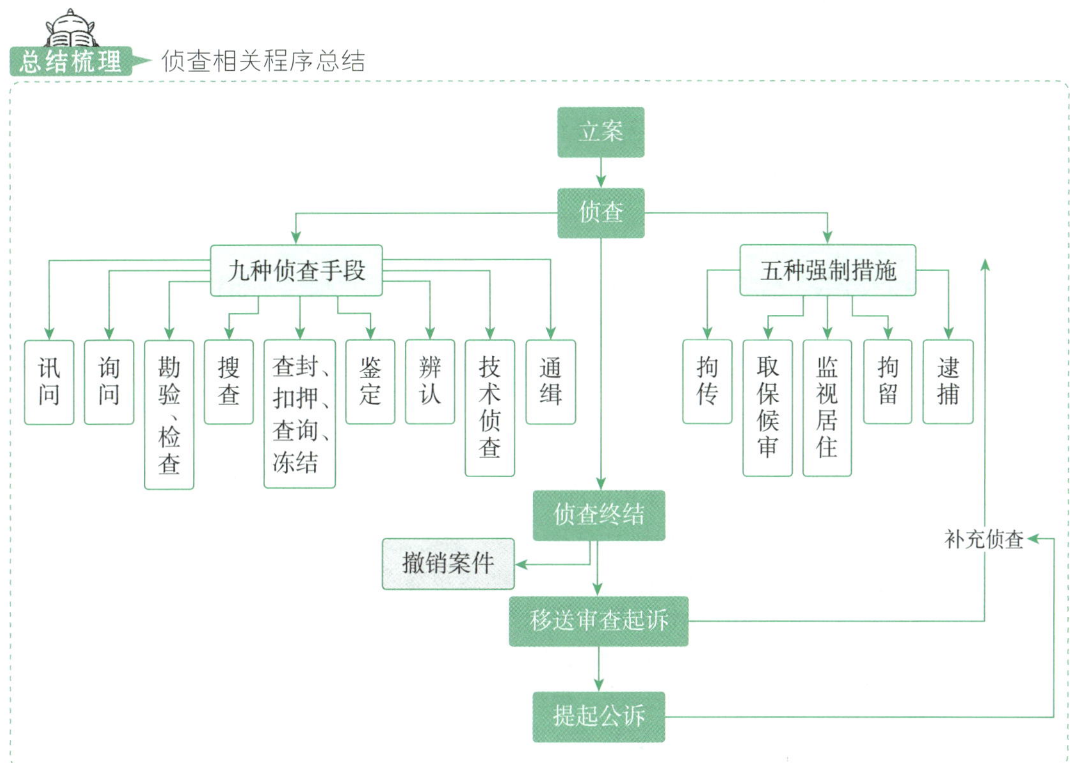

小综案例

[案情] 2016 年 8 月 1 日，某市公安局接到某公司报案，称该公司新购置的 8 台总价值 9 万元的笔记本电脑被盗。该市公安局经过立案侦查，认为该公司已离职员工何某有重大嫌疑。何某于 8 月 3 日上午 10 时被该市公安局拘传到案，其于讯问中交代，由于该公司拒付他应得的一笔约 9 万元的奖金，一气之下伙同高中同学范某盗窃该公司电脑，但何某拒不交代电脑藏于何处。后该市公安局通过技术手段，监听了何某妻子张某的电话，得知何某将被盗电脑交给了张某，并告知张某电脑系其朋友临时寄放。该市公安局于 8 月 4 日决定对何某以涉嫌盗窃罪予以拘留。

侦查人员在指定的某咖啡厅对张某进行询问，张某坚信电脑系何某友人临时寄存，拒不说出电脑存放地点。于是侦查人员称，若不交出电脑，就不让何某吃饭喝水，还说半年前该公司失火案也是何某所为，何某至少要被判处无期徒刑。张某遂说出了电脑存放在其新购置但未装修的一处单元房中。

侦查人员根据张某提供的线索，拿了钥匙后，未向单位汇报，在没有任何人在场的情况下径行开门对该单元房进行了搜查，发现了 8 台电脑，当即予以扣押，同时还发现一件十分珍贵的文物，侦查人员认为该文物来源可疑，遂一并扣押。2 名侦查人员将 8 台电脑摆在何某面前，让何某逐一进行了辨认。何某承认这批电脑正是其盗窃的8台电脑。

何某所供述的同伙范某系办案民警李某的远房表亲，但二人常来常往，关系较密切。为了让范某逃避法律制裁，李某一方面请另一办案民警刘某高抬贵手、网开一面，另一方面通风报信，让范某将作案时所穿衣物尽数焚毁，并告诉他接受讯问时坚称自己毫不知情，完全是被何某陷害。范某担心被追究刑事责任，惊慌中潜逃至省外。该市公安局于是决定并发布了通缉令，对范某进行了通缉。

问题：请指出本案中有哪些程序错误。

答案

（1）本案采用技术手段，监听何某妻子张某的电话程序违法。根据《刑事诉讼法》第150条第1款的规定，公安机关在立案后，对于危害国家安全犯罪、恐怖活动犯罪、黑社会性质的组织犯罪、重大毒品犯罪或者其他严重危害社会的犯罪案件，根据侦查犯罪的需要，经过严格的批准手续，可以采取技术侦查措施。本案是普通的盗窃案，不属于适用技术侦查措施的案件的范围。

（2）侦查人员在指定的某咖啡厅对张某进行询问程序违法。根据《刑事诉讼法》第124条第1款的规定，侦查人员询问证人，可以在现场进行，也可以到证人所在单位、住处或者证人提出的地点进行，在必要的时候，可以通知证人到人民检察院或者公安机关提供证言。在现场询问证人，应当出示工作证件，到证人所在单位、住处或者证人提出的地点询问证人，应当出示人民检察院或者公安机关的证明文件。可知，询问证人不能另行指定地点。

（3）侦查人员威胁张某获取证言程序违法。根据《刑事诉讼法》第52条的规定，审判人员、检察人员、侦查人员必须依照法定程序，收集能够证实犯罪嫌疑人、被告人有罪或者无罪、犯罪情节轻重的各种证据。严禁刑讯逼供和以威胁、引诱、欺骗以及其他非法方法收集证据，不得强迫任何人证实自己有罪。

（4）侦查人员没有依法办理搜查证即径行对何某和张某的房屋进行搜查，这一行为属于非法搜查他人住宅；搜查过程没有见证人在场也违反了《刑事诉讼法》的规定。根据《刑事诉讼法》第138条第1款的规定，进行搜查，必须向被搜查人出示搜查证。根据《刑事诉讼法》第139条第1款的规定，在搜查的时候，应当有被搜查人或者他的家属，邻居或者其他见证人在场。

（5）搜查过程中，侦查人员认为桌上的一件文物来源可疑而予以扣押的行为是错误的。根据《刑事诉讼法》第141条第1款的规定，在侦查活动中发现的可用以证明犯罪嫌疑人有罪或者无罪的各种财物、文件，应当查封、扣押；与案件无关的财物、文件，不得查封、扣押。

（6）让何某对8台涉案电脑进行辨认时，没有对辨认对象进行混杂程序违法。根据《公安部规定》第260条的规定，辨认时，应当将辨认对象混杂在特征相类似的其他对象中，不得在辨认前向辨认人展示辨认对象及其影像资料，不得给辨认人任何暗示。辨认犯罪嫌疑人时，被辨认的人数不得少于7人；对犯罪嫌疑人照片进行辨认的，不得少于10人的照片。辨认物品时，混杂的同类物品不得少于5件；对物品的照片进行辨认的，不得少于10个物品的照片。对场所、尸体等特定辨认对象进行辨认，或者辨认人能够准确描述物品独有特征的，陪衬物不受数量的限制。

（7）该市公安局决定并发布通缉令，对潜逃至省外的范某进行通缉程序违法。根据《刑事诉讼法》第 155 条的规定，应当逮捕的犯罪嫌疑人如果在逃，公安机关可以发布通缉令，采取有效措施，追捕归案。各级公安机关在自己管辖的地区以内，可以直接发布通缉令；超出自己管辖的地区，应当报请有权决定的上级机关发布。

昨日种种，皆成今我；
切莫思量，更莫哀。
从今往后，怎么收获，怎么栽。

起　诉

考情概述

起诉程序衔接了侦查（调查）程序与审判程序，不管是公安机关侦查的案件，还是监察机关调查的案件，只有经过了检察院的审查起诉，方可向法院启动公诉程序。本讲首先需要同学们掌握检察院审查起诉中针对不同特殊情形（材料不全、管辖错误、漏罪漏人、发现新罪、补充侦查）的处理方式以及审查起诉后的处理结果（起诉、不起诉、程序倒流）；其次，需要重点掌握不起诉的种类，即法定不起诉、酌定不起诉、存疑不起诉、附条件不起诉；最后，同学们还要注意检察院如果不起诉，相关主体的救济方法。

一、基本概述

（一）审查主体

凡需要提起公诉的案件，一律由人民检察院审查决定。

[法条链接]《刑事诉讼法》第 169 条。

（二）监察程序与刑事诉讼程序的衔接

《监察法》的出台，标志着我国监察体制改革成果进一步固化为国家法律制度，其以法律的形式将原属于检察院的职务犯罪侦查职能与机构转移至监察委员会，并对监察委员会与司法机关的相关职能与程序的衔接和协调作出了具体规定。《监察法》与《刑事诉讼法》

的衔接内容，主要体现在监察调查程序与刑事诉讼侦查程序、审查起诉程序的承接和过渡。

1. 管辖问题的衔接

（1）公、检、法等机关在工作中发现公职人员涉嫌贪污贿赂、失职渎职等职务违法或者职务犯罪的问题线索，应当移送监察机关，由监察机关依法调查处置。被调查人既涉嫌严重职务违法或者职务犯罪，又涉嫌其他违法犯罪的，一般应当由监察机关为主调查，其他机关予以协助。

（2）监察机关对于报案或者举报，应当接受并按照有关规定处理。对于不属于本机关管辖的，应当移送主管机关处理。

[法条链接]《监察法》第 37、38 条。

备考提示 2019 年主观题考查了职务犯罪的管辖分工问题。

[举案说法] 公安机关在侦查税务局局长鄢某盗窃一案中，发现鄢某还涉嫌受贿一案。公安机关应当将受贿案的犯罪线索移送监察机关，本案一般应当由监察机关为主调查，公安机关予以协助。

一招制敌 必须掌握普通案件和监察案件的分工与竞合问题，如果考到普通案件和职务犯罪案件交叉，记住一句话："该谁给谁，监察为主。"详情参见"管辖"一讲。

2. 监察机关的调查手段

《监察法》赋予了监察委员会采取谈话、询问、讯问、查询、冻结、调取、查封、扣押、搜查、勘验检查、鉴定、强制到案、责令候查、管护、留置等调查措施的权利。这些措施不同于侦查机关对普通犯罪采取的侦查措施，前者依据《监察法》，后者依据《刑事诉讼法》，二者在性质上有着本质的区别。在监察机关调查程序中，被调查人无权委托辩护人，监察机关也不能对被调查人采取刑事强制措施。备考中请同学们重点关注以下四个条文：

[法条链接]《监察法》第 27、31、32、44 条。

备考提示 监察委员会的各种调查手段，适合出一道程序纠错题，要求考生在案例中找出调查程序的违法之处。关于该问题，同学们在定位法条的时候，应当引用《监察法》，如果引用《刑事诉讼法》作答，属于法律适用错误。

3. 留置措施和强制措施的衔接

对于监察机关移送起诉的已采取留置措施的案件，人民检察院应当对犯罪嫌疑人先行拘留，留置措施自动解除。人民检察院应当在拘留后的 10 日以内作出是否逮捕、取保候审或者监视居住的决定。在特殊情况下，决定的时间可以延长 1～4 日。人民检察院决定采取强制措施的期间不计入审查起诉期限。

备考提示 在考查职务犯罪的案例分析题中，自监察机关将案件移送检察院审查起诉之日起，人民检察院方可依刑事诉讼法对犯罪嫌疑人、被告人采取强制措施。

[法条链接]《刑事诉讼法》第 170 条第 2 款。

案情：罗某贪污一案，在调查阶段，罗某被监察机关采取留置措施；2024 年 3 月 1 日，罗某

考点 54

被移送人民检察院审查起诉。

问1：在人民检察院审查起诉阶段，监察机关能否继续对罗某采取留置措施？

答案：不能。根据《刑事诉讼法》第170条第2款的规定，对于监察机关移送起诉的已采取留置措施的案件，人民检察院应当对犯罪嫌疑人先行拘留，留置措施自动解除。

问2：审查起诉阶段，人民检察院决定退回监察机关补充调查，强制措施是否需要变更为留置措施？

答案：不需要。根据《高检规则》第343条第3款的规定，人民检察院决定退回补充调查的案件，犯罪嫌疑人已被采取强制措施的，应当将退回补充调查情况书面通知强制措施执行机关。监察机关需要讯问的，人民检察院应当予以配合。可知，本案退回补充调查，并不需要将强制措施变更为留置措施。

4. 辩护的衔接

人民检察院应当自收到移送起诉的案卷材料之日起3日以内告知犯罪嫌疑人有权委托辩护人。对已经采取留置措施的，应当在执行拘留时告知。

备考提示 案例分析题中，在监察机关调查阶段，被调查人无权委托辩护人，待案件移送审查起诉之日起，进入刑事诉讼阶段，犯罪嫌疑人方可委托辩护人。

[法条链接]《高检规则》第145条。

[举案说法] 向某盗窃一案，在侦查阶段，向某有权委托辩护律师为其辩护。向某贪污一案，在监察机关调查阶段，向某无权委托辩护人，自案件移送审查起诉之日起，向某方可委托辩护人。

5. 证据材料的衔接

（1）监察机关依照《监察法》规定收集的物证、书证、证人证言、被调查人供述和辩解、视听资料、电子数据等证据材料，在刑事诉讼中可以作为证据使用；

（2）监察机关在收集、固定、审查、运用证据时，应当与刑事审判关于证据的要求和标准相一致；

（3）以非法方法收集的证据应当依法予以排除，不得作为案件处置的依据。

[法条链接]《监察法》第36条。

迷你案例

案情：向某贪污一案，监察机关在调查阶段对向某使用暴力手段收集供述。

问题：该供述能否作为人民法院的定案依据？

答案：不能。根据《监察法》第36条第2、3款的规定，监察机关在收集、固定、审查、运用证据时，应当与刑事审判关于证据的要求和标准相一致。以非法方法收集的证据应当依法予以排除，不得作为案件处置的依据。

6. 涉案财物的衔接

（1）监察机关经调查，对违法取得的财物，依法予以没收、追缴或者责令退赔；

（2）对涉嫌犯罪取得的财物，应当随案移送人民检察院。

[法条链接]《监察法》第53条。

7. 审查决定的衔接

（1）人民检察院经审查，认为犯罪事实已经查清，证据确实、充分，依法应当追究刑事责任的，应当作出起诉决定。

（2）人民检察院经审查，认为需要补充核实的，应当退回监察机关补充调查，必要时可以自行补充侦查。对于补充调查的案件，应当在 1 个月内补充调查完毕。补充调查以 2 次为限。

（3）人民检察院对于符合不起诉的情形的，经上一级人民检察院批准，依法作出不起诉的决定。监察机关认为不起诉的决定有错误的，可以向上一级人民检察院提请复议。

[法条链接]《监察法》第 54 条第 2~4 款。

迷你案例

案情：向某贪污一案，怀化市鹤城区人民检察院经过审查，认为向某没有贪污的犯罪事实。

问 1：鹤城区人民检察院该如何处理？

答案：鹤城区人民检察院经怀化市人民检察院批准，依法作出不起诉的决定。根据《监察法》第 54 条第 4 款的规定，人民检察院对于有《刑事诉讼法》规定的不起诉的情形的，经上一级人民检察院批准，依法作出不起诉的决定。

问 2：若监察机关不服处理决定，该如何救济？

答案：监察机关认为不起诉的决定有错误的，可以向怀化市人民检察院提请复议。根据《监察法》第 54 条第 4 款的规定，监察机关认为不起诉的决定有错误的，可以向上一级人民检察院提请复议。

8. 监察程序与特别程序的转换

（1）监察机关在调查贪污贿赂、失职渎职等职务犯罪案件过程中，被调查人逃匿或者死亡，有必要继续调查的，应当继续调查并作出结论；

（2）被调查人逃匿，在通缉 1 年后不能到案，或者死亡的，由监察机关提请人民检察院依照法定程序，向人民法院提出没收违法所得的申请。

[法条链接]《监察法》第 55 条。

迷你案例

案情：向某贪污一案，涉案金额为 50 万元，在监察机关调查过程中，向某自杀身亡。

问题：本案监察机关该如何处理？

答案：①有必要继续调查的，应当继续调查并作出结论；②对于涉案的赃款赃物，由监察机关提请人民检察院依照法定程序，向人民法院提出没收违法所得的申请。

（三）审查期限

1. 人民检察院对于监察机关、公安机关移送起诉的案件，应当在 1 个月以内作出决定，重大、复杂的案件，可以延长 15 日。

2. 犯罪嫌疑人认罪认罚，符合速裁程序适用条件的，应当在 10 日以内作出决定，对可能判处的有期徒刑超过 1 年的，可以延长至 15 日。

3. 人民检察院审查起诉的案件，改变管辖的，从改变后的人民检察院收到案件之日起计算审查起诉期限。

[法条链接]《刑事诉讼法》第172条。

（四）必经程序

人民检察院审查案件，应当讯问犯罪嫌疑人，听取辩护人或者值班律师、被害人及其诉讼代理人的意见，并记录在案。辩护人或者值班律师、被害人及其诉讼代理人提出书面意见的，应当附卷。

[法条链接]《刑事诉讼法》第173条第1款。

二、审查起诉中的认罪认罚程序（重点）

详见考点6“认罪认罚从宽原则”。

三、审查起诉中特殊情形的处理

（一）材料不齐备

经审查，认为案卷材料不齐备的，应当及时要求移送案件的单位补送相关材料。对于案卷装订不符合要求的，应当要求移送案件的单位重新装订后移送。

[法条链接]《高检规则》第158条第2款。

（二）同案犯在逃

对于移送起诉的案件，犯罪嫌疑人在逃的，应当要求公安机关采取措施保证犯罪嫌疑人到案后再移送起诉。共同犯罪案件中部分犯罪嫌疑人在逃的，对在案犯罪嫌疑人的移送起诉应当受理。

[法条链接]《高检规则》第158条第3款。

（三）管辖问题

1. 各级人民检察院提起公诉，应当与人民法院审判管辖相适应。负责捕诉的部门收到移送起诉的案件后，经审查认为不属于本院管辖的，应当在发现之日起5日以内经由负责案件管理的部门移送有管辖权的人民检察院，同时通知移送起诉的公安机关。

[法条链接]《高检规则》第328条。

迷你案例

案情：吴某强奸一案，经朝阳区公安分局侦查终结，移送至朝阳区人民检察院。经审查，朝阳区人民检察院认为本案应当由海淀区人民法院审理。

问题：本案应当如何处理？

答案：朝阳区人民检察院应当将案件移送海淀区人民检察院，同时通知朝阳区公安分局。

2. 检察院、公安、监察委之间误查

（1）检察院误查了监察委案件：人民检察院立案侦查时认为属于直接受理侦查的案件，在审查起诉阶段发现属于监察机关管辖的，应当及时商监察机关办理。

（2）检察院误查了公安案件：人民检察院立案侦查时认为属于直接受理侦查的案件，

在审查起诉阶段发现属于公安机关管辖，案件事实清楚，证据确实、充分，符合起诉条件的，可以直接起诉；事实不清、证据不足的，应当及时移送有管辖权的机关办理。

（3）公安、监察委误查了彼此的案件：在审查起诉阶段，发现公安机关移送起诉的案件属于监察机关管辖，或者监察机关移送起诉的案件属于公安机关管辖，但案件事实清楚，证据确实、充分，符合起诉条件的，经征求监察机关、公安机关意见后，没有不同意见的，可以直接起诉；提出不同意见，或者事实不清、证据不足的，应当将案件退回移送案件的机关并说明理由，建议其移送有管辖权的机关办理。

[法条链接]《高检规则》第 357 条。

迷你案例

案情：人民检察院在审查起诉中，发现公安机关移送的罗某受贿一案属于监察机关调查的案件范围。

问题：本案应当如何处理？

答案：如果案件事实清楚，证据确实、充分，符合起诉条件，经征求监察机关、公安机关意见后，没有不同意见的，可以直接起诉；如果提出不同意见，或者事实不清、证据不足，则应当将案件退回公安机关并说明理由，建议其移送监察机关办理。

（四）漏罪、漏人问题

人民检察院在办理公安机关移送起诉的案件中，发现遗漏罪行或者有依法应当移送起诉的同案犯罪嫌疑人未移送起诉的，应当要求公安机关补充侦查或者补充移送起诉。对于犯罪事实清楚，证据确实、充分的，也可以直接提起公诉。

备考提示 发现漏罪、漏人的，有三种处理方式：①要求公安机关补充侦查；②要求公安机关补充移送起诉；③满足起诉条件的，可以直接提起公诉。

[法条链接]《高检规则》第 356 条。

迷你案例

案情：检察院审查刘某强奸一案，发现了刘某的同事高某抢劫一案的犯罪线索，且犯罪事实清楚，证据确实、充分。

问题：此时能否直接提起公诉？

答案：不能。由于高某抢劫案既不属于漏罪，也不属于漏人，因此，检察院的正确做法是将高某抢劫案的犯罪线索移送公安机关另案处理。

（五）发现新罪问题

人民检察院对已经退回监察机关 2 次补充调查或者退回公安机关 2 次补充侦查的案件，在审查起诉中又发现新的犯罪事实，应当将线索移送监察机关或者公安机关。对已经查清的犯罪事实，应当依法提起公诉。

[法条链接]《高检规则》第 349 条。

迷你案例

案情：人民检察院审查刘某强奸一案，在退回公安机关 2 次补充侦查后，发现刘某还涉嫌一起贩毒案。

问题：人民检察院应当如何处理？

答案：人民检察院应当将贩毒案的犯罪线索移送公安机关；对已经查清的强奸案的犯罪事实，应当依法提起公诉。

55

审查起诉后的处理

一、起诉

人民检察院认为犯罪嫌疑人的犯罪事实已经查清，证据确实、充分，依法应当追究刑事责任的，应当作出起诉决定，按照审判管辖的规定，向人民法院提起公诉，并将案卷材料、证据移送人民法院。

备考提示 提起公诉需要满足下列条件：①犯罪嫌疑人的犯罪事实已经查清；②证据确实、充分；③依法应当追究刑事责任。

[法条链接]《刑事诉讼法》第176条第1款。

二、不起诉

（一）不起诉的种类

1. 法定不起诉

犯罪嫌疑人没有犯罪事实，或者有《刑事诉讼法》第16条规定的情形之一的，人民检察院应当作出不起诉决定。

一招制敌 法定不起诉的情形可以概括为：显著轻、过时效，特赦、告诉和死掉，还有无罪绝不诉。

[法条链接]《刑事诉讼法》第177条第1款。

备考提示 对于公安机关、监察机关移送起诉的案件，如果发现有法定不起诉的情形，则经检察长批准，应当作出不起诉决定。只是二者程序还是有些差别，如果是监察机关移送起诉的案件，则不起诉决定还应当报请上一级人民检察院批准。

[法条链接]《高检规则》第365条第1款、第371条。

迷你案例

1. 案情：人民检察院在审查起诉高某盗窃一案时，发现根本就没有盗窃行为发生。

   问题：此时人民检察院应当如何处理？

   答案：经检察长批准，应当作出不起诉决定。

2. 案情：人民检察院在审查起诉贾某贪污一案时，发现根本就没有贪污行为发生。

问题：此时人民检察院应当如何处理？

答案：经上一级人民检察院检察长批准，应当作出不起诉决定。

备考提示 对于人民检察院负责侦查的部门移送起诉的案件，如果出现法定不起诉的情形，则正确的处理方式是：应当退回本院负责侦查的部门，建议撤销案件。

[法条链接]《高检规则》第366条。

迷你案例

案情：人民检察院捕诉部门在审查起诉罗某刑讯逼供一案时，发现罗某没有实施犯罪行为。

问题：此时人民检察院应当如何处理？

答案：应当退回本院负责侦查的部门，建议作出撤销案件的处理。

备考提示 对于监察机关或者公安机关移送起诉的案件，如果发现犯罪事实并非犯罪嫌疑人所为，需要重新调查或者侦查，则处理方式分两步：①作出法定不起诉的决定；②书面说明理由，将案卷材料退回监察机关或者公安机关并建议重新调查或者侦查。

[法条链接]《高检规则》第365条第2款。

迷你案例

案情：人民检察院在审查起诉向某盗窃一案时，发现该盗窃行为并非向某所为。

问题：此时人民检察院应当如何处理？

答案：应当对向某作出不起诉决定，然后书面说明理由，将案卷材料退回公安机关并建议公安机关重新侦查。

2. 酌定不起诉

对于犯罪情节轻微，依照《刑法》规定不需要判处刑罚或者免除刑罚的，人民检察院可以作出不起诉决定。

备考提示 酌定不起诉必须同时具备两个条件：①犯罪嫌疑人实施的行为触犯了刑法，符合犯罪构成的要件，已经构成犯罪；②犯罪行为情节轻微，依照《刑法》规定不需要判处刑罚或者免除刑罚。

一招制敌 酌定不起诉的条件可以概括为：有罪、轻微、不判刑，可以酌定不起诉。

[法条链接]《刑事诉讼法》第177条第2款。

迷你案例

案情：罗小翔涉嫌故意伤害罪，经鉴定，被害人殷某受到的伤害为轻伤，但罗小翔的犯罪情节轻微，且罗小翔是聋哑人。

问题：此情形检察院可否作不起诉决定？

答案：可以。本案属于犯罪情节轻微，依照《刑法》规定不需要判处刑罚或者免除刑罚的情形，检察院可以作出不起诉决定。

3. 存疑不起诉

（1）人民检察院对于2次退回补充侦查（调查）的案件，仍然认为证据不足，不符合起诉条件的，经检察长批准，依法作出不起诉决定；

（2）人民检察院对于经过1次退回补充侦查（调查）的案件，认为证据不足，不符合起诉条件，且没有再次退回补充侦查（调查）必要的，经检察长批准，可以作出不起诉决定。

一招制敌 存疑不起诉的条件可以概括为：1次补侦可不诉，2次补侦应不诉。

备考提示 存疑不起诉后，在发现新的证据，符合起诉条件时，还可以再次提起公诉。

[法条链接]《高检规则》第367条。

迷你案例

案情：甲、乙、丙、丁四人涉嫌多次结伙盗窃，公安机关侦查终结移送审查起诉后，甲突然死亡。检察院审查后发现，甲和乙共同盗窃1次，数额未达刑事立案标准；乙和丙共同盗窃1次，数额刚达刑事立案标准；甲、丙、丁三人共同盗窃1次，数额巨大，但经2次退回公安机关补充侦查后仍证据不足；乙对其参与的2起盗窃有自首情节。

问题：关于本案，对甲、乙、丙、丁分别应当如何处理？

答案：①本案中，甲已经死亡，对甲应当作出法定不起诉决定；②乙虽然构成犯罪，但是犯罪情节轻微，可以酌定不起诉；③丙构成犯罪，符合起诉条件，应当作出起诉决定；④丁的犯罪事实不清、证据不足，经2次退回公安机关补充侦查后，应当对其作出存疑不起诉决定。

（二）不起诉的救济程序

1. 公安机关。公安机关认为不起诉的决定有错误的时候，可以要求复议，如果意见不被接受，可以向上一级人民检察院提请复核。

[法条链接]《刑事诉讼法》第179条。

2. 监察机关。监察机关认为不起诉的决定有错误的，可以向上一级人民检察院提请复议。

[法条链接]《监察法》第54条第4款。

3. 被害人

（1）对于人民检察院作出的不起诉决定，被害人如果不服，可以自收到决定书后7日以内向上一级人民检察院申诉，请求提起公诉。对人民检察院维持不起诉决定的，被害人可以向人民法院起诉。

（2）被害人也可以不经申诉，直接向人民法院起诉。人民法院受理案件后，人民检察院应当将有关案件材料移送人民法院。

[法条链接]《刑事诉讼法》第180条。

4. 被不起诉人。对于人民检察院作出的酌定不起诉决定，被不起诉人如果不服，可以自收到决定书后7日以内向人民检察院申诉。

[法条链接]《刑事诉讼法》第181条。

案情：公安人员张三，因涉嫌对李四刑讯逼供被立案侦查。在审查起诉期间，A地基层人

民检察院认为张三犯罪情节轻微，不需要判处刑罚，遂作不起诉处理。

问题：若张三、李四均不服，该如何救济？

答案：张三作为被不起诉人，不服该不起诉决定的，可以自收到不起诉决定书后7日内向A地基层人民检察院申诉。李四作为被害人，不服该不起诉决定的，可以自收到不起诉决定书后7日内向上一级人民检察院申诉，请求提起公诉；李四也可以直接向人民法院起诉。

回 顾

总结梳理 审查起诉相关程序总结

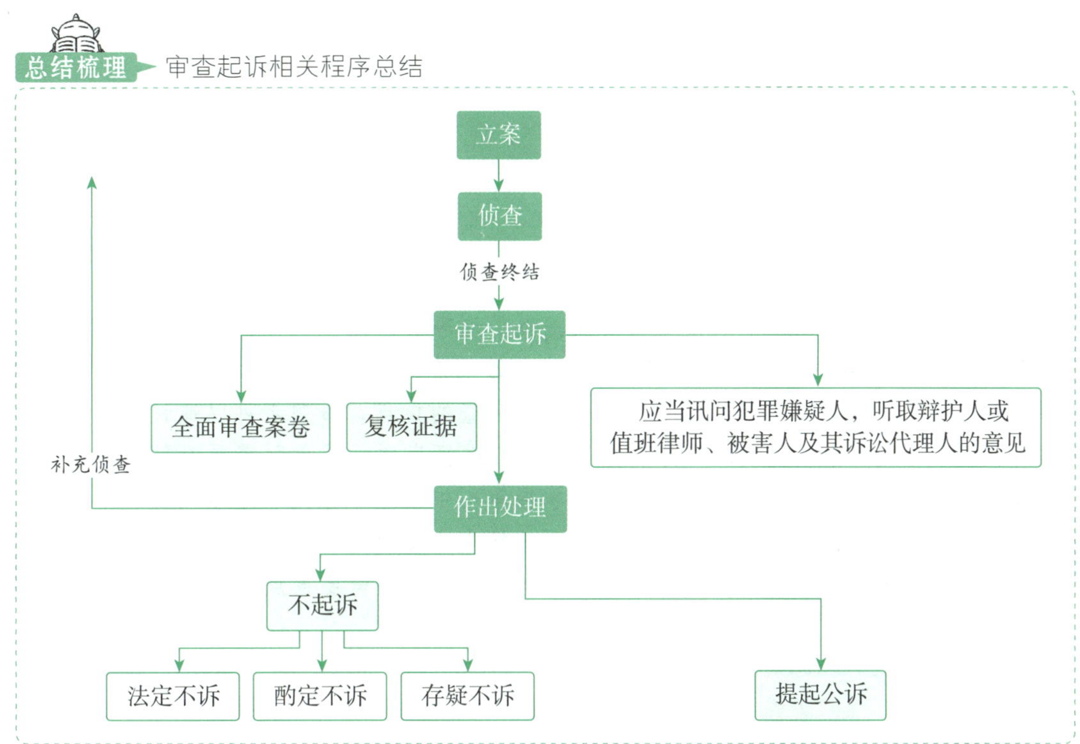

考点55

审判概述

考情概述

审判是所有诉讼程序中最核心的阶段，也是刑事诉讼法案例分析题中考点最密集的部分。在近10年的主观题中，有9年的试题涉及审判程序。在“以审判为中心”的诉讼制度改革的背景下，审判程序依旧是程序考查的重点。命题者可以通过一个刑事案件，将一审、二审、复核以及再审的所有环节进行串联，考生则需要对每一个审判阶段的特殊问题进行梳理总结。本讲需要掌握审判中的基本原则和基本制度。审判的基本原则包括审判公开原则、直接言词原则、集中审理原则，考生需要重视这些原则的含义以及在案例中的体现。至于审判的基本制度，考生需要重点掌握审级制度（两审终审制）和审判组织（独任庭、合议庭、审判委员会）。

审判原则

一、审判公开原则

审判公开原则，是指人民法院审判案件，除了法律规定的特殊情形外，都公开进行。

1. 绝对不公开的案件：①有关国家秘密的案件（如间谍案等）；②有关个人隐私的案件（如强奸案等）；③审判的时候被告人不满18周岁的案件。

2. 相对不公开的案件：涉及商业秘密的案件，当事人申请不公开审理的，可以不公开审理。

备考提示 无论如何，宣判一律公开，合议庭评议一律不公开。

[举案说法] 吴某某强奸一案，由于涉及个人隐私，不能公开审理，但是宣判仍然要公开。

二、直接言词原则

直接言词原则，是指法官必须在法庭上亲自听取被告人、证人及其他诉讼参与人的陈述，案件事实和证据必须以口头方式向法庭提出，调查证据以口头辩论、质证、辨认方式进行。

该原则在案例中的体现：①及时通知有关人员出庭；②开庭审理中，合议庭成员必须始终在庭，参加庭审的全过程；③所有证据都必须当庭出示、当庭质证，证人不出庭只能是例外；④保证控辩双方有充分的陈述和辩论的机会和时间。

一招制敌 直接言词原则的特点可以概括为：亲自面对，口头陈述。

[举案说法] 吴某某强奸一案，向法官在审理中途离开法庭接电话，辩护人提出异议并要求休庭，审判长予以拒绝。40 分钟后，向法官返回法庭继续参与审理。向法官长时间离开法庭的行为违反了直接言词原则。

三、集中审理原则

集中审理原则，又称不中断审理原则，是指人民法院开庭审理案件，应在不更换审判人员的条件下连续进行，不得中断审理的诉讼原则。

该原则在案例中的体现：①每起案件自始至终应由同一法庭进行审判；②法庭成员不得更换；③集中证据调查与法庭辩论；④庭审不中断并迅速作出裁判。

备考提示 万不得已更换法官或者庭审中断时间较长的，应当重新进行审理。

一招制敌 集中审理原则的特点可以概括为：人不换、事不断。

[举案说法] 吴某某强奸一案，向法官在审理中途离开法庭接电话，由高法官代替其进入法庭继续参与审理。该行为违反了集中审理原则。

[法条链接]《刑诉解释》第 301 条 庭审结束后、评议前，部分合议庭成员不能继续履行审判职责的，人民法院应当依法更换合议庭组成人员，重新开庭审理。

评议后、宣判前，部分合议庭成员因调动、退休等正常原因不能参加宣判，在不改变原评议结论的情况下，可以由审判本案的其他审判员宣判，裁判文书上仍署审判本案的合议庭成员的姓名。

迷你案例

案情：罗某强奸一案，庭审结束后、评议前，合议庭成员向某因贪污被立案调查，不能继续履行审判职责。

问题：此时法院应当如何处理？

答案：法院应当依法更换合议庭组成人员，重新开庭审理。

一、刑事审判程序

刑事审判程序，是指人民法院审判刑事案件的步骤和方式、方法的总和。我国《刑事诉讼法》规定了以下四种基本的审判程序：

1. 一审程序：人民法院根据审判管辖的规定，对人民检察院提起公诉和自诉人自诉的案件进行初次审判的程序。

2. 二审程序：人民法院对上诉、抗诉案件进行审判的程序。

3. 复核程序：包括死刑复核程序以及人民法院根据《刑法》第63条第2款的规定在法定刑以下判处刑罚的案件的复核程序。

4. 审判监督程序：对已经发生法律效力的判决、裁定，在发现确有错误时，进行重新审判的程序。

二、两审终审制

我国实行两审终审制，一个案件最多经过两级人民法院审判即告终结。注意下列例外情形：

1. 一审就终审的：最高人民法院审理的一审案件为一审终审，其判决、裁定一经作出，立即发生法律效力。

2. 二审仍未生效的

（1）死刑案件，必须依法经过死刑复核程序核准后，才能发生法律效力，交付执行；

（2）地方各级人民法院在法定刑以下判处刑罚的案件，必须经最高人民法院核准，其判决、裁定才能发生法律效力并交付执行。

案情：罗某故意伤害一案，被告人罗某认罪认罚，一审法院决定适用速裁程序。

问题：罗某若不服一审判决，能否提出上诉？

答案：可以。本案虽然适用速裁程序，但并不是一审终审的特殊案件，罗某仍然享有上诉权。

58 审判组织

审判组织，是指人民法院审判案件的组织形式。人民法院审判刑事案件的组织形式有三种，即独任庭、合议庭和审判委员会。

一、独任庭

基层人民法院适用简易程序、速裁程序的案件可以由审判员 1 人独任审判。

1. 适用简易程序审理案件，对可能判处 3 年有期徒刑以下刑罚的，可以组成合议庭进行审判，也可以由审判员 1 人独任审判；对可能判处的有期徒刑超过 3 年的，应当组成合议庭进行审判。

2. 适用速裁程序的案件，由审判员 1 人独任审判。

一招制敌 独任庭适用的情形可以概括为：基层简速可独任，简易未必是独任，速裁一定是独任。

［法条链接］《刑事诉讼法》第 183 条第 1 款、第 216 条第 1 款、第 222 条第 1 款。

二、合议庭

合议庭，是指由审判人员或者由审判人员和人民陪审员组成审判集体，对具体案件进行审判的制度。

一审合议庭（可有陪审员）	基层法院	1 人	适用简易程序、速裁程序的案件可以由审判员 1 人独任审判。
		3 人	审判员 3 人组成合议庭。
		3、7 人	审判员和人民陪审员共 3 人或 7 人组成合议庭。
	中院	3 人	审判员 3 人组成合议庭。
		3、7 人	审判员和人民陪审员共 3 人或 7 人组成合议庭。
	高院	3、5、7 人	审判员 3 人至 7 人组成合议庭。
		3、7 人	审判员和人民陪审员共 3 人或 7 人组成合议庭。
	最高院	3、5、7 人	审判员 3 人至 7 人组成合议庭。
二审合议庭	上诉和抗诉案件，由审判员 3 人或 5 人组成合议庭进行。 备考提示 二审合议庭中不能出现人民陪审员。		
复核庭	死刑复核和死缓复核案件，由 3 人组成合议庭，且只能由审判员组成。 备考提示 复核合议庭中不能出现人民陪审员。		
重审、再审	应当另行组成合议庭进行审理；应当分别按照一审、二审程序组成合议庭。		

一招制敌 上述情形可以概括为：基层简速可独任，其他通通用合议；法官低3高到357，法陪通通3或7；地方一审可以陪，最高专业不用陪；二审法官3或5，复核法官仅3人；再审具体看几审，重审另组合议庭。

[法条链接]《刑事诉讼法》第183、239、249条，第256条第1款。

迷你案例

案情：北京市朝阳区法院审理吴某某强奸一案，适用合议庭的审理方式。

问题：请分别简述本案一、二审合议庭的组成情况。

答案：①本案朝阳区法院一审合议庭组成情形如下：如果是审判员组成合议庭，由3名审判员组成；如果是审判员加陪审员组成合议庭，则可以是3人或7人。②本案二审法院由审判员3人或5人组成合议庭。

三、审判委员会

合议庭开庭审理并且评议后，应当作出判决。对于疑难、复杂、重大的案件，合议庭认为难以作出决定的，由合议庭提请院长决定提交审判委员会讨论决定。审判委员会的决定，合议庭应当执行。对下列案件，合议庭应当提请院长决定提交审判委员会讨论决定：

1. 高院、中院拟判处死刑立即执行的案件，以及中院拟判处死刑缓期执行的案件。
2. 本院已经发生法律效力的判决、裁定确有错误需要再审的案件。
3. 检察院依照审判监督程序提出抗诉的案件。

一招制敌 应当提请院长决定提交审委会的案件可以概括为：抗、死要再审。

[法条链接]《刑事诉讼法》第185条；《刑诉解释》第216条第2款。

59 人民陪审员制度

一、担任条件

1. 下列人员不能担任人民陪审员：①人民代表大会常务委员会的组成人员，监察委员会、人民法院、人民检察院、公安机关、国家安全机关、司法行政机关的工作人员；②律师、公证员、仲裁员、基层法律服务工作者；③其他因职务原因不适宜担任人民陪审员的人员。

2. 有下列情形之一的，不得担任人民陪审员：①受过刑事处罚的；②被开除公职的；③被吊销律师、公证员执业证书的；④被纳入失信被执行人名单的；⑤因受惩戒被免除人民陪审员职务的；⑥其他有严重违法违纪行为，可能影响司法公信的。

一招制敌 关于不能担任人民陪审员的情形可以概括为：公检法司常安监，仲基律师公证员；受刑开除吊执照，纳入失信惩戒严。

[法条链接]《人民陪审员法》第6、7条。

迷你案例

案情：向某曾经在法院刑庭担任审判员，后辞职做律师，专门从事刑事辩护工作。工作5年后，向某注销了其律师执业证书，从事演艺工作。

问题：向某能否担任人民陪审员？

答案：可以。向某主动注销律师执业证书，并不属于禁止担任人民陪审员的情形。如果向某是被吊销律师执业证书，则不能担任人民陪审员。

二、适用范围

（一）依职权适用陪审的案件

1. 第一审刑事、民事、行政案件，有下列情形之一的，由人民陪审员和法官组成合议庭进行：①涉及群体利益、公共利益的；②人民群众广泛关注或者其他社会影响较大的；③案情复杂或者有其他情形，需要由人民陪审员参加审判的。

一招制敌 人民陪审员参加的案件仅限于一审程序，且考量因素主要包括群体利益、公共利益、社会影响、复杂程度等。

[法条链接]《人民陪审员法》第15条第1款。

2. 下列第一审案件，由人民陪审员和法官组成七人合议庭进行：①可能判处10年以上有期徒刑、无期徒刑、死刑，社会影响重大的刑事案件；②根据《民事诉讼法》《行政诉讼法》提起的公益诉讼案件；③涉及征地拆迁、生态环境保护、食品药品安全，社会影响重大的案件；④其他社会影响重大的案件。

一招制敌 应当由法官和人民陪审员7人组成合议庭的情形可概括为：征、环、药、十、益。

[法条链接]《人民陪审员法》第16条。

（二）依申请适用陪审的案件

第一审刑事案件被告人、民事案件原告或者被告、行政案件原告申请由人民陪审员参加合议庭审判的，人民法院可以决定由人民陪审员和法官组成合议庭审判。

[法条链接]《人民陪审员法》第17条。

三、人民陪审员陪审组合方式

人民陪审员和法官组成合议庭审判案件，由法官担任审判长，可以组成三人合议庭，也可以由法官3人与人民陪审员4人组成七人合议庭。

一招制敌 法官和人民陪审员组成合议庭，只能是3人或7人。

[法条链接]《人民陪审员法》第14条。

四、人民陪审员的权利

人民陪审员依法参加人民法院的审判活动，除法律另有规定外，同法官有同等权利。

1. 人民陪审员参加三人合议庭审判案件，对事实认定、法律适用，独立发表意见，行使表决权。

2. 人民陪审员参加七人合议庭审判案件，对事实认定，独立发表意见，并与法官共同表决；对法律适用，可以发表意见，但不参加表决。

［法条链接］《人民陪审员法》第 2 条第 2 款，第 21、22 条。

案情：吴某某强奸一案，吴某某可能被判处 10 年以上有期徒刑，且社会影响重大。

问题：请简述本案一审合议庭成员的权限差异。

答案：根据《人民陪审员法》第 16 条第 1 项的规定，本案应当由人民陪审员和法官组成七人合议庭进行。又根据《人民陪审员法》第 22 条的规定，人民陪审员参加七人合议庭审判案件，对事实认定，独立发表意见，并与法官共同表决；对法律适用，可以发表意见，但不参加表决。

不要急于获得未来的答案，
该来的都在路上。

一审程序

考情概述

一审程序是所有刑事案件审理所必经的程序，其规定是最完整、最全面的，在其他审判程序没有特别规定的情况下，可以直接适用一审程序的规定。因此，一审程序是整个审判程序的重中之重。同学们除了要掌握公诉案件的普通审理程序外，还要掌握自诉案件的审理程序、简易程序的范围和特征，重点掌握2018年修正的《刑事诉讼法》增加的速裁程序，以及2021年修改的《刑诉解释》对庭前会议的有关问题作出的专门规定。

60 庭前活动

一、庭前审查

公诉案件的庭前审查，是指人民法院对人民检察院提起公诉的案件进行庭前审查，以决定是否开庭审判的活动。

（一）审查方式

审查的方法应为书面审查，即通过审阅起诉书等方式来审查。

备考提示 公诉案件的庭前审查是一种程序性审查，并不是对案件进行审理，它不解决对被告人的定罪量刑问题。

迷你案例

案情：罗某抢劫一案，一审法院在庭前审查阶段进行审查。

问题：此时是否需要审查检察院指控罪名是否准确？

答案：不需要。因为庭前审查是程序性审查，而指控罪名是否准确属于实体问题，需要到庭审阶段再进行实质性审查。

（二）审查范围

人民法院对提起公诉的案件进行审查后，对于起诉书中有明确的指控犯罪事实并且附有案卷材料、证据的，应当决定开庭审判，不得以上述材料不充足为由而不开庭审判。

［法条链接］《六机关规定》第25条第1款。

备考提示 庭前审查的范围是全部案卷材料（包括证据材料）。

（三）审查结果

人民法院对提起公诉的案件审查后，应当按照下列情形分别处理：

1. 不属于本院管辖的，应当退回人民检察院。

2. 属于《刑事诉讼法》第16条第2~6项规定情形的，应当退回人民检察院；属于告诉才处理的案件，应当同时告知被害人有权提起自诉。

3. 被告人不在案的，应当退回人民检察院；但是，对人民检察院按照缺席审判程序提起公诉的，应当依照缺席审判程序的规定作出处理。

4. 依法需要补充材料的，应当通知人民检察院在3日以内补送。

5. 因证据不足宣告被告人无罪后，人民检察院根据新的事实、证据重新起诉的，应当依法受理。

6. 因人民检察院要求撤回起诉而裁定准许撤诉的案件，没有新的影响定罪量刑的事实、证据，重新起诉的，应当退回人民检察院。

7. 被告人真实身份不明，但符合《刑事诉讼法》第160条第2款规定的，应当依法受理。

一招制敌 庭前审查后退回检察院的情形可以概括为：管辖错、人不在、无新证再起诉、16条2~6，统统退回检察院。

［法条链接］《刑诉解释》第219条第1款。

案情：某县法院在对杨某绑架一案进行庭前审查时，发现杨某在绑架的过程中杀害了人质。

问题：该县法院应当如何处理？

答案：该县法院应当将案件退回检察院。因为在绑架的过程中杀害了人质可能会被判处无期徒刑、死刑，案件应当由中级法院管辖，基层法院没有管辖权。

二、庭前准备

（一）开庭审判前的准备

开庭审理前，人民法院应当进行下列工作：

1. 确定审判长及合议庭组成人员。

2. 开庭10日以前将起诉书副本送达被告人、辩护人。

3. 通知当事人、法定代理人、辩护人、诉讼代理人在开庭 5 日以前提供证人、鉴定人名单，以及拟当庭出示的证据；申请证人、鉴定人、有专门知识的人出庭的，应当列明有关人员的姓名、性别、年龄、职业、住址、联系方式。

4. 开庭 3 日以前将开庭的时间、地点通知人民检察院。

5. 开庭 3 日以前将传唤当事人的传票和通知辩护人、诉讼代理人、法定代理人、证人、鉴定人等出庭的通知书送达；通知有关人员出庭，也可以采取电话、短信、传真、电子邮件、即时通讯等能够确认对方收悉的方式；对被害人人数众多的涉众型犯罪案件，可以通过互联网公布相关文书，通知有关人员出庭。

6. 公开审理的案件，在开庭 3 日以前公布案由、被告人姓名、开庭时间和地点。

名师点睛：如果是简易程序或者速裁程序，不受上述庭前送达期限的限制。

［法条链接］《刑诉解释》第 221 条第 1 款。

（二）分案与并案

1. 分案审理。对一案起诉的共同犯罪或者关联犯罪案件，被告人人数众多、案情复杂，人民法院经审查认为，分案审理更有利于保障庭审质量和效率的，可以分案审理。分案审理不得影响当事人质证权等诉讼权利的行使。

2. 并案审理。对分案起诉的共同犯罪或者关联犯罪案件，人民法院经审查认为，合并审理更有利于查明案件事实、保障诉讼权利、准确定罪量刑的，可以并案审理。

备考提示

1. 共同犯罪或者关联犯罪案件，究竟是分案审理还是并案审理，要具体问题具体分析。分案审理更有利于保障庭审质量和效率的，可以分案审理；合并审理更有利于查明案件事实、保障诉讼权利、准确定罪量刑的，可以并案审理。

2. 被害人人数众多，且案件不属于附带民事诉讼范围的，被害人可以推选若干代表人参加庭审。

［法条链接］《刑诉解释》第 220、224 条。

迷你案例

案情：刘某危险驾驶一案，刘某的妻子殷某包庇刘某，公安机关对夫妻二人并案侦查，检察院对夫妻二人并案起诉，法院适用简易程序并案审理。审理过程中，刘某反悔，拒不认罪，于是法院决定对二人分案审理。

问题：法院分案审理是否妥当？

答案：妥当。由于刘某不认罪，对其不能继续适用简易程序，而殷某认罪，对其仍然可以适用简易程序。本案分案审理，更有利于保障庭审质量和效率，防止殷某被过分羁押。

（三）庭前会议

1. 召开情形

依职权	案件具有下列情形之一的，人民法院可以决定召开庭前会议： （1）证据材料较多、案情重大复杂的； （2）控辩双方对事实、证据存在较大争议的；

考点60

续表

依职权	（3）社会影响重大的； （4）需要召开庭前会议的其他情形。
依申请	控辩双方可以申请人民法院召开庭前会议，提出申请应当说明理由。人民法院经审查认为有必要的，应当召开庭前会议；决定不召开的，应当告知申请人。

[法条链接]《刑诉解释》第226、227条。

2. 会议内容。庭前会议可以就下列事项向控辩双方了解情况，听取意见：①是否对案件管辖有异议；②是否申请有关人员回避；③是否申请不公开审理；④是否申请排除非法证据；⑤是否提供新的证据材料；⑥是否申请重新鉴定或者勘验；⑦是否申请收集、调取证明被告人无罪或者罪轻的证据材料；⑧是否申请证人、鉴定人、有专门知识的人、调查人员、侦查人员或者其他人员出庭，是否对出庭人员名单有异议；⑨是否对涉案财物的权属情况和人民检察院的处理建议有异议；⑩与审判相关的其他问题。

备考提示 庭前会议的任务就是归纳事实、证据和争议焦点，但是不对实体问题进行裁判。上述事项中可能导致庭审中断的程序性事项，人民法院可以在“庭前会议后”依法作出处理，并在庭审中说明处理决定和理由。控辩双方没有新的理由，在庭审中再次提出有关申请或者异议的，法庭可以在说明庭前会议情况和处理决定理由后，依法予以驳回。

[法条链接]《刑诉解释》第228条第1、3款。

迷你案例

案情：辩护人在开庭前向法院申请排除非法证据。

问题：法院可否在庭前会议中直接作出排除非法证据的决定？

答案：不能。因为庭前会议的任务只是了解情况、听取意见，为庭审做好准备，不能对实体问题进行处理。

3. 证据异议。庭前会议中，审判人员可以询问控辩双方对证据材料有无异议，对有异议的证据，应当在庭审时重点调查；无异议的，庭审时举证、质证可以简化。

[法条链接]《刑诉解释》第229条。

4. 参会人员

（1）主持人员：庭前会议由审判长主持，合议庭其他审判员也可以主持庭前会议。

（2）应当通知：召开庭前会议应当通知公诉人、辩护人到场。

备考提示 参加庭前会议并不是被告人的一项诉讼权利，因此可以不通知其参加。但庭前会议准备就非法证据排除了解情况、听取意见，或者准备询问控辩双方对证据材料的意见时，应当通知被告人到场。有多名被告人的案件，可以根据情况确定参加庭前会议的被告人。

[法条链接]《刑诉解释》第230条。

迷你案例

案情：罗某抢劫一案，由于案情复杂，法院决定召开庭前会议，被告人罗某要求参加该庭前会议。

问题：法院可否拒绝罗某的请求？

答案：可以。《刑诉解释》第 230 条第 2 款规定，召开庭前会议应当通知公诉人、辩护人到场。可知，参加庭前会议并非被告人的一项诉讼权利。只有当庭前会议准备就非法证据排除了解情况、听取意见，或者准备询问控辩双方对证据材料的意见时，才应当通知被告人到场。

5. 开会方式：庭前会议一般不公开进行。根据案件情况，庭前会议可以采用视频等方式进行。

[法条链接]《刑诉解释》第 231 条。

6. 会议结果

（1）人民法院在庭前会议中听取控辩双方对案件事实、证据材料的意见后，对明显事实不清、证据不足的案件，可以建议人民检察院补充材料或者撤回起诉。建议撤回起诉的案件，人民检察院不同意的，开庭审理后，没有新的事实和理由，一般不准许撤回起诉。

（2）对召开庭前会议的案件，可以在开庭时告知庭前会议情况。对庭前会议中达成一致意见的事项，法庭在向控辩双方核实后，可以当庭予以确认；未达成一致意见的事项，法庭可以归纳控辩双方争议焦点，听取控辩双方意见，依法作出处理。

（3）控辩双方在庭前会议中就有关事项达成一致意见，在庭审中反悔的，除有正当理由外，法庭一般不再进行处理。

[法条链接]《刑诉解释》第 232、233 条。

迷你案例

案情：庭前会议中，法院就是否对本案管辖权提出异议向控辩双方了解了情况，双方均表示无异议。庭审中，被告人才发现被害人罗某的舅舅是法院的院长，于是当庭提出管辖权异议。

问题：法院应当如何处理？

答案：《刑诉解释》第 233 条第 2 款规定，控辩双方在庭前会议中就有关事项达成一致意见，在庭审中反悔的，除有正当理由外，法庭一般不再进行处理。本案庭审中，被告人才发现被害人罗某的舅舅是法院的院长，属于有正当理由。法院不宜行使管辖权的，可以请求移送上一级法院管辖。

61 法庭审判

法庭审判由合议庭的审判长主持。法庭审判程序大体可分为开庭、法庭调查、法庭辩论、被告人最后陈述、评议与宣判五个阶段。

备考提示 为了进一步规范量刑程序，促进量刑活动的公开、公正，“两高三部”于 2020 年联合印发了《关于规范量刑程序若干问题的意见》。该意见第 1 条第 1 款规定，人民法院审理刑事案件，在法庭审理中应当保障量刑程序的相对独立性。

一、开庭

1. 书记员准备开庭。

[法条链接]《刑诉解释》第 234 条。

2. 审判长宣布开庭。

[法条链接]《刑诉解释》第 235 条第 1 款。

备考提示 2018 年修正的《刑事诉讼法》第 190 条第 2 款规定，被告人认罪认罚的，审判长应当告知被告人享有的诉讼权利和认罪认罚的法律规定，审查认罪认罚的自愿性和认罪认罚具结书内容的真实性、合法性。

二、法庭调查

（一）公诉人发言

1. 应当先由公诉人宣读起诉书。

备考提示 此处公诉人宣读的是起诉书，而非公诉词。

2. 有附带民事诉讼的，公诉人宣读起诉书后，由附带民事诉讼原告人或者其法定代理人、诉讼代理人宣读附带民事起诉状。

备考提示 公诉人当庭发表与起诉书不同的意见，属于变更、追加、补充或者撤回起诉的，人民法院应当要求人民检察院在指定时间内以书面方式提出；必要时，可以宣布休庭。人民检察院在指定时间内未提出的，人民法院应当根据法庭审理情况，就起诉书指控的犯罪事实依法作出判决、裁定。人民检察院变更、追加、补充起诉的，人民法院应当给予被告人及其辩护人必要的准备时间。

[法条链接]《刑诉解释》第 240、289 条。

迷你案例

案情：检察院起诉书指控的是刘某涉嫌抢劫罪，在法庭调查阶段，公诉人当庭口头提出要补充起诉刘某涉嫌的组织卖淫罪。

问题：法院应当如何处理？

答案：法院应当要求检察院在指定时间内以书面方式提出，否则，法院应当根据法庭审理情况，就起诉书指控的抢劫罪的犯罪事实依法作出裁判。

（二）当事人陈述

在审判长主持下，被告人、被害人可以就起诉书指控的犯罪事实分别陈述。

[法条链接]《刑诉解释》第 241 条。

（三）讯问、发问

1. 在审判长主持下，公诉人可以就起诉书指控的犯罪事实讯问被告人。

2. 经审判长准许，被害人及其法定代理人、诉讼代理人可以就公诉人讯问的犯罪事实补充发问；附带民事诉讼原告人及其法定代理人、诉讼代理人可以就附带民事部分的事实向被告人发问；被告人的法定代理人、辩护人，附带民事诉讼被告人及其法定代理人、诉讼代理人可以在控诉方、附带民事诉讼原告方就某一问题讯问、发问完毕后向被告人发问。

3. 根据案件情况，就证据问题对被告人的讯问、发问可以在举证、质证环节进行。

4. 经审判长准许，控辩双方可以向被害人、附带民事诉讼原告人发问。

5. 必要时，审判人员可以讯问被告人，也可以向被害人、附带民事诉讼当事人发问。

[法条链接]《刑诉解释》第 242、244、245 条。

（四）调查、核实证据

1. 依申请或依职权通知相关人员出庭作证。

[法条链接]《刑诉解释》第 246~266 条。

2. 其他证据的出示。公诉人、辩护人应当向法庭出示物证，让当事人辨认，对未到庭的证人的证言笔录、鉴定人的鉴定意见、勘验笔录和其他作为证据的文书，应当当庭宣读。

[法条链接]《刑事诉讼法》第 195 条。

3. 质证规则

（1）举证方当庭出示证据后，由对方发表质证意见；

（2）对可能影响定罪量刑的关键证据和控辩双方存在争议的证据，一般应当单独举证、质证，充分听取质证意见；

（3）对控辩双方无异议的非关键证据，举证方可以仅就证据的名称及拟证明的事实作出说明；

（4）召开庭前会议的案件，举证、质证可以按照庭前会议确定的方式进行；

（5）根据案件和庭审情况，法庭可以对控辩双方的举证、质证方式进行必要的指引。

[法条链接]《刑诉解释》第 267、268 条。

4. 法庭对证据进行调查核实

法庭对证据有疑问的，可以告知公诉人、当事人及其法定代理人、辩护人、诉讼代理人补充证据或者作出说明；必要时，可以宣布休庭，对证据进行调查核实。人民法院调查核实证据，可以进行勘验、检查、查封、扣押、鉴定和查询、冻结。

备考提示 对公诉人、当事人及其法定代理人、辩护人、诉讼代理人补充的和审判人员庭外调查核实取得的证据，应当经过当庭质证才能作为定案的根据。但是，对不影响定罪量刑的非关键证据、有利于被告人的量刑证据以及认定被告人有犯罪前科的裁判文书等证据，经庭外征求意见，控辩双方没有异议的除外。

[法条链接]《刑事诉讼法》第 196 条第 2 款；《刑诉解释》第 271 条第 1、2 款。

（五）证据突袭

1. 公诉人申请出示开庭前未移送或者提交人民法院的证据，辩护方提出异议的，审判长应当要求公诉人说明理由；理由成立并确有出示必要的，应当准许。

2. 辩护方提出需要对新的证据作辩护准备的，法庭可以宣布休庭，并确定准备辩护的时间。

3. 辩护方申请出示开庭前未提交的证据，参照适用上述规定。

[法条链接]《刑诉解释》第 272 条。

迷你案例

案情：法庭调查阶段，公诉人申请出示开庭前未提交法院的证据，辩护方提出异议。

问题：法院应当如何处理？

答案：审判长应当要求公诉人说明理由；理由成立并确有出示必要的，应当准许。辩护方提出需要对新的证据作辩护准备的，法庭可以宣布休庭，并确定准备辩护的时间。

（六）调取新证据（略）

[法条链接]《刑诉解释》第 273 条第 1 款。

（七）补充侦查（略）

[法条链接]《刑诉解释》第 274 条、第 277 条第 2 款。

（八）量刑证据调查

1. 对被告人认罪的案件，法庭调查可以主要围绕量刑和其他有争议的问题进行。

2. 对被告人不认罪或者辩护人作无罪辩护的案件，法庭调查应当在查明定罪事实的基础上，查明有关量刑事实。

[法条链接]《刑诉解释》第 278 条。

案情：刘某抢劫一案，被告人刘某认罪，但是辩护人作无罪辩护。

问题：法庭调查可否直接围绕量刑问题进行？

答案：不能。由于辩护人作无罪辩护，因此法庭调查应当在查明定罪事实的基础上，查明有关量刑事实。

（九）涉案财物调查（略）

[法条链接]《刑诉解释》第 279 条。

三、法庭辩论

（一）辩论内容

合议庭认为案件事实已经调查清楚的，应当由审判长宣布法庭调查结束，开始就定罪、量刑、涉案财物处理的事实、证据、适用法律等问题进行法庭辩论。

[法条链接]《刑诉解释》第 280 条。

（二）辩论顺序

1. 公诉人发言。
2. 被害人及其诉讼代理人发言。
3. 被告人自行辩护。
4. 辩护人辩护。
5. 控辩双方进行辩论。

[法条链接]《刑诉解释》第 281 条。

（三）量刑辩论

1. 对被告人认罪的案件，法庭辩论时，应当指引控辩双方主要围绕量刑和其他有争议的问题进行。

2. 对被告人不认罪或者辩护人作无罪辩护的案件，法庭辩论时，可以指引控辩双方先辩论定罪问题，后辩论量刑和其他问题。

[法条链接]《刑诉解释》第 283 条。

（四）恢复调查

法庭辩论过程中，合议庭发现与定罪、量刑有关的新的事实，有必要调查的，审判长可以宣布恢复法庭调查，在对新的事实调查后，继续法庭辩论。

[法条链接]《刑诉解释》第 286 条。

四、被告人最后陈述

1. 审判长在宣布辩论终结后，被告人有最后陈述的权利。

备考提示 无论是简易程序还是速裁程序，该权利均不可被剥夺。

2. 被告人在最后陈述中多次重复自己的意见的，法庭可以制止。

3. 被告人陈述内容蔑视法庭、公诉人，损害他人及社会公共利益，或者与本案无关的，应当制止。

4. 在公开审理的案件中，被告人最后陈述的内容涉及国家秘密、个人隐私或者商业秘密的，应当制止。

备考提示 被告人在最后陈述中提出新的事实、证据，合议庭认为可能影响正确裁判的，应当恢复法庭调查；被告人提出新的辩解理由，合议庭认为可能影响正确裁判的，应当恢复法庭辩论。

[法条链接]《刑事诉讼法》第 198 条第 3 款；《刑诉解释》第 287 条第 2、3 款，第 288 条。

五、评议与宣判（重点）

（一）裁判结果

1. 有罪判决

（1）起诉指控的事实清楚，证据确实、充分，依据法律认定指控被告人的罪名成立的，应当作出有罪判决。

[举案说法] 检察院指控罗某构成盗窃罪，法院经审理认定盗窃罪事实清楚，证据确实、充分，则应当依法判决罗某构成盗窃罪。

（2）起诉指控的事实清楚，证据确实、充分，但指控的罪名不当的，应当依据法律和审理认定的事实作出有罪判决。

[举案说法] 检察院指控罗某构成盗窃罪，法院认为检察院指控的事实清楚，证据确实、充分，但是认定罗某构成诈骗罪，则应当依法判决罗某构成诈骗罪。此情形下，法院应当在判决前听取控辩双方的意见，保障被告人、辩护人充分行使辩护权。必要时，可以再次开庭，组织控辩双方围绕被告人的行为构成何罪及如何量刑进行辩论。

2. 无罪判决

(1) 案件事实清楚，证据确实、充分，依据法律认定被告人无罪的，应当判决宣告被告人无罪。

[举案说法] 检察院指控罗某构成盗窃罪，法院经审理认为罗某没有作案时间，则应当依法判决罗某无罪。

(2) 证据不足，不能认定被告人有罪的，应当以证据不足、指控的犯罪不能成立，判决宣告被告人无罪。

[举案说法] 检察院指控罗某构成强奸罪，罗某亲口承认自己强奸高某的犯罪事实，但法院经审理认为没有足够证据证明罗某实施了强奸行为，不能排除合理怀疑，此时法院应当依法判决罗某无罪。此情形下，有新事实和证据重新起诉的，法院应当在判决中写明被告人曾被检察院提起公诉，因证据不足，指控的犯罪不能成立，被法院依法判决宣告无罪的情况；前案作出的无罪判决不予撤销。

(3) 案件部分事实清楚，证据确实、充分的，应当作出有罪或者无罪的判决；对事实不清、证据不足部分，不予认定。

[举案说法] 检察院指控罗某构成盗窃罪和强奸罪，法院经审理认为，罗某实施盗窃行为事实清楚，证据确实、充分，但是强奸事实不清、证据不足，此时法院应当认定罗某构成盗窃罪，而对强奸罪不予认定。

3. 不负刑事责任的判决

(1) 被告人因未达到刑事责任年龄，不予刑事处罚的，应当判决宣告被告人不负刑事责任。

(2) 被告人是精神病人，在不能辨认或者不能控制自己行为时造成危害结果，不予刑事处罚的，应当判决宣告被告人不负刑事责任；被告人符合强制医疗条件的，应当依照《刑诉解释》第二十六章的规定进行审理并作出判决。

[举案说法1] 检察院以盗窃罪对罗某提起公诉。经审理，法院认为证明指控事实的证据间存在矛盾且无法排除，同时查明罗某的年龄认定有误，本案发生时罗某未满16周岁。关于本案，法院应当作证据不足、指控的犯罪不能成立的无罪判决。

[举案说法2] 检察院以盗窃罪对罗某提起公诉。经审理，法院认为证明指控的盗窃罪事实清楚，证据确实、充分，但是罗某的年龄认定存疑，本案发生时罗某是否已满16周岁不能确定。关于本案，法院应当判决宣告被告人罗某不负刑事责任。

4. 终止审理的裁定

(1) 犯罪已过追诉时效期限且不是必须追诉，或者经特赦令免除刑罚的，应当裁定终止审理。

(2) 属于告诉才处理的案件，应当裁定终止审理，并告知被害人有权提起自诉。

(3) 被告人死亡的，应当裁定终止审理；但有证据证明被告人无罪，经缺席审理确认无罪的，应当判决宣告被告人无罪。

[法条链接]《刑诉解释》第295条第1、3款，第298条。

案情：检察院以强奸罪对吴某某提起公诉。审理过程中，被告人吴某某咬舌自尽。

问题：法院应当如何处理？

答案：法院应当裁定终止审理；但有证据证明被告人吴某某无罪，经缺席审理确认无罪的，应当判决宣告吴某某无罪。

（二）裁判文书

1. 合议庭成员、法官助理、书记员应当在评议笔录上签名，在判决书、裁定书等法律文书上署名。

2. 裁判文书应当写明裁判依据，阐释裁判理由，反映控辩双方的意见并说明采纳或者不予采纳的理由。

[法条链接]《刑诉解释》第 299 条、第 300 条第 1 款。

（三）宣判

1. 当庭宣告判决的，应当在 5 日以内将判决书送达当事人和提起公诉的人民检察院。

2. 定期宣告判决的，应当在宣告后立即将判决书送达当事人和提起公诉的人民检察院。

3. 判决书应当同时送达辩护人、诉讼代理人。

[法条链接]《刑事诉讼法》第 202 条第 2 款。

总结梳理　公诉案件一审普通程序总结

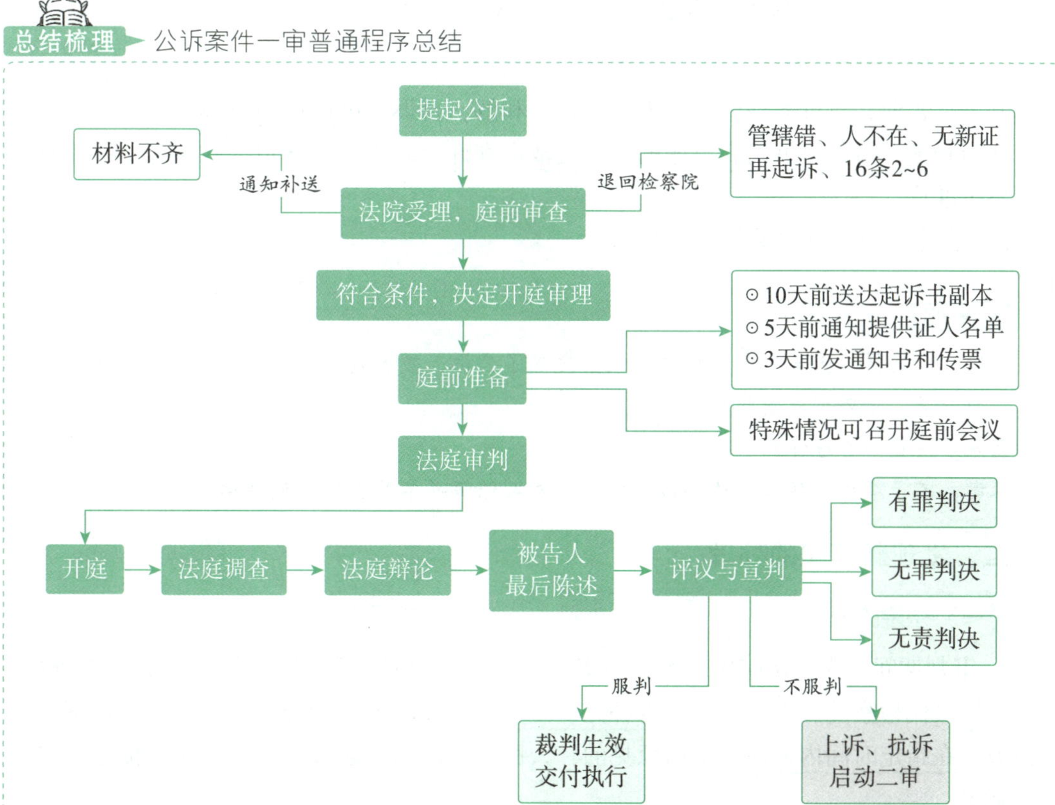

62

法庭审理中特殊问题处理

一、撤诉问题

（一）公诉案件

在开庭后、宣告判决前，人民检察院要求撤回起诉的，人民法院应当审查撤回起诉的理由，作出是否准许的裁定。

一招制敌 检察院撤诉的理由可以简单概括为：无罪、无责。

备考提示 ①对于撤回起诉的案件，人民检察院应当在撤回起诉后30日以内作出不起诉决定。②需要重新调查或者侦查的，应当在作出不起诉决定后将案卷材料退回监察机关或者公安机关，建议监察机关或者公安机关重新调查或者侦查，并书面说明理由。③对于撤回起诉的案件，没有新的事实或者新的证据，人民检察院不得再行起诉。④新的事实是指原起诉书中未指控的犯罪事实。该犯罪事实触犯的罪名既可以是原指控罪名的同一罪名，也可以是其他罪名。新的证据是指撤回起诉后收集、调取的足以证明原指控犯罪事实的证据。

[法条链接]《刑诉解释》第296条；《高检规则》第424条第2~5款。

（二）自诉案件

判决宣告前，自诉案件的当事人可以自行和解，自诉人可以撤回自诉。人民法院经审查，认为和解、撤回自诉确属自愿的，应当裁定准许；认为系被强迫、威吓等，并非自愿的，不予准许。

[法条链接]《刑诉解释》第329条。

案情：罗某强奸张某一案，检察院依法提起了公诉，被害人张某表示谅解，还愿意和罗某当庭结为夫妻，希望可以撤回起诉。

问题：法院是否准许？

答案：不予准许。强奸案为公诉案件，被害人谅解并不构成撤诉的理由。

二、发现新事实的处理

（一）法院的处理

1. 审判期间，人民法院发现新的事实，可能影响定罪量刑的，或者需要补查补证的，应当通知人民检察院，由其决定是否补充、变更、追加起诉或者补充侦查。人民检察院不同意或者在指定时间内未回复书面意见的，人民法院应当就起诉指控的事实，依法作出判决、裁定。

[法条链接]《刑诉解释》第 297 条。

迷你案例

案情：法庭在审理被告人罗小翔入室盗窃案的过程中，发现罗小翔在实施盗窃行为时还趁机强奸了被害人张大翔。

问题：此时法院应当如何处理？

答案：法院应当通知检察院，由其决定是否补充起诉。检察院不同意或者在指定时间内未回复书面意见的，法院应当就起诉指控的盗窃事实，依法作出裁判。

2. 变更、追加、补充或者撤回起诉应当以书面方式在判决宣告前向人民法院提出。

[法条链接]《高检规则》第 426 条。

（二）检察院的处理

1. 变更起诉：人民法院宣告判决前，人民检察院发现被告人的真实身份或者犯罪事实与起诉书中叙述的身份或者指控犯罪事实不符的，或者事实、证据没有变化，但罪名、适用法律与起诉书不一致的，可以变更起诉。

2. 补充、追加起诉：人民法院宣告判决前，人民检察院发现遗漏同案犯罪嫌疑人或者罪行的，应当要求公安机关补充移送起诉或者补充侦查；对于犯罪事实清楚，证据确实、充分的，可以直接追加、补充起诉。

一招制敌 ①漏罪了，补充起诉；②漏人了，追加起诉；③搞错了，变更起诉；④无罪责，撤回起诉；⑤没查清，补充侦查。

[法条链接]《高检规则》第 423 条。

迷你案例

案情：法院审理罗小翔强奸一案，在宣告判决前，检察院发现罗小翔还涉嫌和同事张大翔组织他人卖淫的犯罪事实。

问题：对于新发现的犯罪嫌疑人张大翔及遗漏罪行，检察院应当如何处理？

答案：检察院发现遗漏同案犯罪嫌疑人张大翔及遗漏罪行，应当要求公安机关补充移送起诉或者补充侦查；对于犯罪事实清楚，证据确实、充分的，可以直接追加、补充起诉。

三、违反法庭秩序的处理

情节较轻的	应当警告制止；根据具体情况，也可以进行训诫。
训诫无效的	责令退出法庭。
拒不退出的	指令法警强行带出法庭。
情节严重的	报经院长批准后，可以对行为人处以 1000 元以下的罚款或者 15 日以下的拘留。
违规拍摄的	未经许可对庭审活动进行录音、录像、拍照或者使用即时通讯工具等传播庭审活动的，可以暂扣相关设备及存储介质，删除相关内容。
构成犯罪的	危害法庭安全或者扰乱法庭秩序，构成犯罪的，依法追究刑事责任。

备考提示 辩护人、诉讼代理人被责令退出法庭、强行带出法庭或者被处以罚款后，具结保证书，保证服从法庭指挥、不再扰乱法庭秩序的，经法庭许可，可以继续担任辩护人、诉讼代理人。辩护人、诉讼代理人具有下列情形之一的，不得继续担任同一案件的辩护人、诉讼代理人：①擅自退庭的；②无正当理由不出庭或者不按时出庭，严重影响审判顺利进行的；③被拘留或者具结保证书后再次被责令退出法庭、强行带出法庭的。

[法条链接]《刑诉解释》第307条第1、2款，第309条，第310条第2、3款。

案情：吴某某强奸一案，吴某某的辩护律师向某当庭对审判长破口大骂，并在一怒之下擅自退庭。

问题：向某能否继续担任吴某某的辩护人？

答案：不能。向某擅自退庭，不得继续担任吴某某强奸一案的辩护人。

四、审判障碍

（一）延期审理

在法庭审判过程中，遇有下列情形之一，影响审判进行的，可以延期审理：

1. 需要通知新的证人到庭，调取新的物证，重新鉴定或者勘验的。
2. 检察人员发现提起公诉的案件需要补充侦查，提出建议的。
3. 由于申请回避而不能进行审判的。

一招制敌 延期审理情形可以概括为：新证、补侦和回避，法院“决定”延期审。

[法条链接]《刑事诉讼法》第204条。

（二）中止审理

1. 在审判过程中，有下列情形之一，致使案件在较长时间内无法继续审理的，可以中止审理：①被告人患有严重疾病，无法出庭的；②被告人脱逃的；③自诉人患有严重疾病，无法出庭，未委托诉讼代理人出庭的；④由于不能抗拒的原因。

2. 中止审理的原因消失后，应当恢复审理。中止审理的期间不计入审理期限。

3. 有多名被告人的案件，部分被告人具有上述情形的，法院可以对全案中止审理；根据案件情况，也可以对该部分被告人中止审理，对其他被告人继续审理。对中止审理的部分被告人，可以根据案件情况另案处理。

[举案说法1] 罗某诽谤张某一案，如果自诉人张某患有严重疾病，无法出庭，也未委托诉讼代理人出庭，则法院可以裁定中止审理。

[举案说法2] 罗某诽谤张某一案，如果自诉人张某经2次传唤，无正当理由拒不到庭，或者未经法庭准许中途退庭，则法院应当裁定按撤诉处理。

一招制敌 中止审理情形可以概括为：他跑、他病、耐心等，法院“裁定”中止审。

[法条链接]《刑事诉讼法》第206条；《刑诉解释》第314条。

（三）终止审理

参见《刑事诉讼法》第16条第2~6项。

一招制敌 终止审理情形可以概括为：过时效、特赦、告诉和死掉，无需再等终止审。

迷你案例

案情：检察院以盗窃罪起诉罗某，经过审理，法院认为罗某构成的是侵占罪而非盗窃罪。

问题：法院应当如何处理？

答案：法院应当裁定终止审理。侵占罪属于告诉才处理的犯罪，没有被害人的告诉，法院不能追究被告人的刑事责任。

一、诉讼代表人的确定

1. 被告单位的诉讼代表人，应当是法定代表人、实际控制人或者主要负责人。

2. 法定代表人、实际控制人或者主要负责人被指控为单位犯罪直接责任人员或者因客观原因无法出庭的，应当由被告单位委托其他负责人或者职工作为诉讼代表人。但是，有关人员被指控为单位犯罪直接责任人员或者知道案件情况、负有作证义务的除外。

3. 难以确定诉讼代表人的，可以由被告单位委托律师等单位以外的人员作为诉讼代表人。

备考提示 诉讼代表人不得同时担任被告单位或者被指控为单位犯罪直接责任人员的有关人员的辩护人。将诉讼代表职责与辩护代理职责合二为一，由诉讼代表人兼任辩护人，容易引发社会公众质疑，影响司法公信力。

一招制敌 确定诉讼代表人的基本步骤可以概括为：首选“老大”，不然“其他”，最后“编外”。

[法条链接]《刑诉解释》第336条。

二、诉讼代表人的出庭

被告单位的诉讼代表人不出庭的，应当按照下列情形分别处理：

1. 诉讼代表人系被告单位的法定代表人、实际控制人或者主要负责人，无正当理由拒不出庭的，可以拘传其到庭；因客观原因无法出庭，或者下落不明的，应当要求人民检察院另行确定诉讼代表人。

2. 诉讼代表人系其他人员的，应当要求人民检察院另行确定诉讼代表人。

一招制敌 诉讼代表人拒绝出庭的处理可以概括为："老大"拒绝可拘传，"其他"拒绝只能换。

［法条链接］《刑诉解释》第337条第2款。

三、诉讼代表人的权限

被告单位的诉讼代表人享有《刑事诉讼法》规定的有关被告人的诉讼权利。开庭时，诉讼代表人席位置于审判台前左侧，与辩护人席并列。

［法条链接］《刑诉解释》第338条。

四、遗漏单位当事人的处理

对应当认定为单位犯罪的案件，人民检察院只作为自然人犯罪起诉的，人民法院应当建议人民检察院对犯罪单位追加起诉。人民检察院仍以自然人犯罪起诉的，人民法院应当依法审理，按照单位犯罪直接负责的主管人员或者其他直接责任人员追究刑事责任，并援引《刑法》分则关于追究单位犯罪中直接负责的主管人员和其他直接责任人员刑事责任的条款。

［法条链接］《刑诉解释》第340条。

五、法院追缴或者查封、扣押、冻结相关财物

1. 应当：被告单位的违法所得及其他涉案财物，尚未被依法追缴或者查封、扣押、冻结的，人民法院应当决定追缴或者查封、扣押、冻结。

2. 可以：为保证判决的执行，人民法院可以先行查封、扣押、冻结被告单位的财产，或者由被告单位提出担保。

一招制敌 注意条文中的关键词：违法要用"应当"，合法要用"可以"。

［法条链接］《刑诉解释》第341、342条。

六、被告单位注销、变更的处理

（一）单位没了

1. 审判期间，被告单位被吊销营业执照、宣告破产但尚未完成清算、注销登记的，应当继续审理。

2. 审判期间，被告单位被撤销、注销的，对单位犯罪直接负责的主管人员和其他直接责任人员应当继续审理。

备考提示 被告单位被撤销、注销的，可以认为是被告单位主体消亡，此时不再追究单位的责任，而直接追究单位犯罪直接责任人员的责任，是合适的。但是，在被告单位只是被吊销营业执照或者宣告破产但未完成清算、注销登记的情况下，被告单位这一责任主体仍然存在，并未消亡，其可以承担民事责任，同理，也可以承担刑事责任，故此时应当对案件继续审理，并对被告单位作出刑事判决。

［法条链接］《刑诉解释》第344条。

（二）单位变了

审判期间，被告单位合并、分立的，应当将原单位列为被告单位，并注明合并、分立情况。对被告单位所判处的罚金以其在新单位的财产及收益为限。

备考提示 民事诉讼中，被告单位如果合并、分立成新单位，则应当起诉新单位。

[法条链接]《刑诉解释》第 345 条。

小综案例

案情

小翔制药股份公司主要生产健骨消痛丸，公司法定代表人罗小翔指令保管员张大翔采用不登记入库、销售人员打白条领取产品的方法销售，逃避缴税 65 万元。小翔制药股份公司及法定代表人罗小翔因逃税罪被起诉到法院。

问题：

1. 本案可否由向律师担任其诉讼代表人？
2. 向律师能否行使最后陈述权？
3. 审理期间，如果小翔制药股份公司被撤销，则法院应当如何处理？

答案

1. 可以。本案中，罗小翔作为法定代表人，同时也是单位犯罪的直接负责人，不能作为诉讼代表人。根据《刑诉解释》第 336 条第 2 款的规定，难以确定诉讼代表人的，可以由被告单位委托律师等单位以外的人员作为诉讼代表人。
2. 可以。向律师作为小翔制药股份公司的诉讼代表人，享有《刑事诉讼法》规定的有关被告人的诉讼权利，包括最后陈述权。
3. 审理期间，如果小翔制药股份公司被撤销，则对单位犯罪的直接负责人罗小翔应当继续审理。

64 自诉案件的相关程序

一、自诉案件的范围

1. 告诉才处理的案件。
2. 人民检察院没有提起公诉，被害人有证据证明的轻微刑事案件。
3. 被害人有证据证明对被告人侵犯自己人身、财产权利的行为应当依法追究刑事责

考点 64

任，且有证据证明曾经提出控告，而公安机关或者人民检察院不予追究被告人刑事责任的案件。

一招制敌 自诉案件包括三类：亲告、轻微、公转自。

[法条链接]《刑诉解释》第1条。

二、自诉案件的起诉条件

1. 属于自诉案件的范围。
2. 属于受诉法院管辖。
3. 被害人告诉。
4. 有明确的被告人、具体的诉讼请求和证明被告人犯罪事实的证据。

[法条链接]《刑诉解释》第316条。

三、自诉案件的文书要求

提起自诉应当提交刑事自诉状；同时提起附带民事诉讼的，应当提交刑事附带民事自诉状。

[法条链接]《刑诉解释》第318条。

四、自诉案件的受理程序

（一）不予受理

具有下列情形之一的，应当说服自诉人撤回起诉；自诉人不撤回起诉的，裁定不予受理：①不属于自诉案件范围的；②缺乏罪证的；③犯罪已过追诉时效期限的；④被告人死亡的；⑤被告人下落不明的；⑥除因证据不足而撤诉的以外，自诉人撤诉后，就同一事实又告诉的；⑦经人民法院调解结案后，自诉人反悔，就同一事实再行告诉的；⑧属于人民检察院没有提起公诉，被害人有证据证明的轻微刑事案件（可公可自），公安机关正在立案侦查或者人民检察院正在审查起诉的；⑨不服人民检察院对未成年犯罪嫌疑人作出的附条件不起诉决定或者附条件不起诉考验期满后作出的不起诉决定，向人民法院起诉的。

备考提示 上述情形有一个共同特点：不符合自诉案件的起诉条件。另外，需要注意人民法院对自诉人提起的自诉应当进行全面审查。但是，对于自诉的审查并不需要判断被告人是否构成犯罪，故不得以“被告人的行为不构成犯罪”为由，说服自诉人撤回起诉或者裁定不予受理。

[法条链接]《刑诉解释》第320条第2款。

（二）驳回起诉

对已经立案，经审查缺乏罪证的自诉案件，自诉人提不出补充证据的，人民法院应当说服其撤回起诉或者裁定驳回起诉；自诉人撤回起诉或者被驳回起诉后，又提出了新的足以证明被告人有罪的证据，再次提起自诉的，人民法院应当受理。

[法条链接]《刑诉解释》第321条。

（三）救济方式

1. 自诉人对不予受理或者驳回起诉的裁定不服的，可以提起上诉。

2. 第二审人民法院查明第一审人民法院作出的不予受理裁定有错误的，应当在撤销原裁定的同时，指令第一审人民法院立案受理；查明第一审人民法院驳回起诉裁定有错误的，应当在撤销原裁定的同时，指令第一审人民法院进行审理。

[法条链接]《刑诉解释》第 322 条。

迷你案例

案情：在罗小翔伤害张大翔一案中，被害人张大翔不服某县检察院对犯罪嫌疑人罗小翔作出的不起诉决定，而向县法院提起诉讼。

问 1：县法院经审查发现，被告人罗小翔早已畏罪自杀，此时县法院应当如何处理？张大翔对县法院的处理不服的，应当如何救济？

答案：县法院应当说服张大翔撤回起诉；张大翔不撤回起诉的，裁定不予受理。张大翔对不予受理的裁定不服的，可以提起上诉。

问 2：如果县法院在立案后认为该案缺乏罪证，经要求，张大翔未能提出补充证据，则县法院应当如何处理？张大翔对县法院的处理不服的，应当如何救济？

答案：县法院应当说服其撤回起诉或者裁定驳回起诉。张大翔对驳回起诉的裁定不服的，可以提起上诉。

问 3：如果张大翔对县法院驳回起诉的裁定不服，提起上诉，二审法院认为该裁定有错，则此时二审法院应当如何处理？

答案：二审法院查明县法院驳回起诉裁定有错误的，应当在撤销原裁定的同时，指令县法院进行审理。

五、自诉案件的审理程序

（一）公诉、自诉的合并

被告人实施 2 个以上犯罪行为，分别属于公诉案件和自诉案件，人民法院可以一并审理。

备考提示 公诉案件与自诉案件可以合并审理的前提是被告人实施的 2 个以上犯罪分别被检察院和自诉人起诉。如果法院正在审理自诉案件，发现还有尚未起诉的公诉案件，则法院不能直接审理，只能移送侦查机关立案侦查。

[法条链接]《刑诉解释》第 324 条。

迷你案例

1. 案情：法院在审理马某虐待牛某一案的过程中，发现马某还涉嫌强奸驴某。
   问题：法院可否一并审理？
   答案：不可以。法院只能移送侦查机关立案侦查强奸案，对虐待案继续审理。

2. 案情：法院在审理马某虐待牛某一案的过程中，发现检察院对马某强奸驴某一案也提起了公诉。

问题：法院可否一并审理？

答案：可以。《刑诉解释》第324条规定，被告人实施2个以上犯罪行为，分别属于公诉案件和自诉案件，人民法院可以一并审理。

（二）证明责任

公诉案件中被告人有罪的举证责任由人民检察院承担，自诉案件中被告人有罪的举证责任由自诉人承担。

备考提示 对通过信息网络实施的侮辱、诽谤行为，被害人向人民法院告诉，但提供证据确有困难的，人民法院可以要求公安机关提供协助。

[法条链接]《刑事诉讼法》第51条；《刑诉解释》第325条第2款。

[举案说法1] 罗某诉殷某虐待一案中，即使自诉人罗某提供证据确有困难，人民法院也不能要求公安机关提供协助。

[举案说法2] 罗某诉鄢某在微信朋友圈诽谤其娶过18个老婆，自诉人罗某提供证据确有困难的，人民法院可以要求公安机关提供协助。

六、自诉案件的审理特点

1. 可以调解。人民法院对自诉案件，可以进行调解。但是，公诉转自诉案件不适用调解。

[法条链接]《刑事诉讼法》第212条第1款。

2. 可以反诉。自诉案件的被告人在诉讼过程中，可以对自诉人提起反诉。反诉适用自诉的规定。但是，公诉转自诉案件不适用反诉。

备考提示 第二审期间，自诉案件的当事人提出反诉的，应当告知其另行起诉。

[法条链接]《刑事诉讼法》第213条；《刑诉解释》第412条。

3. 和解撤诉。判决宣告前，自诉案件的当事人可以自行和解，自诉人可以撤回自诉。

[法条链接]《刑诉解释》第329条第1款。

4. 简易程序。自诉案件符合简易程序适用条件的，可以适用简易程序审理。不适用简易程序审理的自诉案件，参照适用公诉案件第一审普通程序的有关规定。

备考提示 自诉案件不能适用速裁程序。因为自诉案件由自诉人自行提起，案件没有经过侦查、审查起诉，人民法院在开庭前很难判断证据是否确实、充分。同时，自诉案件自诉人与被告人往往对案件事实等存在较大争议。此外，由于没有检察机关等国家机关主持，也无法在审前提出量刑建议、签署认罪认罚具结书。

[法条链接]《刑诉解释》第327条。

5. 审限特殊：①被告人被羁押的，适用公诉案件的审限规定；②被告人未被羁押的，应当在受理后6个月以内宣判。

[法条链接]《刑事诉讼法》第212条第2款。

6. 可分性

❶被告人多人

自诉人明知有其他共同侵害人，但只对部分侵害人提起自诉的，人民法院应当受理，并告知其放弃告诉的法律后果；自诉人放弃告诉，判决宣告后又对其他共同侵害人就同一事实提起自诉的，人民法院不予受理。

❷ 被害人多人

共同被害人中只有部分人告诉的，人民法院应当通知其他被害人参加诉讼，并告知其不参加诉讼的法律后果。被通知人接到通知后表示不参加诉讼或者不出庭的，视为放弃告诉。第一审宣判后，被通知人就同一事实又提起自诉的，人民法院不予受理。但是，当事人另行提起民事诉讼的，不受《刑诉解释》限制。

[法条链接]《刑诉解释》第 323 条。

案情：方某和任某涉嫌在公众场合侮辱高某，高某向法院提起自诉，方某拒不认罪。

问题：本案能否调解？能否反诉？能否适用简易程序？如果高某只起诉方某，则法院应当如何处理？

答案：侮辱罪属于告诉才处理的自诉案件，可以调解，可以反诉。但是由于方某拒不认罪，因此本案不满足简易程序的适用条件，不能适用简易程序。如果高某只起诉方某，则法院应当受理，并告知其放弃告诉的法律后果。

65

简易程序

一、简易程序的适用条件和范围

（一）适用条件

基层人民法院管辖的案件，符合下列条件的，可以适用简易程序审判：①案件事实清楚、证据充分的；②被告人承认自己所犯罪行，对指控的犯罪事实没有异议的；③被告人对适用简易程序没有异议的。

一招制敌 简易程序的三个条件要同时具备，归纳为：清楚、认罪、同意。

备考提示 审判人员应当询问被告人对指控的犯罪事实的意见，确认其是否同意适用简易程序。对未成年人刑事案件，人民法院决定适用简易程序审理的，应当征求未成年被告人及其法定代理人、辩护人的意见。上述人员提出异议的，不适用简易程序。

[法条链接]《刑事诉讼法》第 214 条第 1 款、第 217 条；《刑诉解释》第 566 条。

迷你案例

案情：吴某某强奸一案，被害人以强奸罪是重罪为由拒绝适用简易程序。

问题：法院能否适用简易程序？

答案：可以适用。因为简易程序并不排斥重罪，只要本案事实清楚、证据充分，被告人认罪且同意适用简易程序，就可以适用。

（二）禁止范围

具有下列情形之一的，不适用简易程序：①被告人是盲、聋、哑人的；②被告人是尚未完全丧失辨认或者控制自己行为能力的精神病人的；③案件有重大社会影响的；④共同犯罪案件中部分被告人不认罪或者对适用简易程序有异议的；⑤辩护人作无罪辩护的；⑥被告人认罪但经审查认为可能不构成犯罪的；⑦不宜适用简易程序审理的其他情形。

一招制敌 简易程序的禁止范围可以概括为：盲聋哑、半疯傻、影响大、无罪啊。

[法条链接]《刑诉解释》第360条。

迷你案例

案情：罗小翔传播淫秽物品一案，法院经审查认为被告人罗小翔犯罪情节显著轻微，可能不构成犯罪。

问题：法院能否适用简易程序？

答案：不能。根据《刑诉解释》第360条第6项的规定，经审查认为可能不构成犯罪的案件，不得适用简易程序。

二、简易程序的程序特点

1. 审理法院。简易程序仅适用于基层人民法院管辖的案件。

2. 审判组织

（1）对可能判处3年有期徒刑以下刑罚的，可以组成合议庭进行审判，也可以由审判员1人独任审判；

（2）对可能判处的有期徒刑超过3年的，应当组成合议庭进行审判。

备考提示 适用简易程序独任审判过程中，发现对被告人可能判处的有期徒刑超过3年的，应当转由合议庭审理。

[法条链接]《刑事诉讼法》第216条第1款；《刑诉解释》第366条。

3. 审理期限。人民法院应当在受理后20日以内审结；对可能判处的有期徒刑超过3年的，可以延长至一个半月。

[法条链接]《刑事诉讼法》第220条。

4. 出庭情况。公诉案件，人民检察院应当派员出席法庭。被告人有辩护人的，应当通知其出庭。

备考提示 辩护人经通知未到庭，被告人同意的，人民法院可以开庭审理，但被告人属于应当提供法律援助情形的除外。

[法条链接]《刑事诉讼法》第216条第2款；《刑诉解释》第225条第2款、第363条。

5. 程序简化。适用简易程序审理案件，可以对庭审作如下简化：

（1）公诉人可以摘要宣读起诉书。

（2）公诉人、辩护人、审判人员对被告人的讯问、发问可以简化或者省略。

（3）对控辩双方无异议的证据，可以仅就证据的名称及所证明的事项作出说明；对控辩双方有异议或者法庭认为有必要调查核实的证据，应当出示，并进行质证。

（4）控辩双方对与定罪量刑有关的事实、证据没有异议的，法庭审理可以直接围绕罪名确定和量刑问题进行。

备考提示 适用简易程序审理案件，判决宣告前应当听取被告人的最后陈述。

［法条链接］《刑诉解释》第 365 条。

6. 当庭宣判。适用简易程序审理案件，裁判文书可以简化，一般应当当庭宣判。

［法条链接］《刑诉解释》第 367 条。

三、简易程序向普通程序的转化

适用简易程序审理案件，在法庭审理过程中，具有下列情形之一的，应当转为普通程序审理：①被告人的行为可能不构成犯罪的；②被告人可能不负刑事责任的；③被告人当庭对起诉指控的犯罪事实予以否认的；④案件事实不清、证据不足的；⑤不应当或者不宜适用简易程序的其他情形。

决定转为普通程序审理的案件，审理期限应当从作出决定之日起计算。

一招制敌 简易程序转化为普通程序的情形可以简单概括为：无罪、无责、否认、不清。

［法条链接］《刑诉解释》第 368 条。

迷你案例

案情：罗某涉嫌盗窃罪，法院决定适用简易程序审理。经审理，法院发现罗某犯罪时未满 16 周岁。

问题：法院应当如何处理？

答案：罗某犯罪时未满 16 周岁，说明罗某可能不负刑事责任，因此，法院应当转为普通程序重新审理。

66 刑事速裁程序

刑事速裁程序，是独立于普通程序和简易程序之外的相对简化的第三类刑事案件审判程序。2018 年修正的《刑事诉讼法》关于速裁程序的增设，使我国刑事一审程序形成了普通程序、简易程序、速裁程序多元化繁简分流模式。

一、速裁程序的适用条件和范围

（一）适用条件

基层人民法院管辖的可能判处 3 年有期徒刑以下刑罚的案件，案件事实清楚，证据确实、充分，被告人认罪认罚并同意适用速裁程序的，可以适用速裁程序，由审判员 1 人独任审判。人民检察院在提起公诉的时候，可以建议人民法院适用速裁程序。

[法条链接]《刑事诉讼法》第 222 条。

名师点睛：速裁程序四个条件要同时具备，归纳为：轻微、清楚、认罪、同意。

备考提示 在简易程序与速裁程序的适用条件中，都有“认罪”二字，但是二者的含义有所差别：简易程序的“认罪”仅需认罪，不要求满足认罪认罚的条件；而速裁程序的“认罪”要求认罪又认罚。

[举案说法] 刘某诈骗一案，被告人刘某承认诈骗的犯罪事实，但是不同意检察院的量刑建议。本案如果事实清楚、证据充分，在刘某同意的情况下，可以适用简易程序，但是不能适用速裁程序。

（二）禁止范围

具有下列情形之一的，不适用速裁程序：①被告人是盲、聋、哑人的；②被告人是尚未完全丧失辨认或者控制自己行为能力的精神病人的；③被告人是未成年人的；④案件有重大社会影响的；⑤共同犯罪案件中部分被告人对指控的犯罪事实、罪名、量刑建议或者适用速裁程序有异议的；⑥被告人与被害人或者其法定代理人没有就附带民事诉讼赔偿等事项达成调解、和解协议的；⑦辩护人作无罪辩护的；⑧其他不宜适用速裁程序的情形。

一招制敌 速裁程序的禁止范围可以概括为：盲聋哑、半疯傻、影响大、无罪啊，未成年、民未达。

[法条链接]《刑诉解释》第 370 条。

迷你案例

案情：罗某故意伤害（轻伤）张某一案，案件事实清楚，证据确实、充分，被告人罗某认罪认罚并同意适用速裁程序，但是辩护人向律师坚持作无罪辩护。

问题：本案能否适用速裁程序?

答案：不能。辩护人作无罪辩护的，不适用速裁程序。

二、速裁程序的程序特点

1. 审理法院。速裁程序仅适用于基层人民法院管辖的案件。

2. 审判组织。速裁程序由审判员 1 人独任审判。

[法条链接]《刑事诉讼法》第 222 条第 1 款。

3. 审理期限。人民法院应当在受理后 10 日以内审结；对可能判处的有期徒刑超过 1 年的，可以延长至 15 日。

[法条链接]《刑事诉讼法》第 225 条。

4. 程序简化

（1）适用速裁程序审理案件，不受《刑事诉讼法》第二章第一节（即“第一审程序-公诉案件”）规定的送达期限的限制，一般不进行法庭调查、法庭辩论，但在判决宣告前应当听取辩护人的意见和被告人的最后陈述。

（2）适用速裁程序审理案件，可以集中开庭，逐案审理。公诉人简要宣读起诉书后，审判人员应当当庭询问被告人对指控事实、证据、量刑建议以及适用速裁程序的意见，核实具结书签署的自愿性、真实性、合法性，并核实附带民事诉讼赔偿等情况。

（3）适用速裁程序审理案件，裁判文书可以简化。

（4）适用速裁程序审理案件，应当当庭宣判。

［法条链接］《刑事诉讼法》第 224 条第 1 款；《刑诉解释》第 372、374 条。

迷你案例

案情：刘某故意伤害（轻伤）高某一案，案件事实清楚，证据确实、充分，被告人刘某认罪认罚并同意适用速裁程序，法院决定适用速裁程序审理。

问题：本案可否省略法庭调查、法庭辩论、被告人最后陈述等阶段？

答案：法庭调查和法庭辩论阶段可以省略，但被告人最后陈述阶段不能省略。《刑诉解释》第 373 条规定，适用速裁程序审理案件，一般不进行法庭调查、法庭辩论，但在判决宣告前应当听取辩护人的意见和被告人的最后陈述。

三、速裁程序向普通程序或者简易程序的转化

适用速裁程序审理案件，在法庭审理过程中，具有下列情形之一的，应当转为普通程序或者简易程序审理：①被告人的行为可能不构成犯罪或者不应当追究刑事责任的；②被告人违背意愿认罪认罚的；③被告人否认指控的犯罪事实的；④案件疑难、复杂或者对适用法律有重大争议的；⑤其他不宜适用速裁程序的情形。

考点 66

一招制敌 速裁程序转化为普通程序或者简易程序的情形可以简单概括为：无罪、无责、违意愿，否认、疑难、争议大。

［法条链接］《刑诉解释》第 375 条。

迷你案例

案情：罗某故意伤害（轻伤）张某一案，案件事实清楚，证据确实、充分，被告人罗某认罪认罚并同意适用速裁程序，法院决定适用速裁程序审理。审理中，被告人罗某当庭否认指控的犯罪事实。

问题：法院能否决定转为简易程序审理？

答案：不能。因为简易程序和速裁程序均要求被告人对指控的犯罪事实没有异议，所以本案应当转为普通程序审理。

四、速裁程序的二审

被告人不服适用速裁程序作出的第一审判决提出上诉的案件，可以不开庭审理。第二审人民法院审查后，按照下列情形分别处理：

1. 发现被告人以事实不清、证据不足为由提出上诉的，应当裁定撤销原判，发回原审人民法院适用普通程序重新审理，不再按认罪认罚案件从宽处罚。

备考提示 此情形发回原审人民法院重新审判的，原审人民法院应当适用第一审普通程序重新审判。

2. 发现被告人以量刑不当为由提出上诉的，原判量刑适当的，应当裁定驳回上诉，维持原判；原判量刑不当的，经审理后依法改判。

[法条链接]《刑诉解释》第 377 条；《认罪认罚从宽意见》第 45 条。

迷你案例

案情：罗某故意伤害张某一案，被告人罗某认罪认罚，一审法院适用了速裁程序审理。

问题：本案罗某对一审判决结果不服的，可否上诉？如果罗某以事实不清为由提出上诉，则二审法院可否查清后依法改判？

答案：适用速裁程序审理的案件，被告人罗某不服一审判决的，也可以上诉。但是，如果罗某以事实不清为由提出上诉，则意味着一审法院不满足适用速裁程序的条件，属于程序违法，二审法院应当裁定撤销原判，发回一审法院适用普通程序重新审理，不再按认罪认罚案件从宽处罚。

辛勤的蜜蜂，
永远没有时间悲哀。

致奋进中的你

二审程序

考情概述

相对于一审程序而言，二审程序往往被称为“普通救济程序”。同学们首先要掌握二审程序的启动方式，包括上诉和抗诉两种；其次，同学们要掌握二审中的两个基本原则，即全面审查原则和上诉不加刑原则，尤其是上诉不加刑原则，是历年考试的重中之重，请同学们务必能准确表述上诉不加刑原则的含义，并能结合案情作出准确的分析；最后，同学们还要掌握二审的审理方式、审理程序和审理结果。

67 二审的启动

一、上诉与抗诉的主体

（一）上诉主体

1. 独立上诉权：被告人、自诉人和他们的法定代理人，不服地方各级人民法院第一审的判决、裁定，有权用书状或者口头向上一级人民法院上诉。附带民事诉讼的当事人和他们的法定代理人，可以对地方各级人民法院第一审的判决、裁定中的附带民事诉讼部分，提出上诉。

2. 非独立上诉权：被告人的辩护人和近亲属，经被告人同意，可以提出上诉。

备考提示 对被告人的上诉权，不得以任何借口加以剥夺。

[法条链接]《刑事诉讼法》第227条。

（二）抗诉主体

地方各级人民检察院认为本级人民法院第一审的判决、裁定确有错误的时候，应当向上一级人民法院提出抗诉。

备考提示

1. 最高人民法院的第一审判决和裁定就是终审的判决和裁定，对它的第一审判决和裁定既不能提出上诉，也不能按照第二审程序提出抗诉。最高人民检察院如果认为最高人民法院的判决和裁定确有错误，只能按照审判监督程序提出抗诉。

2. 被害人是唯一没有上诉权的当事人。被害人及其法定代理人不服地方各级人民法院第一审的判决的，自收到判决书后5日以内，有权请求人民检察院提出抗诉。

[法条链接]《刑事诉讼法》第228、229条。

迷你案例

案情：罗某与张某发生口角，罗某一怒之下顺手将殷某放在桌子上的手机砸向张某，致张某轻伤。张某提起自诉，殷某提起附带民事诉讼，二人均对本案一审判决中的刑事部分不服。

问题：本案中，哪些主体有独立的上诉权？

答案：罗某作为被告人、张某作为自诉人，均有独立的上诉权；殷某作为附带民事部分的当事人，对刑事部分没有上诉权。

二、上诉与抗诉的理由

1. 上诉：无需理由。对被告人的上诉权，不得以任何借口加以剥夺。
2. 抗诉：认为第一审的判决或裁定确有错误。

[法条链接]《刑事诉讼法》第227条第3款、第228条。

三、上诉与抗诉的方式

1. 上诉：上诉可以用书面和口头两种形式提出，口头上诉的，人民法院应当制作笔录。

2. 抗诉：抗诉应以书面形式提出，即必须制作抗诉书，不能采用口头形式。

四、上诉与抗诉的期限

不服判决的上诉和抗诉的期限为10日，不服裁定的上诉和抗诉的期限为5日，从接到判决书、裁定书的第二日起算。

备考提示 对附带民事判决、裁定的上诉、抗诉期限，应当按照刑事部分的上诉、抗诉期限确定。

[法条链接]《刑事诉讼法》第230条；《刑诉解释》第380条。

迷你案例

案情：罗某妨害公务一案于2016年9月21日一审宣判，并当庭送达了判决书。罗某于9月30日将上诉书交给看守所的监管人员向某，但向某因忙于个人事务，直至10月8日上班时

才将上诉书寄出。上诉书于10月10日寄到法院。

问题：本案一审判决是否生效？

答案：本案一审判决并未生效。本案中，罗某接到一审判决的日期是9月21日，因此，罗某对一审判决不服的上诉期限截止至10月1日。根据《刑事诉讼法》第105条第4款的规定，期间的最后一日为节假日的，以节假日后的第一日为期满日期。由于10月1日为法定节假日，因此上诉期限应当顺延至下一个工作日，即10月8日。故而一审判决在9月30日并未生效，罗某在上诉期内将上诉书寄出，成立有效上诉，阻止了一审判决的生效。

五、上诉与抗诉的途径

（一）上诉途径

上诉可以通过原审人民法院提出，也可以直接向上一级人民法院提出。

1. 上诉人通过第一审人民法院提出上诉，第一审人民法院经审查，认为符合法律规定的，应当在上诉期满后3日以内将上诉状连同案卷、证据移送上一级人民法院，并将上诉状副本送交同级人民检察院和对方当事人。

2. 上诉人直接向第二审人民法院提出上诉的，第二审人民法院应当在收到上诉状后3日以内将上诉状交第一审人民法院。第一审人民法院经审查，认为符合法律规定的，应当在接到上诉状后3日以内将上诉状连同案卷、证据移送上一级人民法院，并将上诉状副本送交同级人民检察院和对方当事人。

[法条链接]《刑诉解释》第381、382条。

（二）抗诉途径

地方各级人民检察院对同级人民法院第一审判决、裁定的抗诉，应当通过第一审人民法院提交抗诉书。第一审人民法院应当在抗诉期满后3日以内将抗诉书连同案卷、证据移送上一级人民法院，并将抗诉书副本送交当事人。

备考提示　二审抗诉是向原审人民法院提交抗诉书，但是向上一级人民法院抗诉。

[法条链接]《刑诉解释》第384条。

迷你案例

案情：怀化市检察院认为本级法院第一审未生效的判决、裁定确有错误。

问题：该检察院应当如何处理？

答案：怀化市检察院应当通过怀化市中级法院提交抗诉书，向湖南省高级法院抗诉。

六、上诉与抗诉的撤回

（一）撤回上诉

1. 期满前：上诉人在上诉期限内要求撤回上诉的，人民法院应当准许。

2. 期满后：上诉人在上诉期满后要求撤回上诉的，第二审人民法院经审查，认为原判认定事实和适用法律正确，量刑适当的，应当裁定准许；认为原判确有错误的，应当不予准许，继续按照上诉案件审理。

3. 被判处死刑立即执行的被告人提出上诉，在第二审开庭后宣告裁判前申请撤回上诉的，应当不予准许，继续按照上诉案件审理。

一招制敌 期满前撤回上诉，想撤就能撤；期满后撤回上诉，判错不许撤。

[法条链接]《刑诉解释》第383条。

（二）撤回抗诉

1. 期满前：人民检察院在抗诉期限内要求撤回抗诉的，人民法院应当准许。

2. 期满后：人民检察院在抗诉期满后要求撤回抗诉的，第二审人民法院可以裁定准许，但是认为原判存在将无罪判为有罪、轻罪重判等情形的，应当不予准许，继续审理。

一招制敌 期满前撤回抗诉，想撤就能撤；期满后撤回抗诉，判重不许撤。

[法条链接]《刑诉解释》第385条第1、2款。

迷你案例

案情：董某因强奸罪被Z县法院判处有期徒刑8年。判决宣告后，董某以量刑过重为由提出上诉，但在上诉期满后又要求撤回上诉。

问题：二审法院该如何处理？

答案：对于董某要求撤回上诉，二审法院应当进行审查：如果原判认定事实和适用法律正确，量刑适当，应当裁定准许董某撤回上诉；如果原判认定事实不清、证据不足或者适用法律错误、量刑不当，则应当不予准许董某撤回上诉，继续按照上诉案件审理。

七、撤回上诉、抗诉后一审裁判的生效问题

1. 在上诉、抗诉期满前撤回上诉、抗诉的，第一审判决、裁定在上诉、抗诉期满之日起生效。

2. 在上诉、抗诉期满后要求撤回上诉、抗诉，第二审人民法院裁定准许的，第一审判决、裁定应当自第二审裁定书送达上诉人或者抗诉机关之日起生效。

[法条链接]《刑诉解释》第386条。

迷你案例

案情：刘某倒卖文物一案于2014年5月28日一审终结。6月9日（星期一），法庭宣判刘某犯倒卖文物罪，判处有期徒刑4年并立即送达了判决书，刘某当即提出上诉，但于6月13日经法院准许撤回上诉；检察院以量刑畸轻为由于6月12日提出抗诉，上级检察院认为抗诉不当，于6月17日向同级法院撤回了抗诉。

问题：本案一审判决何时生效？

答案：6月20日生效。本案于6月9日送达判决书，6月10日开始计算上诉、抗诉期限，6月19日是上诉、抗诉的最后一日。由于6月13日的撤回上诉以及6月17日的撤回抗诉都是在上诉、抗诉期满之前，因此一审判决应当自上诉、抗诉期满之日起生效，即6月20日生效。

68 二审程序的重要原则

一、全面审查原则

第二审人民法院应当就第一审判决认定的事实和适用法律进行全面审查，不受上诉或者抗诉范围的限制。

[法条链接]《刑事诉讼法》第 233 条第 1 款。

（一）共犯的全面审查

共同犯罪案件，只有部分被告人提出上诉，或者自诉人只对部分被告人的判决提出上诉，或者人民检察院只对部分被告人的判决提出抗诉的，第二审人民法院应当对全案进行审查，一并处理。

备考提示 共同犯罪案件，上诉的被告人死亡，其他被告人未上诉的，第二审人民法院应当对死亡的被告人终止审理；但有证据证明被告人无罪，经缺席审理确认无罪的，应当判决宣告被告人无罪。在此情形下，第二审人民法院仍应对全案进行审查，对其他同案被告人作出判决、裁定。

[法条链接]《刑诉解释》第 389、390 条。

迷你案例

案情：罗某、张某二人共同盗窃金融机构，一审分别被判有期徒刑 10 年、6 年。罗某提出上诉；张某表示服判，未上诉。在二审法院审理期间，罗某死亡。

问题：二审法院认为罗某量刑过重、张某量刑过轻的，应当如何处理？

答案：由于罗某已经死亡，因此对罗某应当裁定终止审理；由于受到上诉不加刑原则的限制，因此对张某应当裁定维持原判。

（二）刑事附带民事诉讼的全面审查

第二审人民法院审理对附带民事部分提出上诉，刑事部分已经发生法律效力的案件，应当对全案进行审查，并按照下列情形分别处理：

1. 第一审判决的刑事部分并无不当的，只需就附带民事部分作出处理。

2. 第一审判决的刑事部分确有错误的，依照审判监督程序对刑事部分进行再审，并将附带民事部分与刑事部分一并审理。

[法条链接]《刑诉解释》第 409 条。

二、上诉不加刑原则

（一）上诉不加刑的概念

上诉不加刑，是指第二审人民法院审理被告人或者他的法定代理人、辩护人、近亲属上诉的案件，不得加重被告人的刑罚。第二审人民法院发回原审人民法院重新审判的案件，除有新的犯罪事实，人民检察院补充起诉的以外，原审人民法院也不得加重被告人的刑罚。人民检察院提出抗诉或者自诉人提出上诉的，不受该原则的限制。

［法条链接］《刑事诉讼法》第 237 条。

（二）上诉不加刑的对象

1. 一并原则。同案审理的案件，只有部分被告人上诉的，既不得加重上诉人的刑罚，也不得加重其他同案被告人的刑罚。

2. 分别原则。人民检察院只对部分被告人的判决提出抗诉，或者自诉人只对部分被告人的判决提出上诉的，第二审人民法院不得对其他同案被告人加重刑罚。

一招制敌 在案例中，要判断二审法院究竟可以对谁加重刑罚，关键就看谁被检察院抗诉或者被自诉人上诉了，对于没有被抗诉或者被上诉的被告人，二审法院就不能加重他的刑罚，简称“被上、被抗可加刑，其他通通不加刑”。

［法条链接］《刑诉解释》第 401 条第 1 款第 1 项、第 402 条。

案情：罗某自诉张某犯诽谤罪，法院审理后，张某反诉罗某犯侮辱罪。法院经审查，认为符合反诉条件，合并审理两案，判处罗某有期徒刑 1 年、张某有期徒刑 1 年。二人不服，均以法院对对方量刑过轻、己方量刑过重为由提出上诉。

问题：二审法院认为对二人量刑均过轻的，可否加重二人的刑罚？

答案：可以。因为张某和罗某分别被本诉和反诉中的自诉人上诉了，所以不受上诉不加刑原则的限制，二审法院可以加重二人的刑罚。

（三）上诉不加刑的表现

审理被告人或者其法定代理人、辩护人、近亲属提出上诉的案件，不得对被告人的刑罚作出实质不利的改判，并应当执行下列规定：

1. 不加同案犯。同案审理的案件，只有部分被告人上诉的，既不得加重上诉人的刑罚，也不得加重其他同案被告人的刑罚。

迷你案例

案情：甲、乙共同抢劫一案，甲上诉，乙不上诉，检察院不抗诉。

问题：二审法院认为对乙的量刑过轻的，能否加重乙的刑罚？

答案：不能。虽然乙没有上诉，但是检察院也并未对其提出抗诉，因此，二审法院不能加重乙的刑罚。

2. 改罪不加刑。原判认定的罪名不当的，可以改变罪名，但不得加重刑罚或者对刑罚执行产生不利影响。

备考提示 实践中可能存在二审改变一审认定的罪名而未加重刑罚的情况。但如果该改变对刑罚执行产生了不利影响，则违反了上诉不加刑原则。

［举案说法 1］一审法院以盗窃罪判处被告人罗小翔有期徒刑 3 年，罗小翔不服，提

出上诉，检察院未抗诉。二审法院将一审法院认定的盗窃罪改判为抢劫罪，仍维持有期徒刑 3 年的刑罚。此时，该判决并未违反上诉不加刑原则。

[举案说法 2] 一审法院以盗窃罪判处被告人罗小翔有期徒刑 10 年，罗小翔不服，提出上诉，检察院未抗诉。二审法院将一审法院认定的盗窃罪改判为抢劫罪，仍维持有期徒刑 10 年的刑罚。此时，该判决违反了上诉不加刑原则，因为《刑法》第 81 条第 2 款规定："对累犯以及因故意杀人、强奸、抢劫、绑架、放火、爆炸、投放危险物质或者有组织的暴力性犯罪被判处 10 年以上有期徒刑、无期徒刑的犯罪分子，不得假释。"如果二审法院改判为抢劫罪，则不得假释，这将对被告人罗小翔产生不利影响。

3. 数罪不加总刑期。原判认定的罪数不当的，可以改变罪数，并调整刑罚，但不得加重决定执行的刑罚或者对刑罚执行产生不利影响。

迷你案例

案情：一审法院认定被告人犯盗窃罪和诈骗罪，分别以盗窃罪判处被告人有期徒刑 5 年和以诈骗罪判处被告人有期徒刑 3 年，数罪并罚，决定执行 7 年有期徒刑。被告人不服，提出上诉，检察院未抗诉。二审法院改判为以盗窃罪判处被告人有期徒刑 3 年和以诈骗罪判处被告人有期徒刑 5 年，数罪并罚，还是决定执行 7 年有期徒刑。

问题：二审法院是否违反了上诉不加刑原则？

答案：没有。根据《刑诉解释》第 401 条第 1 款第 3 项的规定，在决定执行的刑罚不变和对刑罚执行不产生不利影响的情况下，应当允许加重数罪中某罪的刑罚。因为上诉不加刑是指不能使上诉人遭受不利的刑罚，其对象是决定执行的刑罚。

4. 不得撤缓刑。原判对被告人宣告缓刑的，不得撤销缓刑或者延长缓刑考验期。

迷你案例

1. 案情：一审法院以盗窃罪判处被告人刘某有期徒刑 3 年，缓刑 4 年。刘某不服，提出上诉，检察院未抗诉。二审法院改判刘某有期徒刑 1 年（实刑）。

问题：二审法院是否违反了上诉不加刑原则？

答案：违反了。二审法院虽然将刑期缩短，但是撤销了缓刑，实质上加重了被告人刘某的刑罚。

2. 案情：一审法院以盗窃罪判处被告人刘某有期徒刑 1 年。刘某不服，提出上诉，检察院未抗诉。二审法院改判刘某有期徒刑 3 年，缓刑 4 年。

问题：二审法院是否违反了上诉不加刑原则？

答案：违反了。虽然缓刑看似比实刑有利，但是二审法院将刑期从 1 年延长到 3 年，实质上加重了被告人刘某的刑罚。

5. 不加禁制令。原判没有宣告职业禁止、禁止令的，不得增加宣告；原判宣告职业禁止、禁止令的，不得增加内容、延长期限。

6. 不限制减刑。原判对被告人判处死刑缓期执行没有限制减刑、决定终身监禁的，不得限制减刑、决定终身监禁。

7. 不增附加刑。原判判处的刑罚不当、应当适用附加刑而没有适用的，不得直接加重刑罚、适用附加刑。

8. 纠错用审判监督。原判判处的刑罚畸轻，必须依法改判的，应当在第二审判决、裁定生效后，依照审判监督程序重新审判。

[举案说法] 被告人向某盗窃一案，由于向某认罪认罚，法院采纳了检察院的从宽量刑建议，判处向某有期徒刑 3 年，缓刑 4 年。向某不服，提出上诉，检察院未抗诉。此时，二审法院即使认为向某不诚信、出尔反尔，一审法院从宽量刑不当，也不能直接改判，只能维持原判，在二审判决生效后，依照审判监督程序重新审判。

[法条链接]《刑诉解释》第 401 条第 1 款。

（四）不得变相加刑

1. 被告人或者其法定代理人、辩护人、近亲属提出上诉，人民检察院未提出抗诉的案件，第二审人民法院发回重新审判后，除有新的犯罪事实且人民检察院补充起诉的以外，原审人民法院不得加重被告人的刑罚。

备考提示 上述规定旨在限制第二审人民法院通过发回重审，让原审人民法院来变相加重被告人的刑罚。只有出现新的犯罪事实且人民检察院补充起诉的情形，原审人民法院方可加重被告人的刑罚。

[法条链接]《刑诉解释》第 403 条第 1 款。

案情：被告人罗某因生产不符合安全标准的食品罪被一审法院判处有期徒刑 5 年，并被禁止在刑罚执行完毕之日起 3 年内从事食品加工行业。罗某以量刑畸重为由提出上诉，检察院未抗诉。

问题：本案二审法院发回重审后，如检察院变更起诉罪名为生产有害食品罪，则一审法院能否改判并加重罗某的刑罚？

答案：不能。根据《刑诉解释》第 403 条第 1 款的规定，被告人提出上诉，检察院未提出抗诉的案件，二审法院发回重审后，除有新的犯罪事实且检察院补充起诉的以外，一审法院不得加重被告人的刑罚。

2. 对前述规定的案件，原审人民法院对上诉发回重新审判的案件依法作出判决后，人民检察院抗诉的，第二审人民法院不得改判为重于原审人民法院第一次判处的刑罚。

备考提示 对发回重审的案件，如未发现被告人有新的犯罪事实或人民检察院未补充起诉，则原审人民法院不得加重被告人的刑罚。如果宣判后人民检察院再抗诉，第二审人民法院可以改判为重于原审人民法院第一次判处的刑罚的话，那么原审人民法院不得加重刑罚的规定就形同虚设。

[法条链接]《刑诉解释》第 403 条第 2 款。

迷你案例

案情：一审法院以盗窃罪、故意伤害罪判处被告人有期徒刑 7 年。被告人提出上诉，检察院未抗诉。二审法院发回重审后，在检察院没有补充起诉新的犯罪事实的情况下，一审法院以故意伤害罪判处被告人有期徒刑 3 年，而对盗窃罪未予认定。

问题：此种情形下，检察院抗诉，二审法院经审查认定抗诉成立的，可否以盗窃罪、故意伤害罪判处被告人有期徒刑 5 年？

答案：可以。检察院抗诉后，二审法院可以对被告人加重刑罚、增加罪名，但不得超过“以盗窃罪、故意伤害罪判处被告人有期徒刑 7 年”的原判刑罚，不得另行增加其他罪名和判处更高的刑罚。“以盗窃罪、故意伤害罪判处被告人有期徒刑 5 年”符合法律规定，故可以判决。

一、二审的审理程序

（一）应当开庭的案件

1. 被告人、自诉人及其法定代理人对第一审认定的事实、证据提出异议，可能影响定罪量刑的上诉案件。

2. 被告人被判处死刑（含死缓）的上诉案件。

3. 人民检察院抗诉的案件。

4. 应当开庭审理的其他案件。

备考提示 被判处死刑的被告人没有上诉，同案的其他被告人上诉的案件，第二审人民法院应当开庭审理。

［法条链接］《刑诉解释》第 393 条。

迷你案例

案情：罗某犯抢劫罪被一审法院判处死刑缓期二年执行。罗某对事实、证据无异议，仅以量刑过重为由提出上诉。

问题：二审法院能否不开庭审理？

答案：不能。被告人被判处死缓的案件，二审法院应当开庭审理。

（二）检察院出庭与阅卷

人民检察院提出抗诉的案件或者第二审人民法院开庭审理的公诉案件，同级人民检察院都应当派员出席法庭。第二审人民法院应当在决定开庭审理后及时通知人民检察院查阅案卷。人民检察院应当在 1 个月以内查阅完毕。人民检察院查阅案卷的时间不计入审理期限。

备考提示 抗诉案件，人民检察院接到开庭通知后不派员出庭，且未说明原因的，人民法院可以裁定按人民检察院撤回抗诉处理。

［法条链接］《刑事诉讼法》第 235 条；《刑诉解释》第 397 条第 2 款。

（三）同案犯的出庭

对同案审理案件中未上诉的被告人，未被申请出庭或者人民法院认为没有必要到庭

考点 69

的，可以不再传唤到庭。被告人要求出庭的，应当准许。出庭的被告人可以参加法庭调查和辩论。

[法条链接]《刑诉解释》第 399 条。

二、特殊案件的二审

（一）自诉案件二审程序

1. 对第二审自诉案件，必要时可以调解。调解结案的，应当制作调解书，第一审判决、裁定视为自动撤销。

2. 对第二审自诉案件，当事人也可以自行和解。当事人自行和解，裁定准许撤回自诉的，应当撤销第一审判决、裁定。

3. 第二审期间，自诉案件的当事人提出反诉的，应当告知其另行起诉。

[法条链接]《刑诉解释》第 411、412 条。

（二）附带民事诉讼二审程序

刑事附带民事诉讼案件，只有附带民事诉讼当事人及其法定代理人上诉的，第一审刑事部分的判决在上诉期满后即发生法律效力。应当送监执行的第一审刑事被告人是第二审附带民事诉讼被告人的，在第二审附带民事诉讼案件审结前，可以暂缓送监执行。

[法条链接]《刑诉解释》第 408 条。

备考提示 虽然民事、刑事两部分判决分开生效，效力独立，但是第二审人民法院依然要全面审查民事、刑事的各个部分。

1. 刑上民不上

第二审人民法院审理对刑事部分提出上诉、抗诉，附带民事部分已经发生法律效力的案件，发现第一审判决、裁定中的附带民事部分确有错误的，应当依照审判监督程序对附带民事部分予以纠正。

[法条链接]《刑诉解释》第 407 条。

2. 民上刑不上

第二审人民法院审理对附带民事部分提出上诉，刑事部分已经发生法律效力的案件，应当对全案进行审查，并按照下列情形分别处理：①第一审判决的刑事部分并无不当的，只需就附带民事部分作出处理；②第一审判决的刑事部分确有错误的，依照审判监督程序对刑事部分进行再审，并将附带民事部分与刑事部分一并审理。

[法条链接]《刑诉解释》第 409 条。

案情：罗某故意伤害张某一案，控辩双方对一审刑事判决未提出抗诉或者上诉，但附带民事原告人张某对一审判决的民事赔偿部分不服，提出上诉。

问题：二审法院在审理张某对民事赔偿部分提出的上诉时，发现一审判决量刑过重的，应当如何处理？

答案：依照审判监督程序对刑事部分进行再审，并将附带民事部分与刑事部分一并审理。

3. 增加独立请求或者反诉

第二审期间，第一审附带民事诉讼原告人增加独立的诉讼请求或者第一审附带民事诉讼被告人提出反诉的，第二审人民法院可以根据自愿、合法的原则进行调解；调解不成的，告知当事人另行起诉。

［法条链接］《刑诉解释》第 410 条。

一、二审裁判结果

（一）维持

原判决认定事实和适用法律正确、量刑适当的，应当裁定驳回上诉或者抗诉，维持原判。

备考提示 即使一审程序量刑过轻，但受上诉不加刑原则的限制，也只能维持原判。

（二）改判

1. 应当改判：原判决认定事实没有错误，但适用法律有错误，或者量刑不当的，应当改判。

2. 可以改判：原判决事实不清楚或者证据不足的，可以在查清事实后改判。

（三）发回重审

1. 可以发回：原判决事实不清楚或者证据不足的，可以裁定撤销原判，发回原审人民法院重新审判。

备考提示 此情形发回重审仅限 1 次。

迷你案例

案情：某涉黑案件中，法院在二审时发现从犯张某还涉嫌单独实施强制猥亵行为。

问题：二审法院应当如何处理？

答案：根据《刑诉解释》第 404 条第 2 款的规定，二审法院根据案件情况，可以对张某分案处理，将张某发回重审。原审法院重审作出判决后，张某上诉或检察院抗诉，其他被告人的案件尚未作出二审裁判的，二审法院可以并案审理。

2. 应当发回：第一审人民法院的审理违反法定程序的，应当裁定撤销原判，发回原审人民法院重新审判。

备考提示

1. 因程序违法发回重审的，并不限制次数。

2. 原审人民法院对于发回重新审判的案件，应当另行组成合议庭，依照第一审程序进行审判。对于重新审判后的判决，可以上诉、抗诉。

考点 70

[法条链接]《刑事诉讼法》第 236、238、239 条;《刑诉解释》第 404 条第 2 款。

二、二审裁判效力

第二审的判决、裁定是终审的判决、裁定,自宣告之日起发生法律效力。

[法条链接]《刑事诉讼法》第 244 条;《刑诉解释》第 413 条第 3 款。

回 顾

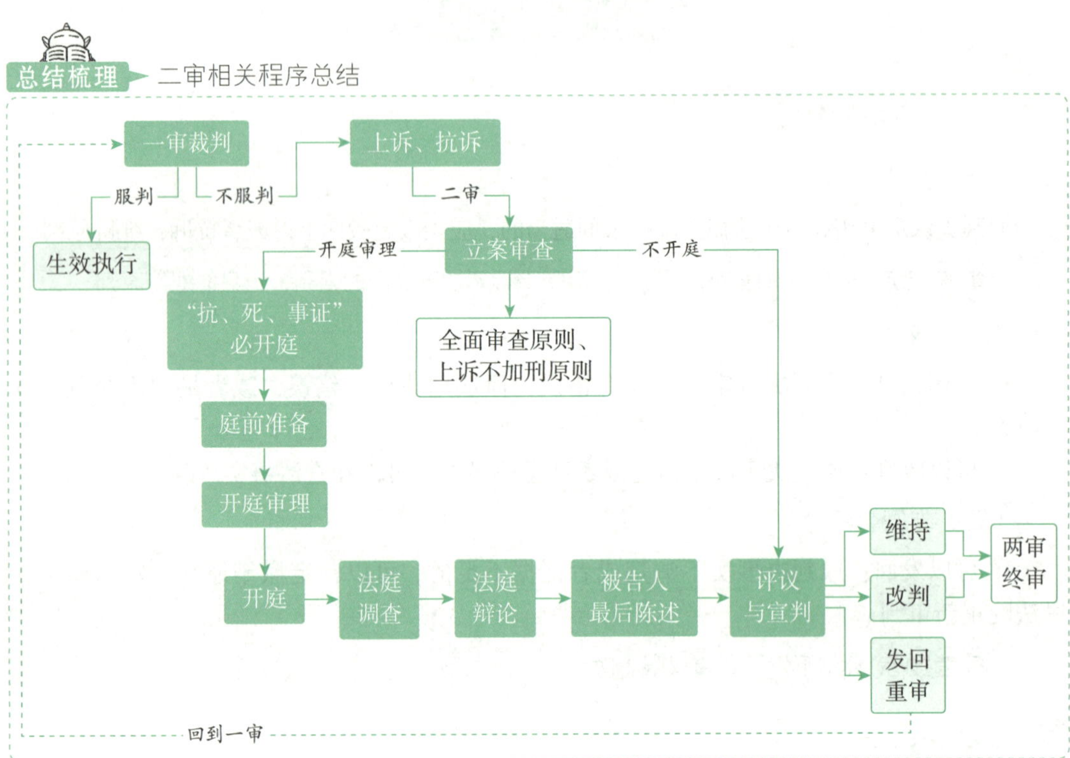

有很多时候,
勇气不是从你的脑袋里生出,
而是从你的脚下涌现。

复 核 程 序

考情概述

复核程序作为两审终审制的例外，包括在法定刑以下量刑的复核程序以及死刑的复核程序。同学们需要掌握复核案件的报请程序、复核程序以及复核后的处理结果。2021年《刑诉解释》对复核程序的修改主要涉及：①明确最高人民法院复核死刑案件可以直接改判的情形；②明确最高人民法院裁定不核准死刑，发回第二审人民法院的，第二审人民法院后续的处理规则。

71 在法定刑以下判处刑罚的核准程序

在法定刑以下判处刑罚的案件，不能直接发生法律效力，必须报请最高人民法院核准方可生效。这也是两审终审制的一个例外。

一、上报、上诉的途径

报请最高人民法院核准在法定刑以下判处刑罚的案件，应当按照下列情形分别处理：

（一）不上诉、不抗诉

1. 在上诉、抗诉期满后3日以内报请上一级人民法院复核。

2. 上一级人民法院复核的处理

（1）上一级人民法院同意原判的，应当书面层报最高人民法院核准；（“层层上报”）

（2）上一级人民法院不同意原判的，应当裁定发回重新审判，或者按照第二审程序提审。（“上报路上不改判”）

（二）上诉、抗诉

一审后上诉、抗诉的，应当按二审程序审理。

1. 二审维持原判，或者改判后仍在法定刑以下判处刑罚的，应当书面层报最高人民法院核准。

2. 二审改判后在法定刑以内判处刑罚的，二审终审生效。

[法条链接]《刑诉解释》第 414 条。

案情：许霆盗窃一案，广州市中院一审在法定刑以下判处许霆有期徒刑 5 年。

问题：如果被告人许霆不上诉、检察院不抗诉，广州市中院报请广东省高院复核，高院不同意在法定刑以下量刑，高院能否直接改判？

答案：不能。广东省高院如果不同意在法定刑以下量刑，应当裁定发回重新审判，或者按照二审程序提审。

二、最高人民法院复核后的处理

1. 予以核准：应当作出核准裁定书。

2. 不予核准：应当作出不核准裁定书，并撤销原判决、裁定，发回原审人民法院重新审判或者指定其他下级人民法院重新审判。

备考提示 此情形下，发回第二审人民法院重新审判的案件，第二审人民法院可以直接改判；必须通过开庭查清事实、核实证据或者纠正原审程序违法的，应当开庭审理。

[法条链接]《刑诉解释》第 417、418 条。

迷你案例

案情：许霆盗窃一案，广州市中院一审在法定刑以下判处许霆有期徒刑 5 年。

问题：如果被告人许霆不上诉、检察院不抗诉，广州市中院报请广东省高院复核，高院同意在法定刑以下量刑，层报最高院核准，最高院不同意在法定刑以下量刑，最高院能否直接改判？

答案：不能。最高院如果不同意在法定刑以下量刑，应当裁定不予核准，作出不核准裁定书，并撤销原判决，发回广州市中院重新审判或者指定其他下级法院重新审判。

72

死刑立即执行案件的复核程序

一、上报、上诉的途径

中级人民法院判处死刑（立即执行）的第一审案件，报请最高人民法院核准，应当按照下列情形分别处理：

（一）不上诉、不抗诉

1. 在上诉、抗诉期满后 10 日以内报请高级人民法院复核。

2. 高级人民法院复核的处理

（1）高级人民法院同意判处死刑的，应当在作出裁定后 10 日以内报请最高人民法院核准。（“层层上报”）

备考提示 认为原判认定的某一具体事实或者引用的法律条款等存在瑕疵，但判处被告人死刑并无不当的，可以在纠正后作出核准的判决、裁定。

（2）高级人民法院不同意判处死刑的，应当依照第二审程序提审或者发回重新审判。（“上报路上不改判”）

（二）上诉、抗诉

1. 高级人民法院二审裁定维持的，应当在作出裁定后 10 日以内报请最高人民法院核准。

2. 高级人民法院二审认为不应当判处被告人死刑的，应当直接对一审的裁判量刑进行改判。如果改判后不再判处被告人死刑，则无需再上报，二审裁判即发生效力。

［法条链接］《刑诉解释》第 423 条第 1 款第 1、2 项。

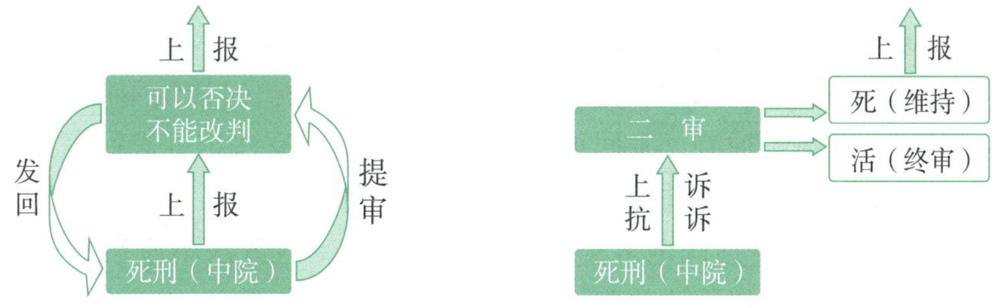

迷你案例

1. 案情：杭州市中院一审以故意杀人罪判处许某死刑立即执行。一审判决作出后，许某不上诉、检察院不抗诉。上诉、抗诉期满后，杭州市中院报请浙江省高院复核，浙江省高院不同意判处许某死刑。

问题：浙江省高院能否直接改判？

答案：不能。浙江省高院作为复核法院，不同意判处许某死刑，应当依照第二审程序提审或发回重新审判。

2. 案情：杭州市中院一审以故意杀人罪判处许某死刑立即执行。一审判决作出后，许某上诉。浙江省高院认为量刑过重，不同意判处许某死刑。

问题：浙江省高院能否直接改判？

答案：能。浙江省高院作为二审法院，认为量刑过重，不同意判处许某死刑，应当直接依法改判。改判后不再判处许某死刑的，该判决为终审判决。

二、死刑立即执行案件的复核

1. 最高人民法院复核死刑案件，高级人民法院复核死刑缓期执行的案件，应当由审判员3人组成合议庭进行。

2. 最高人民法院复核死刑案件，应当讯问被告人，辩护律师提出要求的，应当听取辩护律师的意见。

3. 在复核死刑案件过程中，最高人民检察院可以向最高人民法院提出意见。最高人民法院应当将死刑复核结果通报最高人民检察院。

备考提示 共同犯罪案件中，部分被告人被判处死刑的，最高人民法院或高级人民法院复核时，应当对全案进行审查，但不影响对其他被告人已经发生法律效力的判决、裁定的执行。发现对其他被告人已经发生法律效力的判决、裁定确有错误时，可以指令原审人民法院再审。

[法条链接]《刑事诉讼法》第249、251条。

三、复核结果

最高人民法院复核死刑案件，应当按照下列情形分别处理：

1. 没错核准。原判认定事实和适用法律正确、量刑适当、诉讼程序合法的，应当裁定核准。

2. 瑕疵纠正。原判认定的某一具体事实或者引用的法律条款等存在瑕疵，但判处被告人死刑并无不当的，可以在纠正后作出核准的判决、裁定。

3. 见错发回。①原判事实不清、证据不足的，应当裁定不予核准，并撤销原判，发回重新审判；②复核期间出现新的影响定罪量刑的事实、证据的，应当裁定不予核准，并撤销原判，发回重新审判；③原判认定事实正确、证据充分，但依法不应当判处死刑的，应当裁定不予核准，并撤销原判，发回重新审判；④原审违反法定诉讼程序，可能影响公正审判的，应当裁定不予核准，并撤销原判，发回重新审判。

4. 不死必要时可改。原判认定事实正确、证据充分，但依法不应当判处死刑的，根据案件情况，必要时，也可以依法改判。

备考提示 此情形应坚持“以发回重审为原则，以依法改判为例外”的原则，即对不予核准死刑的案件，一般应发回重审，只有改判没有“后遗症”的，出于诉讼效率的考虑，才予以直接改判。

一招制敌 最高院核准死刑的结果可以概括为：没错核准、瑕疵纠正、见错发回、不死必要时可改。

[法条链接]《刑诉解释》第429条。

迷你案例

1. 案情：罗某因绑架罪被判处死刑，最高院在对案件进行复核时，认为死刑判决过重，另外还发现一审未开庭审理。

问题：最高院应当如何处理？

答案：本案一审未开庭审理，违反了法定诉讼程序，可能影响公正审判，最高院应当裁定不予核准，并撤销原判，发回重新审判。

2. 案情：罗某和张某共同犯拐卖妇女、儿童罪，均被判处死刑立即执行。最高院复核后，认为原判认定事实正确，证据确实、充分，罗某系主犯，应当被判处死刑立即执行，但对张某可不判处死刑立即执行。

问题：最高院应当如何处理？

答案：根据《刑诉解释》第 429 条第 5 项的规定，最高院复核死刑案件，认为原判认定事实正确、证据充分，但依法不应当判处死刑的，应当裁定不予核准，并撤销原判，发回重新审判；根据案件情况，必要时，也可以依法改判。

四、复核后发回重审的程序

（一）发回哪个法院

最高人民法院裁定不予核准死刑的，根据案件情况，可以发回第二审人民法院或者第一审人民法院重新审判。

备考提示 第一审人民法院重新审判的，应当开庭审理。第二审人民法院重新审判的，可以直接改判；必须通过开庭查清事实、核实证据或者纠正原审程序违法的，应当开庭审理。

考点 72

一招制敌 不予核准死刑发回二审应当开庭的情形可以概括为：事实、证据、纠程序。

1. 如果发回二审法院。对最高人民法院发回第二审人民法院重新审判的案件，第二审人民法院一般不得发回第一审人民法院重新审判。

2. 如果发回复核法院。高级人民法院依照复核程序审理后报请最高人民法院核准死刑，最高人民法院裁定不予核准，发回高级人民法院重新审判的，高级人民法院可以依照第二审程序提审或者发回重新审判。

［法条链接］《刑诉解释》第 430、431 条。

迷你案例

案情：杭州市中院一审以故意杀人罪判处许某死刑立即执行。最高院认为判处许某死刑立即执行量刑过重，裁定不予核准，发回浙江省高院。

问题：浙江省高院能否将本案发回杭州市中院审理？

答案：①如果本案是经浙江省高院二审维持死刑判决后再报请最高院核准的，那么，最高院裁定不予核准，发回浙江省高院，相当于发回二审法院，根据《刑诉解释》第 430 条第 2 款的规定，浙江省高院一般不得将本案发回杭州市中院重新审判；②如果本案是经浙江省高院复核审理后报请最高院核准死刑，最高院裁定不予核准，发回浙江省高院重新审判的，那么，根据《刑诉解释》第 431 条的规定，浙江省高院可以依照二审程序提审本案或者将本案发回杭州市中院重新审判。

（二）合议庭组成

发回重新审判的案件，原审人民法院应当另行组成合议庭审理。但有两个例外，发回不需要另行组成合议庭：

1. 复核期间出现新的影响定罪量刑的事实、证据，发回重新审判的。
2. 原判认定事实正确、证据充分，但依法不应当判处死刑，发回重新审判的。

［法条链接］《刑诉解释》第 432 条。

案情：罗某因贩卖毒品罪被市中院判处死刑立即执行。罗某上诉后，省高院维持了一审判决。最高院复核后，认为二审程序违法，裁定不予核准，发回省高院重新审判。

问题：省高院重审本案的审判组织有何特点？

答案：应当由省高院 3 名或 5 名审判员另行组成合议庭审理本案。

（三）发回重审的次数

发回重新审判的案件，第一审人民法院判处死刑、死刑缓期执行的，上一级人民法院依照第二审程序或者复核程序审理后，应当依法作出判决或者裁定，不得再发回重新审判。但是，第一审人民法院有程序违法情形的除外。

［法条链接］《刑诉解释》第 433 条。

回　顾

中院一审判处死刑立即执行的后续程序总结

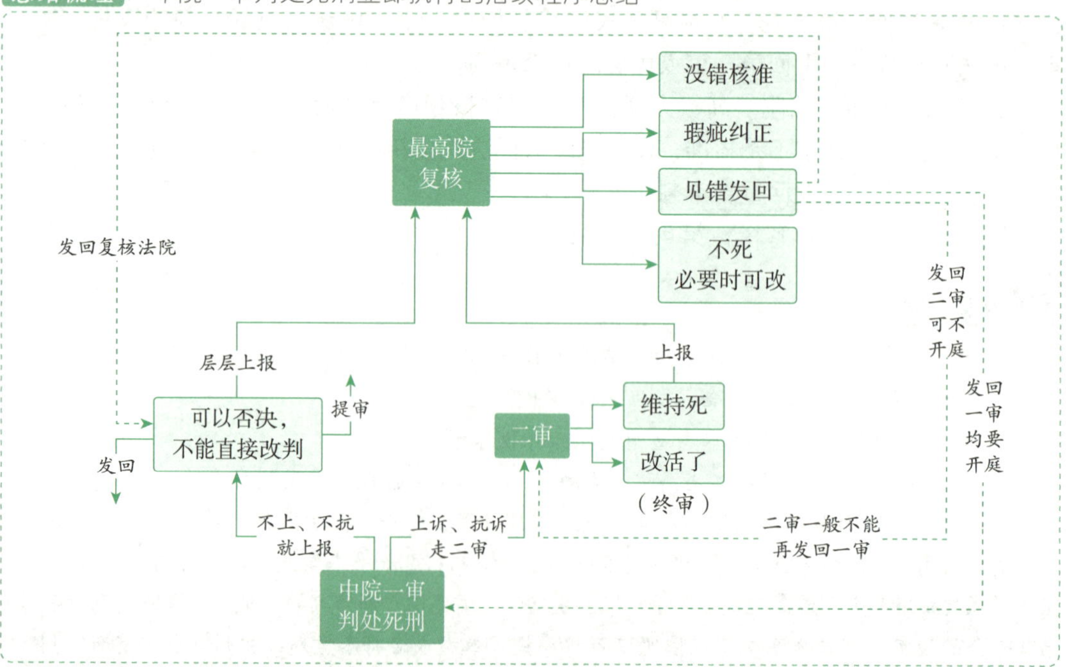

73 死刑缓期二年执行案件的复核程序

一、上报、上诉的途径

中级人民法院判处死刑缓期执行的第一审案件，应当按照下列情形分别处理：

1. 上诉、抗诉：高级人民法院用第二审程序审理，如果维持死刑缓期执行判决，则第二审即终审。

2. 不上诉、不抗诉：上诉、抗诉期满后，报请高级人民法院核准。

[法条链接]《刑诉解释》第424条第1款。

二、复核结果

高级人民法院复核死刑缓期执行案件，应当按照下列情形分别处理：

1. 予以核准。原判认定事实和适用法律正确、量刑适当、诉讼程序合法的，应当裁定核准。

2. 瑕疵纠正。原判认定的某一具体事实或者引用的法律条款等存在瑕疵，但判处被告人死刑缓期执行并无不当的，可以在纠正后作出核准的判决、裁定。

3. 应当改判。原判认定事实正确，但适用法律有错误，或者量刑过重的，应当改判。

一招制敌 死缓复核绝对不能加重被告人的刑罚，变轻容易变重难。

4. 可以发回重审或改判。①原判事实不清、证据不足的，可以裁定不予核准，并撤销原判，发回重新审判，或者依法改判；②复核期间出现新的影响定罪量刑的事实、证据的，可以裁定不予核准，并撤销原判，发回重新审判，或者依法改判。

5. 应当发回重审。原审违反法定诉讼程序，可能影响公正审判的，应当裁定不予核准，并撤销原判，发回重新审判。

[法条链接]《刑诉解释》第428条。

迷你案例

1. 案情：罗某因犯故意杀人罪被某市中院一审判处死刑，缓期二年执行。判决作出后，罗某没有上诉，检察院也没有抗诉。省高院在复核本案时认为一审判决认定事实清楚，适用法律正确，但量刑不当，应当判处罗某死刑立即执行。

问题：省高院应当如何处理本案？

答案：省高院应当裁定维持一审判决，待判决生效后，可以通过审判监督程序纠正。

2. 案情：罗某因犯故意杀人罪被某市中院一审判处死刑，缓期二年执行。判决作出后，检察院提出抗诉。省高院二审认为一审判决认定事实清楚，适用法律正确，但量刑不当，应当判处罗某死刑立即执行。

问题：省高院应当如何处理本案？

答案：省高院应当改判罗某死刑立即执行，作出判决后报请最高院核准。

回　顾

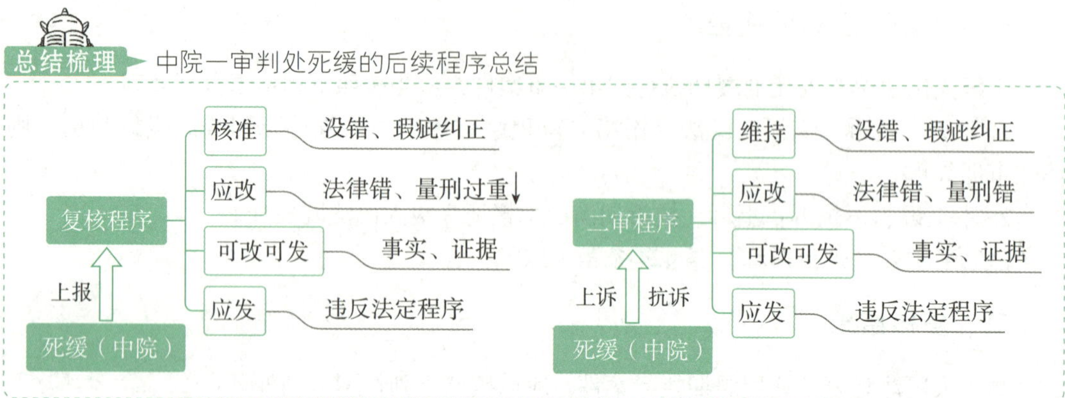

审判监督程序

考情概述

审判监督程序，又称再审程序，是对生效裁判的一种特殊救济程序。当前很多热门的冤假错案都是通过审判监督程序加以纠正的。同学们需要掌握再审的申诉程序、审理程序，以及法院和检察院启动再审的程序。

74 审判监督程序的启动

一、再审的申诉

（一）申诉的主体、对象、机关

1. 主体：当事人及其法定代理人、近亲属和案外人。
2. 对象：已经发生法律效力的判决、裁定。
3. 机关：人民法院或者人民检察院。

[法条链接]《刑事诉讼法》第252条；《刑诉解释》第451条第1、2款。

（二）申诉的效果

1. 申诉不能停止判决、裁定的执行。
2. 申诉不能必然引起审判监督程序。

备考提示 上诉必然引起二审，阻碍一审裁判生效。

（三）申诉的理由

1. 有新的证据证明原判决、裁定认定的事实确有错误，可能影响定罪量刑的。

2. 据以定罪量刑的证据不确实、不充分、依法应当予以排除，或者证明案件事实的主要证据之间存在矛盾的。

3. 原判决、裁定适用法律确有错误的。

4. 违反法律规定的诉讼程序，可能影响公正审判的。

5. 审判人员在审理该案件的时候，有贪污受贿、徇私舞弊、枉法裁判行为的。

[法条链接]《刑事诉讼法》第253条。

（四）向法院申诉的程序

1. 原则找终审

申诉由终审人民法院审查处理。但是，第二审人民法院裁定准许撤回上诉的案件，申诉人对第一审判决提出申诉的，可以由第一审人民法院审查处理。

2. 越级的申诉

（1）上一级人民法院对未经终审人民法院审查处理的申诉，可以告知申诉人向终审人民法院提出申诉，或者直接交终审人民法院审查处理，并告知申诉人；案件疑难、复杂、重大的，也可以直接审查处理。

（2）对未经终审人民法院及其上一级人民法院审查处理，直接向上级人民法院申诉的，上级人民法院应当告知申诉人向下级人民法院提出。

3. 死刑案件的申诉

对死刑案件的申诉，可以由原核准的人民法院直接审查处理，也可以交由原审人民法院审查。原审人民法院应当制作审查报告，提出处理意见，层报原核准的人民法院审查处理。

4. 两级申诉制

申诉人对驳回申诉不服的，可以向上一级人民法院申诉。上一级人民法院经审查认为申诉不符合法律规定的，应当说服申诉人撤回申诉；对仍然坚持申诉的，应当驳回或者通知不予重新审判。

[法条链接]《刑诉解释》第453、455、459条。

迷你案例

案情：罗某盗窃一案，杭州市中院二审维持原判。裁判生效后，罗某向法院提出申诉。

问题：请简述本案的申诉程序。

答案：①罗某原则上应当向杭州市中院申诉。②如果罗某直接向浙江省高院申诉，浙江省高院可以告知罗某向杭州市中院提出申诉，或者直接交杭州市中院审查处理，并告知罗某；案件疑难、复杂、重大的，浙江省高院也可以直接审查处理。③如果罗某直接向最高院申诉，最高院应当告知罗某向下级法院提出。④如果罗某向杭州市中院、浙江省高院申诉均被驳回后，仍然坚持申诉，法院应当驳回或者通知不予重新审判。

（五）向检察院申诉的程序

1. 向人民检察院申诉的，由作出生效判决、裁定的人民法院的同级人民检察院依法办理。

2. 直接向上级人民检察院申诉的，上级人民检察院可以交由作出生效判决、裁定的人民

法院的同级人民检察院受理；案情重大、疑难、复杂的，上级人民检察院可以直接受理。

3. 经人民检察院复查决定不予抗诉后继续提出申诉的，上一级人民检察院应当受理。

4. 经两级人民检察院办理且省级人民检察院已经复查的，如果没有新的证据，人民检察院不再复查，但原审被告人可能被宣告无罪或者判决、裁定有其他重大错误可能的除外。

[法条链接]《高检规则》第 593、594 条。

迷你案例

案情：罗某盗窃一案，杭州市中院二审维持原判。裁判生效后，罗某向检察院提出申诉。

问题：请简述本案的申诉程序。

答案：①罗某原则上应当向杭州市检察院申诉。②如果罗某直接向浙江省检察院申诉，浙江省检察院可以交由杭州市检察院受理；案情重大、疑难、复杂的，浙江省检察院也可以直接受理。③如果罗某向杭州市检察院、浙江省检察院申诉经复查均不予抗诉，且没有新的证据，检察院不再复查，但罗某可能被宣告无罪或者判决、裁定有其他重大错误可能的除外。

二、提起审判监督程序的主体

（一）法院

1. 本院

各级人民法院院长对本院已经发生法律效力的判决和裁定，如果发现在认定事实上或者在适用法律上确有错误，必须提交审判委员会处理。

2. 上级法院

最高人民法院对各级人民法院已经发生法律效力的判决和裁定，上级人民法院对下级人民法院已经发生法律效力的判决和裁定，如果发现确有错误，有权提审或者指令下级人民法院再审。

备考提示

（1）上级人民法院发现下级人民法院已经发生法律效力的判决、裁定确有错误的，可以指令下级人民法院再审；原判决、裁定认定事实正确但适用法律错误，或者案件疑难、复杂、重大，或者有不宜由原审人民法院审理情形的，也可以提审。

（2）上级人民法院指令下级人民法院再审的，一般应当指令原审人民法院以外的下级人民法院审理；由原审人民法院审理更有利于查明案件事实、纠正裁判错误的，可以指令原审人民法院审理。

[法条链接]《刑事诉讼法》第 254 条第 1、2 款；《刑诉解释》第 461 条。

（二）检察院

最高人民检察院对各级人民法院已经发生法律效力的判决和裁定，上级人民检察院对下级人民法院已经发生法律效力的判决和裁定，如果发现确有错误，有权按照审判监督程序向同级人民法院提出抗诉。

备考提示 人民检察院抗诉的案件，接受抗诉的人民法院应当组成合议庭重新审理，对于原判决事实不清楚或者证据不足的，可以指令下级人民法院再审。

考点 74

一招制敌 检察院作为提起审判监督程序主体的情形可以概括为：向谁抗，谁来审，事实不清可指令。

[法条链接]《刑事诉讼法》第254条第3、4款。

迷你案例

案情：王某因间谍罪被甲省乙市中院一审判处死刑，缓期二年执行。王某没有上诉，检察院没有抗诉。判决生效后，发现有新的证据证明原判决认定的事实确有错误。

问题：哪些机关有权对本案提起再审？

答案：本案的终审法院为甲省高院（死缓判决须经高院核准方可生效），所以甲省高院可以决定再审；最高院可以提审或者指令再审；最高检可以向最高院提起再审抗诉。

75 依照审判监督程序对案件重新审判的程序

一、审判组织

人民法院按照审判监督程序重新审判的案件，由原审人民法院审理的，应当另行组成合议庭进行。

二、再审审级

1. 原来是第一审案件的，应当依照第一审程序进行审判，所作的判决、裁定，可以上诉、抗诉。

2. 原来是第二审案件，或者是上级人民法院提审的案件的，应当依照第二审程序进行审判，所作的判决、裁定，是终审的判决、裁定。

[法条链接]《刑事诉讼法》第256条第1款。

[举案说法] 长沙市中院一审判处被告人无期徒刑。上诉、抗诉期满，被告人没有提起上诉，检察院没有提起抗诉。判决生效后，如果长沙市中院决定再审，应当按照第一审程序进行审判。如果湖南省检察院向湖南省高院提起再审抗诉，则湖南省高院提审本案的，应当适用第二审程序；湖南省高院指令怀化市中院重新审理的，应当适用第一审程序。

迷你案例

案情：杭州市中院判处被告人刘某无期徒刑。刘某不上诉，检察院不抗诉。判决生效后，浙江省检察院向浙江省高院提起再审抗诉。

问题：如果浙江省高院要重新审理本案，则合议庭该如何组成？

答案：浙江省高院提审本案的，应当适用第二审程序进行审判，由审判员3人或5人组成合议庭。

三、再审中的强制措施

1. 人民法院决定再审的案件，需要对被告人采取强制措施的，由人民法院依法决定。

2. 人民检察院提出抗诉的再审案件，需要对被告人采取强制措施的，由人民检察院依法决定。

[法条链接]《刑事诉讼法》第 257 条第 1 款。

四、再审与执行

再审期间不停止原判决、裁定的执行，但被告人可能经再审改判无罪，或者可能经再审减轻原判刑罚而致刑期届满的，可以决定中止原判决、裁定的执行，必要时，可以对被告人采取取保候审、监视居住措施。

[法条链接]《刑诉解释》第 464 条。

五、重新审理后的处理

再审案件经过重新审理后，应当按照下列情形分别处理：

1. 维持原判。原判决、裁定认定事实和适用法律正确、量刑适当的，应当裁定驳回申诉或者抗诉，维持原判决、裁定。

2. 纠正维持。原判决、裁定定罪准确、量刑适当，但在认定事实、适用法律等方面有瑕疵的，应当裁定纠正并维持原判决、裁定。

3. 应当改判。原判决、裁定认定事实没有错误，但适用法律错误或者量刑不当的，应当撤销原判决、裁定，依法改判。

4. 可以改判，可以发回。依照第二审程序审理的案件，原判决、裁定事实不清、证据不足的，可以在查清事实后改判，也可以裁定撤销原判，发回原审人民法院重新审判。

备考提示 原判决、裁定事实不清或者证据不足，经审理事实已经查清的，应当根据查清的事实依法裁判；事实仍无法查清，证据不足，不能认定被告人有罪的，应当撤销原判决、裁定，判决宣告被告人无罪。

5. 更正信息。原判决、裁定认定被告人姓名等身份信息有误，但认定事实和适用法律正确、量刑适当的，作出生效判决、裁定的人民法院可以通过裁定对有关信息予以更正。

[法条链接]《刑诉解释》第 472、473 条。

迷你案例

案情：北京市朝阳区法院对吴某某强奸一案启动审判监督程序审理，认为原判决、裁定事实不清或者证据不足。

问题：该法院应当如何处理？

答案：朝阳区法院作为基层法院，再审肯定是按照一审程序审理。因此，本案中，原判决、裁定事实不清或者证据不足，经审理事实已经查清的，应当根据查清的事实依法裁判；事实仍无法查清，证据不足，不能认定被告人吴某某有罪的，应当撤销原判决、裁定，判决宣告吴某某无罪。

考点 75

回　顾

总结梳理 审判监督程序总结

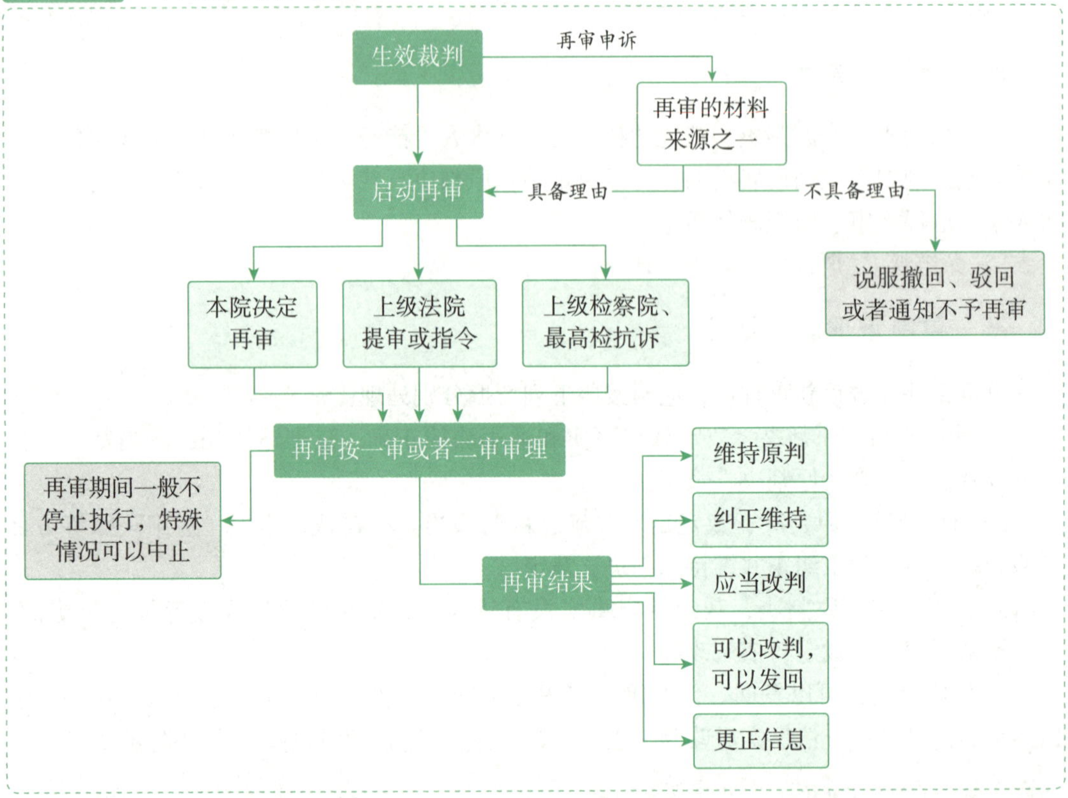

- 生效裁判 →（再审申诉）→ 再审的材料来源之一
  - 具备理由 → 启动再审
  - 不具备理由 → 说服撤回、驳回或者通知不予再审
- 生效裁判 → 启动再审
- 启动再审：
  - 本院决定再审
  - 上级法院提审或指令
  - 上级检察院、最高检抗诉
- → 再审按一审或者二审审理
  - 再审期间一般不停止执行，特殊情况可以中止
- 再审结果：
  - 维持原判
  - 纠正维持
  - 应当改判
  - 可以改判，可以发回
  - 更正信息

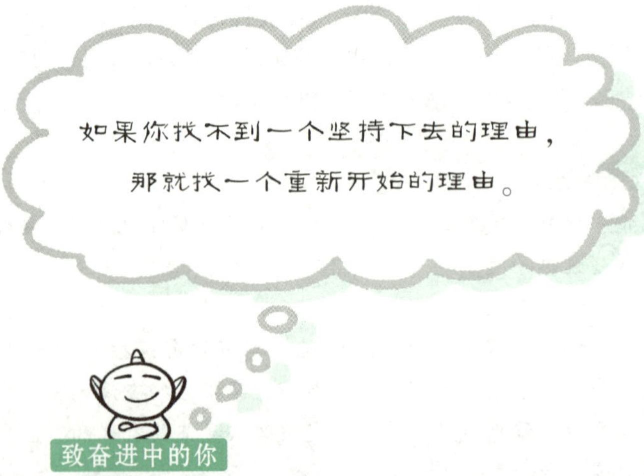

如果你找不到一个坚持下去的理由，
那就找一个重新开始的理由。

执行程序

考情概述

刑事诉讼中的执行，是指将人民法院作出的已经发生法律效力的判决、裁定所确定的内容付诸实现，以及处理执行过程中的变更执行等问题而依法进行的活动。执行程序的可考性较低，同学们仅需掌握某些重点刑罚的执行机关和执行程序，然后掌握执行中刑罚的变更程序，如死刑的变更、死缓的变更、监外执行等。

76 执行概述

一、执行机关

1. 人民法院：负责死刑立即执行、罚金和没收财产以及无罪或者免除刑罚判决的执行。

2. 监狱：负责死刑缓期二年执行、无期徒刑、有期徒刑（余刑在3个月以上）判决的执行。

备考提示 余刑不够3个月的，由看守所代为执行。

3. 公安机关：负责余刑不足3个月的有期徒刑和拘役、剥夺政治权利判决的执行。

4. 社区矫正机构：负责管制、宣告缓刑、假释或者暂予监外执行判决的执行。

一招制敌 各个执行机关执行的刑种可以概括为：（法院）收钱、杀人、不干活，（监狱）徒刑监禁3月起，（公安）不足3、拘、夺政权，社区最闲陪你玩。

[法条链接]《刑事诉讼法》第260条、第261条第1款、第264条第2款、第269~272条。

迷你案例

案情：在一起共同犯罪案件中，主犯王某被判处有期徒刑15年，剥夺政治权利3年，并处没收个人财产；主犯朱某被判处有期徒刑10年，剥夺政治权利2年，并处罚金2万元；从犯李某被判处有期徒刑8个月；从犯周某被判处管制1年，剥夺政治权利1年。

问题：本案中，应由监狱执行刑罚的罪犯是谁？

答案：王某、朱某、李某三人均被判处有期徒刑（余刑在3个月以上），因此均由监狱执行。

二、交付程序

罪犯被交付执行刑罚的时候，应当由交付执行的人民法院在判决生效后10日以内将有关的法律文书送达公安机关、监狱或者其他执行机关。

备考提示 同案审理的案件中，部分被告人被判处死刑，对未被判处死刑的同案被告人需要羁押执行刑罚的，应当依法及时交付执行。但是，该同案被告人参与实施有关死刑之罪的，应当在复核讯问被判处死刑的被告人后交付执行。

[法条链接]《刑事诉讼法》第264条第1款；《刑诉解释》第512条。

77 财产刑的执行

一、执行机关

刑事裁判涉财产部分，由第一审人民法院执行。第一审人民法院可以委托财产所在地的同级人民法院执行。

备考提示 没收财产的判决，由人民法院执行；在必要的时候，可以会同公安机关执行。

[法条链接]《刑事诉讼法》第272条；《最高人民法院关于刑事裁判涉财产部分执行的若干规定》（以下简称《刑事裁判涉财产执行规定》）第2条。

二、执行时间

1. 罚金在判决规定的期限内一次或者分期缴纳。期满无故不缴纳或者未足额缴纳的，人民法院应当强制缴纳。经强制缴纳仍不能全部缴纳的，在任何时候，包括主刑执行完毕后，发现被执行人有可供执行的财产的，应当追缴。

2. 判处没收财产的，判决生效后，应当立即执行。

[法条链接]《刑诉解释》第523条第1款、第525条。

三、没收范围

判处没收财产的，应当执行刑事裁判生效时被执行人合法所有的财产。

[法条链接]《刑事裁判涉财产执行规定》第 9 条第 1 款。

四、追缴赃款

1. 对赃款赃物及其收益，人民法院应当一并追缴。

2. 被执行人将赃款赃物投资或者置业，对因此形成的财产及其收益，人民法院应予追缴。

3. 被执行人将赃款赃物与其他合法财产共同投资或者置业，对因此形成的财产中与赃款赃物对应的份额及其收益，人民法院应予追缴。

4. 对于被害人的损失，应当按照刑事裁判认定的实际损失予以发还或者赔偿。

[法条链接]《刑事裁判涉财产执行规定》第 10 条。

五、转让处理

被执行人将刑事裁判认定为赃款赃物的涉案财物用于清偿债务、转让或者设置其他权利负担，具有下列情形之一的，人民法院应予追缴：①第三人明知是涉案财物而接受的；②第三人无偿或者以明显低于市场的价格取得涉案财物的；③第三人通过非法债务清偿或者违法犯罪活动取得涉案财物的；④第三人通过其他恶意方式取得涉案财物的。

备考提示 第三人善意取得涉案财物的，执行程序中不予追缴。作为原所有人的被害人对该涉案财物主张权利的，人民法院应当告知其通过诉讼程序处理。

一招制敌 上述情形可以概括为：恶意要追缴，善意不追缴。

[法条链接]《刑事裁判涉财产执行规定》第 11 条。

六、清偿顺序

被执行人在执行中同时承担刑事责任、民事责任，其财产不足以支付的，按照下列顺序执行：①人身损害赔偿中的医疗费用；②退赔被害人的损失；③其他民事债务；④罚金；⑤没收财产。

备考提示 债权人对执行标的依法享有优先受偿权，其主张优先受偿的，人民法院应当在人身损害赔偿中的医疗费用受偿后，予以支持。

一招制敌 财产支付顺序可以概括为：医、赔、债、罚、没；如果有债权人主张优先受偿权，则支付顺序可以概括为：医、债、赔、罚、没。

[法条链接]《刑事裁判涉财产执行规定》第 13 条。

迷你案例

案情：甲纠集他人多次在市中心寻衅滋事，造成路人乙轻伤、丙的临街商铺严重受损。甲被起诉到法院后，乙和丙提起附带民事诉讼。法院判处甲有期徒刑 6 年，罚金 1 万元，赔偿乙医疗费 1 万元、丙财产损失 4 万元。判决生效交付执行后，法院查明甲除 1 辆汽车外无其他财产，且甲曾以该汽车作抵押获取小额贷款，尚欠银行贷款 2.5 万元，银行主张优先受偿。法院以8万元的价格拍卖了甲的汽车。

问题：关于此8万元的执行，应当如何排序？

答案：根据《刑事裁判涉财产执行规定》第13条的规定，本案应当先赔偿乙的医疗费1万元，然后清偿银行贷款2.5万元，再赔偿丙的财产损失4万元，最后缴纳罚金5000元。

七、执行回转

刑事裁判涉财产部分、附带民事裁判全部或者部分被撤销的，已经执行的财产应当全部或者部分返还被执行人；无法返还的，应当依法赔偿。

[法条链接]《刑诉解释》第531条。

八、罚金减免

被判处罚金的罪犯，期满不缴纳的，人民法院应当强制缴纳；如果由于遭遇不能抗拒的灾祸等原因缴纳确实有困难的，经人民法院裁定，可以延期缴纳、酌情减少或者免除。

[法条链接]《刑事诉讼法》第271条。

78 执行的变更程序

一、死刑的变更

（一）变更情形

下级人民法院在接到执行死刑命令后、执行前，发现有下列情形之一的，应当暂停执行，并立即将请求停止执行死刑的报告和相关材料层报最高人民法院：①罪犯可能有其他犯罪的；②共同犯罪的其他犯罪嫌疑人到案，可能影响罪犯量刑的；③共同犯罪的其他罪犯被暂停或者停止执行死刑，可能影响罪犯量刑的；④罪犯揭发重大犯罪事实或者有其他重大立功表现，可能需要改判的；⑤罪犯怀孕的；⑥判决、裁定可能有影响定罪量刑的其他错误的。

一招制敌 死刑立即执行暂停执行的情形可以概括为：其他、共犯、立功、孕。

[法条链接]《刑诉解释》第500条第1款。

（二）再次核准

对下级人民法院报送的停止执行死刑的调查结果和意见，由最高人民法院原作出核准死刑判决、裁定的合议庭负责审查；必要时，另行组成合议庭进行审查。

最高人民法院对停止执行死刑的案件，应当按照下列情形分别处理：

1. 确认罪犯怀孕的，应当改判。
2. 确认罪犯有其他犯罪，依法应当追诉的，应当裁定不予核准死刑，撤销原判，发回重新审判。

3. 确认原判决、裁定有错误或者罪犯有重大立功表现，需要改判的，应当裁定不予核准死刑，撤销原判，发回重新审判。

4. 确认原判决、裁定没有错误，罪犯没有重大立功表现，或者重大立功表现不影响原判决、裁定执行的，应当裁定继续执行死刑，并由院长重新签发执行死刑的命令。

[法条链接]《刑诉解释》第503、504条。

迷你案例

案情：死刑犯罗某在被执行枪决前大声呼叫："不要开枪，我肚子里还有个宝宝！"

问题：此时法院应当如何处理？

答案：中院应当暂停执行，并层报最高院。最高院经审查，认为可能影响罗某定罪量刑的，应当裁定停止执行死刑。中院接到最高院停止执行死刑的裁定后，应当会同有关部门调查核实，并及时将调查结果和意见层报最高院审核。最高院确认罗某怀孕的，应当依法改判。

二、监外执行

（一）适用条件

对被判处有期徒刑或者拘役的罪犯，有下列情形之一的，可以暂予监外执行：

1. 有严重疾病需要保外就医的。

备考提示 对适用保外就医可能有社会危险性的罪犯，或者自伤自残的罪犯，不得保外就医。对罪犯确有严重疾病，必须保外就医的，由省级人民政府指定的医院诊断并开具证明文件。

2. 怀孕或者正在哺乳自己婴儿的妇女。

备考提示 对被判处无期徒刑的罪犯，有此情形的，也可以暂予监外执行。

3. 生活不能自理，适用暂予监外执行不致危害社会的。

[法条链接]《刑事诉讼法》第265条第1~4款。

迷你案例

案情：罗某因犯强奸罪被判处无期徒刑。

问题：对罗某能否适用暂予监外执行？

答案：不能。只有怀孕或者正在哺乳自己婴儿的妇女被判处无期徒刑的，才能适用暂予监外执行，罗某不符合条件。

（二）决定机关

1. 在交付执行前，暂予监外执行由交付执行的人民法院决定。

2. 在交付执行后，暂予监外执行由监狱或者看守所提出书面意见，报省级以上监狱管理机关或者设区的市一级以上公安机关批准。

[法条链接]《刑事诉讼法》第265条第5款。

（三）法律监督

1. 事前监督：监狱、看守所提出暂予监外执行的书面意见的，应当将书面意见的副本抄送人民检察院。人民检察院可以向决定或者批准机关提出书面意见。

2. 事后监督：决定或者批准暂予监外执行的机关应当将暂予监外执行决定抄送人民检察院。人民检察院认为暂予监外执行不当的，应当自接到通知之日起 1 个月以内将书面意见送交决定或者批准暂予监外执行的机关，决定或者批准暂予监外执行的机关接到人民检察院的书面意见后，应当立即对该决定进行重新核查。

[法条链接]《刑事诉讼法》第 266、267 条。

（四）收监执行

对暂予监外执行的罪犯，有下列情形之一的，应当及时收监：①发现不符合暂予监外执行条件的；②严重违反有关暂予监外执行监督管理规定的；③暂予监外执行的情形消失后，罪犯刑期未满的。

备考提示 对于人民法院决定暂予监外执行的罪犯应当予以收监的，由人民法院作出决定。

[法条链接]《刑事诉讼法》第 268 条第 1、2 款。

（五）刑期计算

1. 不符合暂予监外执行条件的罪犯通过贿赂等非法手段被暂予监外执行的，在监外执行的期间不计入执行刑期。

2. 罪犯在暂予监外执行期间脱逃的，脱逃的期间不计入执行刑期。

[法条链接]《刑事诉讼法》第 268 条第 3 款。

迷你案例

案情：罗某居住于甲市 A 区，曾任甲市 B 区某局局长，后因受贿罪被 B 区法院判处有期徒刑 5 年，执行前因突发严重疾病而被决定暂予监外执行。罗某在暂予监外执行期间潜逃，又被决定收监执行。

问 1：本案应当由哪个机关决定暂予监外执行？

答案：根据《刑事诉讼法》第 265 条第 5 款的规定，本案尚在交付执行前，因此，暂予监外执行由交付执行的 B 区法院决定。

问 2：本案应当由哪个机关决定收监执行？

答案：《刑事诉讼法》第 268 条第 2 款规定，对于人民法院决定暂予监外执行的罪犯应当予以收监的，由人民法院作出决定，将有关的法律文书送达公安机关、监狱或者其他执行机关。因此，本案应当由 B 区法院决定对罗某收监执行。

问 3：本案暂予监外执行的期间如何计算？

答案：《刑事诉讼法》第 268 条第 3 款规定，罪犯在暂予监外执行期间脱逃的，脱逃的期间不计入执行刑期。因此，本案中，罗某潜逃的期间不计入暂予监外执行的期间。

特别程序

考情概述

2012年《刑事诉讼法》修正时增加了四个特别程序，分别是未成年人刑事案件诉讼程序，当事人和解的公诉案件诉讼程序，犯罪嫌疑人、被告人逃匿、死亡案件违法所得的没收程序以及依法不负刑事责任的精神病人的强制医疗程序。2018年《刑事诉讼法》修正时又增加了缺席审判程序。特别程序的考查重点是其相较于普通程序的特别之处。另外，刑事诉讼法主观案例分析题中可能涉及普通程序与特别程序的交叉考查，望大家有所准备。

79 未成年人刑事案件诉讼程序

一、未成年人刑事案件诉讼程序的方针与原则

（一）教育为主、惩罚为辅

1. 法庭辩论结束后，法庭可以根据未成年人的生理、心理特点和案件情况，对未成年被告人进行法治教育。

2. 判决未成年被告人有罪的，宣判后，应当对未成年被告人进行法治教育。

[法条链接]《刑诉解释》第576条第1款。

（二）保障未成年被告人的诉讼权利原则（略）

[法条链接]《刑诉解释》第555条。

（三）分案处理原则

1. 对被拘留、逮捕和执行刑罚的未成年人与成年人应当分别关押、分别管理、分别教育。

2. 人民检察院审查未成年人与成年人共同犯罪案件，一般应当将未成年人与成年人分案起诉。但是具有下列情形之一的，可以不分案起诉：①未成年人系犯罪集团的组织者或者其他共同犯罪中的主犯的；②案件重大、疑难、复杂，分案起诉可能妨碍案件审理的；③涉及刑事附带民事诉讼，分案起诉妨碍附带民事诉讼部分审理的；④具有其他不宜分案起诉情形的。

备考提示

1. 对分案起诉至同一人民法院的未成年人与成年人共同犯罪案件，由未成年人刑事检察机构一并办理更为适宜的，经检察长决定，可以由未成年人刑事检察机构一并办理。分案起诉的未成年人与成年人共同犯罪案件，由不同机构分别办理的，应当相互了解案件情况，提出量刑建议时，注意全案的量刑平衡。

2. 对分案起诉至同一人民法院的未成年人与成年人共同犯罪案件，可以由同一个审判组织审理；不宜由同一个审判组织审理的，可以分别审理。未成年人与成年人共同犯罪案件，由不同人民法院或者不同审判组织分别审理的，有关人民法院或者审判组织应当互相了解共同犯罪被告人的审判情况，注意全案的量刑平衡。

[法条链接]《刑事诉讼法》第280条第2款；《刑诉解释》第551条；《人民检察院办理未成年人刑事案件的规定》第51条。

案情：未成年人高甲教唆成年人高乙、高丙实施诈骗犯罪。

问题：对高甲和高乙、高丙可否并案起诉？

答案：可以。由于高甲作为未成年人，是共同犯罪中的主犯，因此可以对高甲和高乙、高丙并案起诉。

（四）不公开审理原则和保密原则

1. 开庭审理时被告人不满18周岁的案件，一律不公开审理。

备考提示 经未成年被告人及其法定代理人同意，未成年被告人所在学校和未成年人保护组织可以派代表到场。经法庭同意，到场代表可以参与对未成年被告人的法庭教育工作。

2. 对依法公开审理，但可能需要封存犯罪记录的案件，不得组织人员旁听；有旁听人员的，应当告知其不得传播案件信息。

3. 审理涉及未成年人的刑事案件，不得向外界披露未成年人的姓名、住所、照片以及可能推断出未成年人身份的其他资料。查阅、摘抄、复制的案卷材料，涉及未成年人的，不得公开和传播。

4. 对未成年人刑事案件，宣告判决应当公开进行。对依法应当封存犯罪记录的案件，宣判时，不得组织人员旁听；有旁听人员的，应当告知其不得传播案件信息。

[法条链接]《刑诉解释》第557、559、578条。

迷你案例

案情：被告人牛鹏飞涉嫌故意伤害罪，犯罪时 17 周岁，审判时 19 周岁。

问题：法院能否公开审理本案？

答案：能。由于本案被告人牛鹏飞审判时已成年，因此应当公开审理。但本案可能需要封存犯罪记录，故不得组织人员旁听。

（五）全面调查原则

公安机关、人民检察院、人民法院办理未成年人刑事案件，根据情况可以对未成年犯罪嫌疑人、被告人的成长经历、犯罪原因、监护教育等情况进行调查。

[法条链接]《刑事诉讼法》第 279 条。

（六）社会参与原则

刑事诉讼法所规定的其他合适成年人讯问到场和审判在场、社会背景调查和附条件不起诉的监督考察等，都强调社会参与。

二、未成年人刑事案件诉讼程序的具体规定

（一）立案程序

公安机关办理未成年人刑事案件时，应当重点查清未成年犯罪嫌疑人实施犯罪行为时是否已满 12 周岁、14 周岁、16 周岁、18 周岁。

备考提示 对于没有充分证据证明被告人实施被指控的犯罪时已经达到法定刑事责任年龄且确实无法查明的，应当推定其没有达到相应法定刑事责任年龄。

（二）讯问、询问程序

1. 对于未成年人刑事案件，在讯问和审判的时候，应当通知未成年犯罪嫌疑人、被告人的法定代理人到场。

备考提示

（1）到场的法定代理人可以代为行使未成年犯罪嫌疑人、被告人的诉讼权利；

（2）未成年被告人最后陈述后，其法定代理人可以进行补充陈述。

2. 无法通知、法定代理人不能到场或者法定代理人是共犯的，也可以通知未成年犯罪嫌疑人、被告人的其他成年亲属，所在学校、单位、居住地基层组织或者未成年人保护组织的代表到场，并将有关情况记录在案。

3. 讯问女性未成年犯罪嫌疑人，应当有女工作人员在场。

备考提示 询问未成年被害人、证人，适用上述规定。

4. 询问未成年被害人、证人，应当以 1 次为原则，避免反复询问。

[法条链接]《刑事诉讼法》第 281 条第 1、3~5 款；《高检规则》第 465 条第 6 款。

迷你案例

案情：刘某在带着 8 周岁的女儿殷某买肉时，与摊主发生争执，继而互殴。该案进入了刑

事诉讼程序，侦查人员欲询问刘某的女儿殷某。

问题：该询问有何程序要求？

答案：询问时应当通知殷某的法定代理人或合适成年人到场，还应当有女工作人员在场。询问应当以1次为原则，避免反复询问。

（三）审查起诉中的附条件不起诉

1. 适用条件。对于未成年人涉嫌《刑法》分则第四至六章规定的犯罪，可能判处1年有期徒刑以下刑罚，符合起诉条件，但有悔罪表现的，人民检察院可以作出附条件不起诉的决定。人民检察院在作出附条件不起诉的决定以前，应当听取公安机关、被害人的意见。

一招制敌 附条件不起诉的适用条件可以概括为："小孩"犯罪"456"，"1年以下""够起诉"，"悔过""可以"附条件。

[法条链接]《刑事诉讼法》第282条第1款。

1. 案情：未成年人罗某涉嫌间谍罪，本案犯罪事实清楚，证据确实、充分。

问题：检察院能否决定对罗某附条件不起诉？

答案：不能。因为间谍罪不属于《刑法》分则第四至六章规定的罪名。

2. 案情：未成年人罗某涉嫌盗窃罪，本案情节显著轻微，检察院认为罗某不构成犯罪。

问题：检察院能否决定对罗某附条件不起诉？

答案：不能。因为本案不符合起诉条件，应当决定法定不起诉。

2. 听取意见。人民检察院在作出附条件不起诉的决定以前，应当听取公安机关、被害人、未成年犯罪嫌疑人及其法定代理人、辩护人的意见，并制作笔录附卷。

备考提示 听取意见并不需要征求公安机关、被害人的同意。

[法条链接]《高检规则》第469条第2款。

3. 异议方式

（1）公安机关不服附条件不起诉的决定的，可以要求复议、提请复核；

（2）被害人对人民检察院对未成年犯罪嫌疑人作出的附条件不起诉的决定，可以向上一级人民检察院申诉，但不可以向人民法院提起自诉；

（3）未成年犯罪嫌疑人及其法定代理人对人民检察院决定附条件不起诉有异议的，人民检察院应当作出起诉的决定。

[法条链接]《刑事诉讼法》第282条第2、3款；《全国人民代表大会常务委员会关于〈中华人民共和国刑事诉讼法〉第二百七十一条（现为第282条）第二款的解释》。

1. 案情：未成年人罗某故意伤害张某一案，检察院决定对罗某附条件不起诉。被害人张某不服该决定，直接向法院起诉。

问题：法院应当如何处理？

答案：法院应当说服张某撤回起诉；张某不撤回起诉的，裁定不予受理。此情形下，张某可以向上一级检察院申诉，但不可以向法院提起自诉。

2. 案情：未成年人罗某故意伤害张某一案，检察院决定对罗某附条件不起诉。罗某及其法定代理人对附条件不起诉决定有异议。

问题：检察院应当如何处理？

答案：检察院应当作出起诉的决定。

3. 案情：未成年人罗某故意伤害张某一案，检察院决定对罗某附条件不起诉。罗某对案件作附条件不起诉处理没有异议，仅对所附条件及考验期有异议。

问题：检察院应当如何处理？

答案：根据《高检规则》第 470 条第 2 款的规定，检察院可以依法采纳罗某的合理意见，对考察的内容、方式、时间等进行调整。

4. 监督考察

（1）在附条件不起诉的考验期内，由人民检察院对被附条件不起诉的未成年犯罪嫌疑人进行监督考察。未成年犯罪嫌疑人的监护人，应当对未成年犯罪嫌疑人加强管教，配合人民检察院做好监督考察工作。

（2）附条件不起诉的考验期为 6 个月以上 1 年以下，从人民检察院作出附条件不起诉的决定之日起计算。

（3）人民检察院对于被附条件不起诉的未成年犯罪嫌疑人，应当监督考察其是否遵守下列规定：①遵守法律法规，服从监督；②按照规定报告自己的活动情况；③离开所居住的市、县或者迁居，应当报经批准；④按照要求接受矫治和教育。

［法条链接］《刑事诉讼法》第 283 条；《高检规则》第 475 条。

5. 处理结果

起　诉	被附条件不起诉的未成年犯罪嫌疑人，在考验期内有下列情形之一的，人民检察院应当撤销附条件不起诉的决定，提起公诉： （1）实施新的犯罪或者发现决定附条件不起诉以前还有其他犯罪需要追诉的； （2）违反治安管理规定或者考察机关有关附条件不起诉的监督管理规定，情节严重的。
不起诉	被附条件不起诉的未成年犯罪嫌疑人，在考验期内没有上述情形，考验期满的，人民检察院应当作出不起诉的决定。

［法条链接］《刑事诉讼法》第 284 条。

案情：未成年人罗某故意伤害其好友张某一案，检察院决定对罗某附条件不起诉。但在考验期内，罗某又强制猥亵张某。

问题：检察院应当如何处理？

答案：检察院应当撤销附条件不起诉的决定，对故意伤害案提起公诉，并将强制猥亵案移送侦查机关立案侦查。

（四）未成年人案件审判组织

1. 被告人实施被指控的犯罪时不满18周岁、人民法院立案时不满20周岁的案件，由未成年人案件审判组织审理。

2. 下列案件可以由未成年人案件审判组织审理：①人民法院立案时不满22周岁的在校学生犯罪案件；②强奸、猥亵、虐待、遗弃未成年人等侵害未成年人人身权利的犯罪案件；③由未成年人案件审判组织审理更为适宜的其他案件。

3. 共同犯罪案件有未成年被告人的或者其他涉及未成年人的刑事案件，是否由未成年人案件审判组织审理，由院长根据实际情况决定。

[法条链接]《刑诉解释》第550条。

案情：老赵和小赵父子二人因涉嫌抢劫犯罪被抓获，小赵作案时未满18周岁，案件起诉到法院时，小赵刚满18周岁。

问题：本案是否应当由未成年人案件审判组织审理？

答案：根据《刑诉解释》第550条第3款的规定，本案是否由未成年人案件审判组织审理，由院长根据实际情况决定。

（五）辩护制度

1. 强制辩护。审判时不满18周岁的未成年被告人没有委托辩护人的，人民法院应当通知法律援助机构指派熟悉未成年人身心特点的律师为其提供辩护。

[法条链接]《刑诉解释》第564条。

2. 拒绝辩护。未成年被告人或者其法定代理人当庭拒绝辩护人辩护，要求另行委托辩护人或者指派律师的，合议庭应当准许。未成年被告人或者其法定代理人拒绝辩护人辩护后，没有辩护人的，应当宣布休庭；仍有辩护人的，庭审可以继续进行。总之，无论如何，必须有辩护人为其辩护。重新开庭后，未成年被告人或者其法定代理人再次当庭拒绝辩护人辩护的，不予准许。

备考提示 重新开庭时被告人已满18周岁的，可以准许，但不得再另行委托辩护人或者要求另行指派律师，由其自行辩护。

[法条链接]《刑诉解释》第572条。

迷你案例

案情：未成年被告人刘某当庭拒绝辩护人向律师为其辩护。

问1：法院应当如何处理？

答案：对于刘某拒绝向律师为其辩护的请求，法院应当审查理由，理由正当的，应当准许。

问2：重新开庭后，刘某刚满18周岁，其再次当庭拒绝辩护人罗律师为其辩护，法院又

应当如何处理？

答案：对于刘某再次当庭拒绝罗律师为其辩护的请求，法院可以准许，但不得再另行委托辩护人或者要求另行指派律师，由其自行辩护。

（六）简易程序

对未成年人刑事案件，人民法院决定适用简易程序审理的，应当征求未成年被告人及其法定代理人、辩护人的意见。上述人员提出异议的，不适用简易程序。

［法条链接］《刑诉解释》第 566 条。

迷你案例

案情：未成年人罗某涉嫌组织卖淫一案，被告人罗某认罪认罚，案件事实清楚，证据确实、充分。

问题：在罗某及其法定代理人、辩护人同意的情况下，能否适用简易程序或速裁程序？

答案：未成年人刑事案件在未成年被告人及其法定代理人、辩护人同意的情况下，可以适用简易程序，但不能适用速裁程序。

（七）未成年人刑事案件认罪认罚从宽制度

对未成年人刑事案件适用认罪认罚从宽制度，存在一些不同于成年人刑事案件之处：

1. 未成年犯罪嫌疑人认罪认罚的，在签署具结书时应当有其法定代理人、辩护人在场，未成年犯罪嫌疑人及其法定代理人、辩护人都对认罪认罚没有异议且愿意签署具结书的，应当签署具结书。未成年犯罪嫌疑人的法定代理人应当到场并签字确认；法定代理人无法到场的，其他合适成年人应当到场并签字确认。

2. 如果未成年犯罪嫌疑人的法定代理人、辩护人对认罪认罚有异议，但未成年犯罪嫌疑人本人认罪认罚，则不需要签署具结书。同时，基于处理未成年人犯罪的教育为主、惩罚为辅的方针，虽然未签署具结书，但同样可以对其适用认罪认罚制度从宽处理。

3. 未成年人刑事案件适用认罪认罚从宽制度的，也不适用速裁程序。

迷你案例

案情：未成年人刘某涉嫌组织卖淫一案，被告人刘某认罪认罚，辩护人向律师对认罪认罚有异议。

问题：本案能否适用认罪认罚从宽制度？是否需要签署具结书？能否适用速裁程序？

答案：辩护人向律师对认罪认罚有异议，但刘某本人认罪认罚的，不需要签署具结书。虽然刘某未签署具结书，但同样可以对其适用认罪认罚制度从宽处理。未成年人刑事案件不能适用速裁程序。

三、犯罪记录封存制度

为严格落实《刑事诉讼法》第 286 条规定的未成年人犯罪记录封存制度，切实解决实践中未成年人犯罪记录和相关记录管理不当导致信息泄露，影响失足未成年人重新回归社会等问题，2022 年 5 月，最高人民法院、最高人民检察院、公安部、司法部会签下发了《关于未成年人犯罪记录封存的实施办法》（以下简称《未成年人犯罪记录封存办法》）。

该办法共计 26 条，涵盖了未成年人犯罪记录的定义及范围、封存情形、封存主体及程序、查询主体及申请条件、提供查询服务的主体及程序、解除封存的条件及后果、保密义务及相关责任等内容，基本上解决了目前未成年人犯罪记录封存中存在的主要问题。

（一）封存范围

1. 应当封存的未成年人犯罪记录，包括侦查、起诉、审判及刑事执行过程中形成的有关未成年人犯罪或者涉嫌犯罪的全部案卷材料与电子档案信息。

2. 不予刑事处罚、不追究刑事责任、不起诉、采取刑事强制措施的记录，以及对涉罪未成年人进行社会调查、帮教考察、心理疏导、司法救助等工作的记录，按照《未成年人犯罪记录封存办法》规定的内容和程序进行封存。

[举案说法] 未成年人罗小翔因抢劫罪被立案侦查，检察院认为其犯罪情节轻微，对其酌定不起诉。本案应当对罗小翔的不起诉的案卷记录予以封存。

3. 未成年人因事实不清、证据不足被宣告无罪的案件，应当对涉罪记录予以封存；但未成年被告人及其法定代理人申请不予封存或者解除封存的，经人民法院同意，可以不予封存或者解除封存。

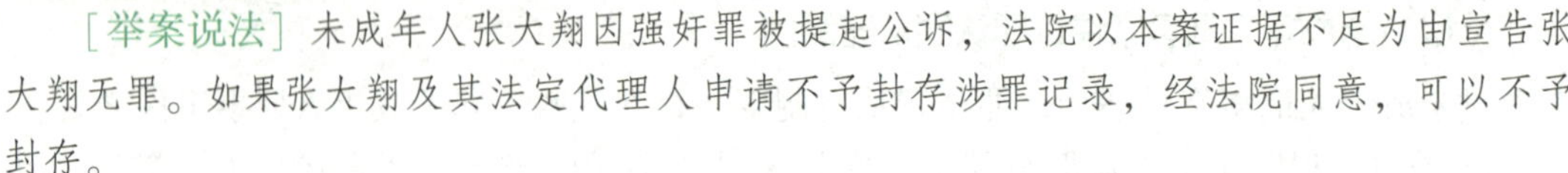

[举案说法] 未成年人张大翔因强奸罪被提起公诉，法院以本案证据不足为由宣告张大翔无罪。如果张大翔及其法定代理人申请不予封存涉罪记录，经法院同意，可以不予封存。

[法条链接]《未成年人犯罪记录封存办法》第 2、3、7 条。

（二）封存条件

犯罪的时候不满 18 周岁，被判处 5 年有期徒刑以下刑罚以及免予刑事处罚的未成年人犯罪记录，应当依法予以封存。

备考提示 对在年满 18 周岁前后实施数个行为，构成一罪或者一并处理的数罪，主要犯罪行为是在年满 18 周岁前实施的，被判处或者决定执行 5 年有期徒刑以下刑罚以及免予刑事处罚的未成年人犯罪记录，应当对全案依法予以封存。

[举案说法] 未成年人罗某在 16~19 周岁之间多次盗窃同学的零花钱，法院以盗窃罪判处罗某有期徒刑 1 年。本案中，如果罗某的主要犯罪行为是在 18 周岁前实施的，则应当对罗某全案的犯罪记录予以封存。

[法条链接]《未成年人犯罪记录封存办法》第 4 条。

（三）封存措施

1. 对于分案办理的未成年人与成年人共同犯罪案件，在封存未成年人案卷材料和信息的同时，应当在未封存的成年人卷宗封面标注"含犯罪记录封存信息"等明显标识，并对相关信息采取必要保密措施。对于未分案办理的未成年人与成年人共同犯罪案件，应当在全案卷宗封面标注"含犯罪记录封存信息"等明显标识，并对相关信息采取必要保密措施。

2. 其他刑事、民事、行政及公益诉讼案件，因办案需要使用了被封存的未成年人犯罪记录信息的，应当在相关卷宗封面标明"含犯罪记录封存信息"，并对相关信息采取必要保密措施。

一招制敌 分案要标注，并案全部封，他案使用要标明。

3. 未成年人犯罪记录封存应当贯彻及时、有效的原则。对于犯罪记录被封存的未成年人，在入伍、就业时免除犯罪记录的报告义务。

4. 被封存犯罪记录的未成年人因涉嫌再次犯罪接受司法机关调查时，应当主动、如实地供述其犯罪记录情况，不得回避、隐瞒。

一招制敌 入伍、就业免报告，再次犯罪主动供。

5. 对于电子信息系统中需要封存的未成年人犯罪记录数据，应当加设封存标记，未经法定查询程序，不得进行信息查询、共享及复用。封存的未成年人犯罪记录数据不得向外部平台提供或对接。

[法条链接]《未成年人犯罪记录封存办法》第5、6、9条，第10条第2、3款。

（四）封存机关

1. 人民法院依法对犯罪时不满18周岁的被告人判处5年有期徒刑以下刑罚以及免予刑事处罚的，判决生效后，应当将刑事裁判文书、《犯罪记录封存通知书》及时送达被告人，并同时送达同级人民检察院、公安机关，同级人民检察院、公安机关在收到上述文书后应当在3日内统筹相关各级检察机关、公安机关将涉案未成年人的犯罪记录整体封存。

2. 人民检察院依法对犯罪时不满18周岁的犯罪嫌疑人决定不起诉后，应当将《不起诉决定书》《犯罪记录封存通知书》及时送达被不起诉人，并同时送达同级公安机关，同级公安机关收到上述文书后应当在3日内将涉案未成年人的犯罪记录封存。

3. 对于被判处管制、宣告缓刑、假释或者暂予监外执行的未成年罪犯，依法实行社区矫正，执行地社区矫正机构应当在刑事执行完毕后3日内将涉案未成年人的犯罪记录封存。

[法条链接]《未成年人犯罪记录封存办法》第11~13条。

（五）封存效果

被封存犯罪记录的未成年人本人或者其法定代理人申请为其出具无犯罪记录证明的，受理单位应当在3个工作日内出具无犯罪记录的证明。

[法条链接]《未成年人犯罪记录封存办法》第15条。

（六）解除封存

对被封存犯罪记录的未成年人，符合下列条件之一的，封存机关应当对其犯罪记录解除封存：

1. 在未成年时实施新的犯罪，且新罪与封存记录之罪数罪并罚后被决定执行刑罚超过5年有期徒刑的。

2. 发现未成年时实施的漏罪，且漏罪与封存记录之罪数罪并罚后被决定执行刑罚超过5年有期徒刑的。

3. 经审判监督程序改判5年有期徒刑以上刑罚的。

被封存犯罪记录的未成年人，成年后又故意犯罪的，人民法院应当在裁判文书中载明其之前的犯罪记录。

一招制敌 5 年以上要解封，成年故犯要载明。

[法条链接]《未成年人犯罪记录封存办法》第 18 条。

80

当事人和解的公诉案件诉讼程序

一、公诉和解的案件范围

下列公诉案件，犯罪嫌疑人、被告人真诚悔罪，通过向被害人赔偿损失、赔礼道歉等方式获得被害人谅解，被害人自愿和解的，双方当事人可以和解：

1. 因民间纠纷引起，涉嫌《刑法》分则第四、五章规定的犯罪案件，可能判处 3 年有期徒刑以下刑罚的。

备考提示 有下列情形之一的，不属于因民间纠纷引起的犯罪案件：①雇凶伤害他人的；②涉及黑社会性质组织犯罪的；③涉及寻衅滋事的；④涉及聚众斗殴的；⑤多次故意伤害他人身体的；⑥其他不宜和解的。

向高甲主观题

迷你案例

案情：刘某和向某因为争抢女朋友而发生矛盾，刘某遂花 100 块钱请了村里有名的法外狂徒罗某将向某打成轻伤。

问题：本案能否适用公诉和解程序？

答案：不能。根据《公安部规定》第 334 条第 1 项的规定，雇凶伤害他人不属于因民间纠纷引起的犯罪案件，不能适用公诉和解程序。

2. 除渎职犯罪以外的可能判处 7 年有期徒刑以下刑罚的过失犯罪案件。

迷你案例

案情：刘某涉嫌玩忽职守罪。

问题：本案能否适用公诉和解程序？

答案：不能。玩忽职守罪属于渎职犯罪，不能适用公诉和解程序。

一招制敌 适用公诉和解程序的案件范围可以概括为：民间“人”“财”3 年下，7 年过失渎职外。

[法条链接]《刑事诉讼法》第 288 条第 1 款；《公安部规定》第 334 条。

二、公诉和解的适用条件

当事人和解的公诉案件应当同时符合下列条件：①犯罪嫌疑人真诚悔罪，向被害人赔偿损失、赔礼道歉等；②被害人明确表示对犯罪嫌疑人予以谅解；③双方当事人自愿和解，符合有关法律规定；④属于侵害特定被害人的故意犯罪或者有直接被害人的过失犯罪；⑤案件事实清楚，证据确实、充分。

一招制敌 公诉和解的积极条件可概括为：你认错、他原谅、都愿意、侵特定、事实清。

备考提示 犯罪嫌疑人、被告人在 5 年以内曾经故意犯罪的，不适用公诉和解程序。

[法条链接]《刑事诉讼法》第 288 条第 2 款；《高检规则》第 492 条第 2 款。

迷你案例

案情：2 年前曾因交通肇事罪被判刑的刘某，出狱后因琐事将邻居老王打成轻伤。案发后，刘某积极赔偿，并赔礼道歉，得到了老王的谅解，且本案案件事实清楚，证据确实、充分。

问题：本案能否适用公诉和解程序？

答案：能。本案中，刘某所犯前罪交通肇事罪属于过失犯罪，所犯后罪故意伤害罪属于因民间纠纷引起的，可能判处 3 年有期徒刑以下刑罚的犯罪，且本案满足公诉和解程序的适用条件，因此能够适用公诉和解程序。

三、和解主体

（一）被害人

1. 符合法定条件的公诉案件，被害人死亡的，其近亲属可以与被告人和解。近亲属有多人的，达成和解协议，应当经处于最先继承顺序的所有近亲属同意。

2. 被害人系无行为能力或者限制行为能力人的，其法定代理人、近亲属可以代为和解。

（二）被告人

1. 被告人的近亲属经被告人同意，可以代为和解。

2. 被告人系限制行为能力人的，其法定代理人可以代为和解。

[法条链接]《刑诉解释》第 588 条，第 589 条第 1、2 款。

迷你案例

案情：张某因邻里纠纷失手致罗某死亡，张某被批准逮捕。

问题：本案能否适用公诉和解程序？如果可以和解，则应当由谁来参加？

答案：本案能够适用公诉和解程序。因被害人罗某已死亡，故罗某的近亲属可以与被告人张某和解；张某的近亲属经张某同意，可以代为和解。

四、和解事项

双方当事人可以就赔偿损失、赔礼道歉等民事责任事项进行和解，并且可以就被害人及其法定代理人或者近亲属是否要求或者同意公安机关、人民检察院、人民法院对犯罪嫌疑人依法从宽处理进行协商。

考点 80

备考提示 不得对案件的事实认定、证据采信、法律适用和定罪量刑等依法属于公安机关、人民检察院、人民法院职权范围的事宜进行协商。

[法条链接]《高检规则》第495条。

迷你案例

案情：张某因邻里纠纷失手致罗某死亡。

问题：如果可以和解，则能否就本案的刑期进行协商？

答案：不能。刑期问题属于法院职权范围内的事宜，不能进行协商。

五、和解的阶段和效果

1. 对于达成和解协议的案件，公安机关可以向人民检察院提出从宽处理的建议。

2. 人民检察院可以向人民法院提出从宽处罚的建议；对于犯罪情节轻微，不需要判处刑罚的，可以作出不起诉的决定。

3. 人民法院可以依法对被告人从宽处罚。

备考提示 公诉和解可以适用于自公安机关立案开始至人民法院作出最终判决的全部程序阶段。考生要注意，在不同的诉讼阶段，公诉和解的效果不同。

[法条链接]《刑事诉讼法》第290条。

迷你案例

案情：检察院提起公诉后，被告人刘某和被害人高某和解。

问题：检察院能否因为双方和解而向法院撤回起诉？

答案：不能。审判阶段双方和解的，法院可以依法对被告人从宽处罚。如果在起诉前双方和解，检察院认为本案犯罪情节轻微，不需要判处刑罚，则可以作出酌定不起诉的决定，但不能作撤诉处理。

六、和解协议

（一）和解协议的制作

双方当事人和解的，公安机关、人民检察院、人民法院应当听取当事人和其他有关人员的意见，对和解的自愿性、合法性进行审查，并主持制作和解协议书。

[法条链接]《刑事诉讼法》第289条。

（二）和解协议的签名

1. 法院主持：和解协议书应当由双方当事人和审判人员签名，但不加盖人民法院印章。

2. 检察院主持：和解协议书应当由双方当事人签字，可以写明和解协议书系在人民检察院主持下制作。检察人员不在当事人和解协议书上签字，也不加盖人民检察院印章。

[法条链接]《刑诉解释》第592条第2款；《高检规则》第498条第3款。

（三）和解协议的履行

和解协议约定的赔偿损失内容，被告人应当在协议签署后即时履行。

备考提示 和解协议书约定的赔偿损失内容，应当在双方签署协议后立即履行，至迟在人民检察院作出从宽处理决定前履行。确实难以一次性履行的，在提供有效担保并且被害人同意的情况下，也可以分期履行。

［法条链接］《刑诉解释》第 593 条第 1 款；《高检规则》第 499 条。

（四）和解协议的无效

犯罪嫌疑人或者其亲友等以暴力、威胁、欺骗或者其他非法方法强迫、引诱被害人和解，或者在协议履行完毕之后威胁、报复被害人的，应当认定和解协议无效。

［法条链接］《高检规则》第 504 条。

（五）和解协议的反悔

和解协议已经全部履行，当事人反悔的，人民法院不予支持，但有证据证明和解违反自愿、合法原则的除外。

当事人在不起诉决定作出之前反悔的，可以另行达成和解。不能另行达成和解的，人民检察院应当依法作出起诉或者不起诉决定。当事人在不起诉决定作出之后反悔的，人民检察院不撤销原决定，但有证据证明和解违反自愿、合法原则的除外。

［法条链接］《刑诉解释》第 593 条第 2 款；《高检规则》第 503 条第 2、3 款。

（六）公诉和解与附带民事诉讼

1. 双方当事人在侦查、审查起诉期间已经达成和解协议并全部履行，被害人或者其法定代理人、近亲属又提起附带民事诉讼的，人民法院不予受理，但有证据证明和解违反自愿、合法原则的除外。

2. 被害人或者其法定代理人、近亲属提起附带民事诉讼后，双方愿意和解，但被告人不能即时履行全部赔偿义务的，人民法院应当制作附带民事调解书。

［法条链接］《刑诉解释》第 594、595 条。

迷你案例

案情：向某因琐事与罗某发生口角进而厮打起来，推搡之间，不慎致罗某死亡。检察院以向某涉嫌过失致人死亡罪提起公诉，罗母向法院提起附带民事诉讼。在审判阶段，本案进行公诉和解，但被告人向某不能即时履行全部赔偿义务。

问题：本案能否约定分期履行和解协议？如果不能分期履行，则法院应当如何处理？

答案：不能。根据《刑诉解释》第 595 条的规定，本案被告人向某不能即时履行全部赔偿义务，法院应当制作附带民事调解书。

一、缺席审判的案件范围

（一）潜逃境外的缺席审判

对于贪污贿赂犯罪案件，以及需要及时进行审判，经最高人民检察院核准的严重危害国家安全犯罪、恐怖活动犯罪案件，犯罪嫌疑人、被告人在境外，监察机关、公安机关移送起诉，人民检察院认为犯罪事实已经查清，证据确实、充分，依法应当追究刑事责任的，可以向人民法院提起公诉。人民法院进行审查后，对于起诉书中有明确的指控犯罪事实，符合缺席审判程序适用条件的，应当决定开庭审判。

一招制敌 此类案件范围可以概括为：贪、贿只要在境外；危、恐境外及时审，还要最高检核准。

备考提示

1. 此类案件适用缺席审判程序的前提条件是犯罪嫌疑人、被告人在境外，如果犯罪嫌疑人、被告人在境内潜逃，则不能适用缺席审判程序。

2. 此类案件仅限贪污贿赂犯罪案件，以及需要及时进行审判，经最高人民检察院核准的严重危害国家安全犯罪、恐怖活动犯罪案件。值得注意的是，并非所有的危害国家安全犯罪、恐怖活动犯罪案件都能适用缺席审判程序，只有同时满足“严重”“需要及时进行审判”“经最高人民检察院核准”的条件，方可适用缺席审判程序。

3. 人民法院经缺席审理认定的罪名不属于《刑事诉讼法》第291条第1款规定的罪名的，应当终止审理。

［法条链接］《刑事诉讼法》第291条第1款；《刑诉解释》第604条第3款。

迷你案例

1. 案情：刘某强奸高某后，连夜潜逃至柬埔寨。

问题：本案在刘某未到庭的情况下，能否对刘某缺席审判？

答案：不能。因为强奸罪不属于可缺席审判的案件范围。

2. 案情：罗某涉嫌贪污犯罪，潜逃至柬埔寨。检察院认为本案犯罪事实已经查清，证据确实、充分，依法应当追究刑事责任，遂向法院提起公诉。法院决定缺席审理。经审理，法院认定罗某构成的并非贪污罪，而是诈骗罪。

问题：此时法院应当如何处理？

答案：法院应当裁定终止审理。因为虽然被告人罗某潜逃至境外，但诈骗罪不属于可缺席审判的案件范围。

（二）因被告人患有严重疾病中止审理超 6 个月的缺席审判

因被告人患有严重疾病无法出庭，中止审理超过 6 个月，被告人仍无法出庭，被告人及其法定代理人、近亲属申请或者同意恢复审理的，人民法院可以在被告人不出庭的情况下缺席审理，依法作出判决。

一招制敌 此类案件缺席审判的条件可以概括为：疾病中止超 6 月，还要申请或同意。

[法条链接]《刑事诉讼法》第 296 条。

迷你案例

案情：罗某强奸一案，检察院依法向法院提起公诉。在审判阶段，罗某脱逃，下落不明，法院裁定中止审理。

问题：中止 6 个月后，法院能否对罗某适用缺席审判程序？

答案：不能。只有因被告人患有严重疾病无法出庭，中止审理超过 6 个月的案件才能适用缺席审判，本案中，被告人罗某是脱逃而非患有严重疾病，因此不能对其适用缺席审判程序。

（三）被告人死亡的缺席审判

1. 被告人死亡的，人民法院应当裁定终止审理，但有证据证明被告人无罪，人民法院经缺席审理确认无罪的，应当依法作出判决。

备考提示 “有证据证明被告人无罪，经缺席审理确认无罪”，包括案件事实清楚，证据确实、充分，依据法律认定被告人无罪的情形，以及证据不足，不能认定被告人有罪的情形。

[法条链接]《刑事诉讼法》第 297 条第 1 款；《刑诉解释》第 606 条第 2 款。

迷你案例

案情：罗某强奸一案，有充分证据证明罗某构成犯罪。一审审理中，罗某咬舌自尽。

问题：法院能否对罗某适用缺席判决？

答案：不能。法院只能裁定终止审理，除非有证据证明罗某无罪，方可适用缺席判决宣告其无罪。

2. 人民法院按照审判监督程序重新审判的案件，被告人死亡的，人民法院可以缺席审理，依法作出判决。

备考提示 有证据证明被告人无罪，经缺席审理确认被告人无罪的，应当判决宣告被告人无罪；虽然构成犯罪，但原判量刑畸重的，应当依法作出判决。

[法条链接]《刑事诉讼法》第 297 条第 2 款；《刑诉解释》第 607 条。

迷你案例

案情：罗某故意杀人一案，原审法院认定罗某构成故意杀人罪，判处罗某死刑，缓期二年执行。经罗某的妻子不断申诉，该案启动审判监督程序。再审中，罗某为自证清白咬舌自尽。经审理，法院认定罗某构成过失致人死亡罪。

问题：此时法院应当如何处理？

答案：法院可以对本案缺席审理，并依法改判罗某构成过失致人死亡罪。

一招制敌 此类案件缺席审判的条件可以概括为：被告死亡若缺席，除非因为他无罪。若是审监他死亡，有罪也能缺席判。

二、具体制度内容

（一）审判管辖

犯罪嫌疑人、被告人潜逃至境外的缺席审判案件，由犯罪地、被告人离境前居住地或者最高人民法院指定的中级人民法院组成合议庭进行审理。

备考提示 上述有关管辖的特别规定，仅限于犯罪嫌疑人、被告人潜逃至境外的缺席审判案件，对于其他两类缺席审判案件并不适用。

[法条链接]《刑事诉讼法》第291条第2款。

（二）域外送达

人民法院应当通过有关国际条约规定的或者外交途径提出的司法协助方式，或者被告人所在地法律允许的其他方式，将传票和人民检察院的起诉书副本送达被告人。传票和起诉书副本送达后，被告人未按要求到案的，人民法院应当开庭审理，依法作出判决，并对违法所得及其他涉案财产作出处理。

[法条链接]《刑事诉讼法》第292条。

（三）辩护权保障

1. 人民法院缺席审判案件，被告人有权委托辩护人，被告人的近亲属可以代为委托辩护人。

2. 被告人及其近亲属没有委托辩护人的，人民法院应当通知法律援助机构指派律师为其提供辩护。

[法条链接]《刑事诉讼法》第293条。

（四）救济权

1. 被告人或者其近亲属不服判决的，有权向上一级人民法院上诉。
2. 辩护人经被告人或者其近亲属同意，可以提出上诉。
3. 人民检察院认为人民法院的判决确有错误的，应当向上一级人民法院提出抗诉。

[法条链接]《刑事诉讼法》第294条。

（五）近亲属参诉权

1. 人民法院审理被告人潜逃至境外的缺席审判案件，被告人的近亲属申请参加诉讼的，应当在收到起诉书副本后、第一审开庭前提出，并提供与被告人关系的证明材料。有多名近亲属的，应当推选1至2人参加诉讼。

2. 人民法院审理被告人潜逃至境外的缺席审判案件，被告人的近亲属参加诉讼的，可以发表意见，出示证据，申请法庭通知证人、鉴定人等出庭，进行辩论。

[法条链接]《刑诉解释》第602条第1款、第603条。

迷你案例

案情：法院对罗某贪污一案缺席判决，被告人罗某及其近亲属不服判决。

问题：罗某及其近亲属是否有权向上一级法院上诉？

答案：有权。在缺席审判程序中，被告人的近亲属不仅享有参诉权，还享有独立的上诉权。

三、犯罪嫌疑人、被告人到案后的救济程序

（一）审查起诉中

审查起诉期间，犯罪嫌疑人自动投案或者被抓获的，人民检察院应当重新审查。

[法条链接]《高检规则》第 509 条第 1 款。

（二）报请核准中

对严重危害国家安全犯罪、恐怖活动犯罪案件报请核准期间，犯罪嫌疑人自动投案或者被抓获的，报请核准的人民检察院应当及时撤回报请，重新审查案件。

[法条链接]《高检规则》第 509 条第 2 款。

（三）法院审理中

1. 在审理过程中，被告人自动投案或者被抓获的，人民法院应当重新审理。

2. 提起公诉后被告人到案，人民法院拟重新审理的，人民检察院应当商人民法院将案件撤回并重新审查。

[法条链接]《刑事诉讼法》第 295 条第 1 款；《高检规则》第 510 条。

备考提示 此情形下，无需被告人提出异议，人民法院就应当重新审理。

迷你案例

案情：罗某涉嫌受贿，已潜逃至美国，检察院依法向法院提起公诉。法院审查后，决定开庭审判。在审理过程中，被告人罗某自动投案。

问题：本案法院和检察院分别应当如何处理？

答案：法院应当重新审理，检察院应当商法院将案件撤回并重新审查。

（四）裁判生效后

1. 罪犯在判决、裁定发生法律效力后到案的，人民法院应当将罪犯交付执行刑罚。

2. 交付执行刑罚前，人民法院应当告知罪犯有权对判决、裁定提出异议。

3. 罪犯对判决、裁定提出异议的，人民法院应当重新审理。

4. 依照生效判决、裁定对罪犯的财产进行的处理确有错误的，应当予以返还、赔偿。

[法条链接]《刑事诉讼法》第 295 条第 2、3 款。

名师点睛：缺席审判中被告人到案的，无需提异议，法院应当重新审理。裁判生效后罪犯到案的，法院应当告知其有权提出异议；罪犯提出异议的，法院应当重新审理。

82

犯罪嫌疑人、被告人逃匿、死亡案件违法所得的没收程序

一、适用条件

对于贪污贿赂犯罪、恐怖活动犯罪等重大犯罪案件，犯罪嫌疑人、被告人逃匿，在通缉1年后不能到案，或者犯罪嫌疑人、被告人死亡，依照《刑法》规定应当追缴其违法所得及其他涉案财产的，人民检察院可以向人民法院提出没收违法所得的申请。

没收程序主要概括为两种情形：

1. 贪污贿赂犯罪、恐怖活动犯罪等重大犯罪案件，犯罪嫌疑人、被告人逃匿，在通缉1年后不能到案，依照《刑法》规定应当追缴其违法所得及其他涉案财产的。

2. 犯罪嫌疑人、被告人死亡，依照《刑法》规定应当追缴其违法所得及其他涉案财产的。

备考提示 当犯罪嫌疑人、被告人死亡时，案件范围不限于贪污贿赂犯罪、恐怖活动犯罪，也不限于重大犯罪案件，只要有违法所得及其他涉案财产需要追缴，即可适用违法所得没收程序。

一招制敌 上述情形可以概括为：贪、恐、重大逃1年，死了直接收“赃钱”。

[法条链接]《刑事诉讼法》第298条第1款；《高检规则》第512条。

迷你案例

案情：罗某涉嫌受贿罪。在审判阶段，罗某潜逃至美国，下落不明。法院裁定中止审理。

问题：6个月后，检察院能否向法院提出没收违法所得的申请？

答案：不能。对于贪污贿赂犯罪、恐怖活动犯罪等重大犯罪案件，犯罪嫌疑人、被告人逃匿的，只有在通缉1年后不能到案的情况下，检察院才能向法院提出没收违法所得的申请。

二、具体程序

（一）侦查机关（调查机关）提出意见书

监察机关或者公安机关向人民检察院移送没收违法所得意见书，应当由有管辖权的人民检察院的同级监察机关或者公安机关移送。

[法条链接]《高检规则》第521条。

迷你案例

案情：刘某贪污一案，尚在监委会调查阶段，刘某自杀身亡。

问题：监委会能否直接决定没收其违法所得及其他涉案财产？

答案：不能。监委会应当向检察院移送没收违法所得意见书，提请检察院依照法定程序，向法院提出没收违法所得的申请。

（二）人民检察院审查意见书

1. 主管部门

（1）人民检察院审查监察机关或者公安机关移送的没收违法所得意见书，向人民法院提出没收违法所得的申请以及对违法所得没收程序中调查活动、审判活动的监督，由负责捕诉的部门办理；

（2）没收违法所得的申请，应当由有管辖权的中级人民法院的同级人民检察院提出。

［法条链接］《高检规则》第 518、519 条。

2. 审查程序

（1）人民检察院应当在接到监察机关或者公安机关移送的没收违法所得意见书后 30 日以内作出是否提出没收违法所得申请的决定。30 日以内不能作出决定的，可以延长 15 日。

（2）对于监察机关或者公安机关移送的没收违法所得案件，经审查认为不符合法定条件的，应当作出不提出没收违法所得申请的决定，并向监察机关或者公安机关书面说明理由；认为需要补充证据的，应当书面要求监察机关或者公安机关补充证据，必要时也可以自行调查。

（3）监察机关或者公安机关补充证据的时间不计入人民检察院办案期限。

［法条链接］《高检规则》第 523 条。

3. 监督程序。人民检察院发现公安机关应当启动违法所得没收程序而不启动的，可以要求公安机关在 7 日以内书面说明不启动的理由。经审查，认为公安机关不启动理由不能成立的，应当通知公安机关启动程序。

一招制敌 上述监督步骤可以概括为：先要求说理，后通知启动。

［法条链接］《高检规则》第 524 条。

4. 程序转换

（1）没收转公诉。在审查监察机关或者公安机关移送的没收违法所得意见书的过程中，在逃的犯罪嫌疑人、被告人自动投案或者被抓获的，人民检察院应当终止审查，并将案卷退回监察机关或者公安机关处理。

（2）公诉转没收。在人民检察院审查起诉过程中，犯罪嫌疑人死亡，或者贪污贿赂犯罪、恐怖活动犯罪等重大犯罪案件的犯罪嫌疑人逃匿，在通缉 1 年后不能到案，依照《刑法》规定应当追缴其违法所得及其他涉案财产的，人民检察院可以直接提出没收违法所得的申请。在人民法院审理案件过程中，被告人死亡而裁定终止审理，或者被告人脱逃而裁定中止审理，人民检察院可以依法另行向人民法院提出没收违法所得的申请。

［法条链接］《高检规则》第 526、528 条。

［举案说法 1］罗某贪污一案，尚在检察院审查起诉阶段，罗某自杀身亡。此时，检察院应当决定不起诉；依法应当追缴罗某违法所得及其他涉案财产的，检察院可以直接提出没收违法所得的申请。

［举案说法 2］罗某贪污一案，被告人罗某逃匿，在通缉 1 年后不能到案，监察机关

依法向检察院移送没收违法所得意见书。在检察院审查意见书的过程中，罗某自动投案。此时，检察院应当终止审查，并将案卷退回监察机关处理。

（三）审理程序

1. 审判管辖。没收违法所得的申请，由犯罪地或者犯罪嫌疑人、被告人居住地的中级人民法院组成合议庭进行审理。

［法条链接］《刑事诉讼法》第 299 条第 1 款。

2. 公告程序。人民法院受理没收违法所得的申请后，应当在 15 日以内发布公告。公告期为 6 个月，公告期间不适用中止、中断、延长的规定。

［法条链接］《刑事诉讼法》第 299 条第 2 款；《刑诉解释》第 614 条。

3. 申请参诉。犯罪嫌疑人、被告人的近亲属和其他利害关系人有权申请参加诉讼，也可以委托诉讼代理人参加诉讼。

备考提示

（1）“其他利害关系人”，是指除犯罪嫌疑人、被告人的近亲属以外的，对申请没收的财产主张权利的自然人和单位。

（2）犯罪嫌疑人、被告人的近亲属和其他利害关系人申请参加诉讼的，应当在公告期间内提出。犯罪嫌疑人、被告人的近亲属应当提供其与犯罪嫌疑人、被告人关系的证明材料，其他利害关系人应当提供证明其对违法所得及其他涉案财产主张权利的证据材料。利害关系人在公告期满后申请参加诉讼，能够合理说明理由的，人民法院应当准许。

［法条链接］《刑事诉讼法》第 299 条第 2 款；《刑诉解释》第 616 条，第 617 条第 1、3 款。

4. 审理方式。利害关系人申请参加或者委托诉讼代理人参加诉讼的，应当开庭审理。

［法条链接］《刑诉解释》第 619 条第 2 款。

5. 举证责任。人民法院对没收违法所得的申请进行审理，人民检察院应当承担举证责任。

［法条链接］《高检规则》第 529 条第 1 款。

6. 审理结果

（1）对经查证属于违法所得及其他涉案财产，除依法返还被害人的以外，应当裁定予以没收；

（2）对不属于应当追缴的财产的，应当裁定驳回申请，解除查封、扣押、冻结措施。

［法条链接］《刑事诉讼法》第 300 条第 1 款。

迷你案例

案情：罗某贪污一案，检察院依法向法院申请没收其违法所得。法院公告期满后，罗某的情妇殷某主张涉案财物是其合法财产，申请参加诉讼。

问题：法院应当如何处理？

答案：①如果殷某能够合理说明理由，则法院应当准许其参加诉讼。②法院应当开庭审理。③法院对经查证属于违法所得及其他涉案财产，除依法返还被害人的以外，应当裁定予以没收；对不属于应当追缴的财产的，应当裁定驳回检察院的申请。

（四）二审程序

1. 上诉、抗诉。对没收违法所得或者驳回申请的裁定，犯罪嫌疑人、被告人的近亲属和其他利害关系人或者人民检察院可以在5日以内提出上诉、抗诉。

［法条链接］《刑诉解释》第622条。

2. 二审结果。对不服第一审没收违法所得或者驳回申请裁定的上诉、抗诉案件，第二审人民法院经审理，应当按照下列情形分别处理：

（1）第一审裁定认定事实清楚和适用法律正确的，应当驳回上诉或者抗诉，维持原裁定；

（2）第一审裁定认定事实清楚，但适用法律有错误的，应当改变原裁定；

（3）第一审裁定认定事实不清的，可以在查清事实后改变原裁定，也可以撤销原裁定，发回原审人民法院重新审判；

（4）第一审裁定违反法定诉讼程序，可能影响公正审判的，应当撤销原裁定，发回原审人民法院重新审判。

备考提示

（1）不得再次发回重审，除非诉讼程序违法；

（2）利害关系人非因故意或者重大过失在第一审期间未参加诉讼，在第二审期间申请参加诉讼的，人民法院应当准许，并撤销原裁定，发回原审人民法院重新审判。

［法条链接］《刑诉解释》第623、624条。

迷你案例

案情：罗某贪污一案，检察院依法向法院申请没收其违法所得，法院作出予以没收的裁定。罗某不服，提出上诉。二审期间，罗某的情妇殷某主张涉案财物是其合法财产，申请参加诉讼。

问题：二审法院应当如何处理？

答案：二审法院应当准许，并撤销原裁定，发回原审法院重新审判。

（五）审理程序中的转换

1. 没收转公诉。在审理申请没收违法所得的案件过程中，在逃的犯罪嫌疑人、被告人到案的，人民法院应当裁定终止审理。人民检察院向原受理申请的人民法院提起公诉的，可以由同一审判组织审理。

名师点睛：人民法院不能主动将没收程序转换为公诉程序，需要由人民检察院向人民法院提起公诉。

［法条链接］《刑诉解释》第625条。

2. 公诉转没收或缺席审判。在审理案件过程中，被告人脱逃或者死亡的，可能出现两种程序转换：

（1）符合没收违法所得条件的，人民检察院可以向人民法院提出没收违法所得的申请。

名师点睛：人民法院不能主动将公诉程序转换为没收程序，需要由人民检察院向人民法院提出申请。人民检察院向原受理案件的人民法院提出没收违法所得申请的，可以由同一审

考点82

判组织审理。

（2）符合缺席审判条件的，人民检察院可以按照缺席审判程序向人民法院提起公诉。

［法条链接］《刑诉解释》第626条。

案情：A市原副市长马某，涉嫌收受贿赂2000余万元。为保证公正审判，上级法院指令与本案无关的B市中级法院一审。B市中级法院受理此案后，马某突发心脏病不治身亡。

问题：此案应当如何处理？

答案：法院应当作出终止审理的裁定。①依照《刑法》规定应当追缴马某违法所得及其他涉案财产的，检察院可以向法院申请没收其违法所得；②有证据证明马某无罪，法院经缺席审理确认其无罪的，应当依法作出判决。

一招制敌 普通程序和特别程序（没收、缺席审判）的转换规则可以概括为：人来了，没转公；人没了，公转没收或缺席。

（六）裁定生效后的救济程序

1. 人到案了。没收违法所得裁定生效后，犯罪嫌疑人、被告人到案并对没收裁定提出异议，人民检察院向原作出裁定的人民法院提起公诉的，可以由同一审判组织审理。

人民法院经审理，应当按照下列情形分别处理：①原裁定正确的，予以维持，不再对涉案财产作出判决；②原裁定确有错误的，应当撤销原裁定，并在判决中对有关涉案财产一并作出处理。

2. 人没到案。人民法院生效的没收裁定确有错误的，除上述情形外，应当依照审判监督程序予以纠正。

［法条链接］《刑诉解释》第628条。

迷你案例

案情：罗某贪污一案，在审查起诉阶段，被告人罗某自杀身亡，检察院向法院提出没收其违法所得的申请。法院依法作出予以没收的裁定。裁定生效后，法院发现原裁定确有错误。

问题：法院应当如何处理？

答案：法院应当依照审判监督程序予以纠正。

83

依法不负刑事责任的精神病人的强制医疗程序

一、适用条件

实施暴力行为，危害公共安全或者严重危害公民人身安全，经法定程序鉴定依法不负刑事责任的精神病人，有继续危害社会可能的，可以予以强制医疗。

一招制敌 强制医疗程序的适用条件可以简单概括为：暴力、无责、有危险。

[法条链接]《刑事诉讼法》第 302 条。

迷你案例

案情：公安机关在案件侦查中，发现打砸多辆机动车的犯罪嫌疑人何某神情呆滞、精神恍惚。经鉴定，何某属于依法不负刑事责任的精神病人。

问题：本案能否适用强制医疗程序？

答案：本案中，虽然何某有精神病，不需要承担刑事责任，但是，何某并不符合强制医疗程序的适用条件，其实施的行为并非危害公共安全或者严重危害公民人身安全的暴力行为，因此，公安机关应当撤销案件，将何某交付其亲属并要求其积极治疗。

二、具体程序

（一）启动程序

1. 公安机关。公安机关发现精神病人符合强制医疗条件的，应当写出强制医疗意见书，移送人民检察院。

[法条链接]《刑事诉讼法》第 303 条第 2 款。

迷你案例

案情：刘某故意杀人一案，在侦查阶段，公安机关发现被告人刘某有精神病，符合强制医疗程序的适用条件。

问题：公安机关应当如何处理？

答案：公安机关应当决定撤销案件，并写出强制医疗意见书，移送检察院。

2. 人民检察院

（1）提出强制医疗的申请以及对强制医疗决定的监督，由负责捕诉的部门办理。

（2）人民检察院应当在接到公安机关移送的强制医疗意见书后 30 日以内作出是否提出强制医疗申请的决定。

（3）人民检察院发现公安机关应当启动强制医疗程序而不启动的，可以要求公安机关在 7 日以内书面说明不启动的理由。经审查，认为公安机关不启动理由不能成立的，应当通知公安机关启动强制医疗程序。

（4）对于公安机关移送的或者在审查起诉过程中发现的精神病人符合强制医疗条件的，人民检察院应当向人民法院提出强制医疗的申请。

[法条链接]《刑事诉讼法》第 303 条第 2 款；《高检规则》第 534 条第 2 款，第 539 条第 1 款，第 540 条第 1、2 款。

3. 人民法院。人民法院在审理案件过程中发现被告人符合强制医疗条件的，可以作出强制医疗的决定。

备考提示 人民法院不能主动开启审判程序，不能主动开启没收程序，但是可以主动作出强制医疗的决定。

[法条链接]《刑事诉讼法》第303条第2款。

案情：法院对检察院指控的刘某故意杀人案审理后，认为刘某系依法不负刑事责任的精神病人，遂依法判决刘某不负刑事责任。

问题：法院能否主动决定对刘某强制医疗？

答案：能。法院在依法判决刘某不负刑事责任的同时，可以对刘某作出强制医疗的决定。

名师点睛：启动强制医疗程序的方式有两种：检察院申请和法院决定。公安机关只能写出强制医疗意见书，并不能向法院申请启动该程序。

（二）审理程序

1. 管辖法院。人民检察院申请对依法不负刑事责任的精神病人强制医疗的案件，由被申请人实施暴力行为所在地的基层人民法院管辖；由被申请人居住地的人民法院审判更为适宜的，可以由被申请人居住地的基层人民法院管辖。

2. 审判组织。人民法院受理强制医疗的申请后，应当组成合议庭进行审理。

3. 审理方式。审理强制医疗案件，原则上应当开庭审理；但是，被申请人、被告人的法定代理人请求不开庭审理，并经人民法院审查同意的除外。

4. 权利保障

（1）审理强制医疗案件，应当通知被申请人或者被告人的法定代理人到场；被申请人或者被告人的法定代理人经通知未到场的，可以通知被申请人或者被告人的其他近亲属到场。

（2）被申请人或者被告人没有委托诉讼代理人的，应当自受理强制医疗申请或者发现被告人符合强制医疗条件之日起3日以内，通知法律援助机构指派律师担任其诉讼代理人，为其提供法律帮助。

（3）审理强制医疗案件，应当会见被申请人。

（4）审理强制医疗案件，应当听取被害人及其法定代理人的意见。

[法条链接]《刑事诉讼法》第304条第1款；《刑诉解释》第631、634、635条。

三、审理结果

（一）法院对检察院申请强制医疗程序案件的处理结果

1. 符合强制医疗条件的，应当作出对被申请人强制医疗的决定。

2. 被申请人属于依法不负刑事责任的精神病人，但不符合强制医疗条件的，应当作出驳回强制医疗申请的决定；被申请人已经造成危害结果的，应当同时责令其家属或者监护人严加看管和医疗。

3. 被申请人具有完全或者部分刑事责任能力，依法应当追究刑事责任的，应当作出驳回强制医疗申请的决定，并退回人民检察院依法处理。

一招制敌 法院对检察院申请强制医疗程序案件的处理结果可以概括为：申请强疗作“决定”，决定不服可复议。

[法条链接]《刑诉解释》第637条。

迷你案例

案情：罗某故意杀人一案，检察院向法院申请对罗某强制医疗。但是经审理，法院认为罗某没有精神病，应当承担刑事责任。

问题：法院应当如何处理？罗某对处理结果不服的，应当如何救济？

答案：根据《刑诉解释》第 637 条第 3 项的规定，法院应当作出驳回强制医疗申请的决定，并退回检察院依法处理。罗某不服的，可以向上一级法院申请复议。

（二）法院对检察院提起公诉案件的处理结果

第一审人民法院在审理刑事案件过程中，发现被告人可能符合强制医疗条件的，应当依照法定程序对被告人进行法医精神病鉴定。经鉴定，被告人属于依法不负刑事责任的精神病人的，应当适用强制医疗程序，对案件进行审理。

对上述案件，人民法院审理后，应当按照下列情形分别处理：

1. 被告人符合强制医疗条件的，应当判决宣告被告人不负刑事责任，同时作出对被告人强制医疗的决定。

2. 被告人属于依法不负刑事责任的精神病人，但不符合强制医疗条件的，应当判决宣告被告人无罪或者不负刑事责任；被告人已经造成危害结果的，应当同时责令其家属或者监护人严加看管和医疗。

3. 被告人具有完全或者部分刑事责任能力，依法应当追究刑事责任的，应当依照普通程序继续审理。

考点 83

备考提示 第二审人民法院在审理刑事案件过程中，发现被告人可能符合强制医疗条件的，可以依照强制医疗程序对案件作出处理，也可以裁定发回原审人民法院重新审判。

一招制敌 法院对检察院提起公诉案件的处理结果可以概括为：提起公诉作“判决”，判决不服可上诉（被害人除外）。

[法条链接]《刑诉解释》第 638 条第 1 款，第 639、640 条。

迷你案例

案情：罗某故意杀人一案，检察院以故意杀人罪向法院提起公诉。经审理，法院认为罗某属于依法不负刑事责任且需要强制医疗的精神病人。

问题：法院应当如何处理？罗某对处理结果不服的，应当如何救济？

答案：根据《刑诉解释》第 639 条第 1 项的规定，法院应当“判决”宣告罗某不负刑事责任，同时作出对罗某强制医疗的“决定”。罗某如果对“判决”不服，可以向上一级法院提出上诉；如果对“决定”不服，则可以向上一级法院申请复议。

四、救济与监督程序

（一）救济途径

被决定强制医疗的人、被害人及其法定代理人、近亲属对强制医疗决定不服的，可以向上一级人民法院申请复议。

[法条链接]《刑事诉讼法》第305条第2款；《刑诉解释》第642条。

（二）监督方式

人民法院作出宣告被告人无罪或者不负刑事责任的判决和强制医疗决定的，人民检察院应当进行审查。对判决确有错误的，应当依法提出抗诉；对强制医疗决定不当或者未作出强制医疗的决定不当的，应当提出纠正意见。

备考提示 对人民法院作出的宣告被告人不负刑事责任的判决和对被告人强制医疗的决定，人民检察院提出抗诉，同时被决定强制医疗的人、被害人及其法定代理人、近亲属申请复议的，上一级人民法院应当依照第二审程序一并处理。

[法条链接]《刑诉解释》第644条；《高检规则》第548条第2款。

涉外刑事诉讼程序

考情概述

涉外刑事诉讼程序，是指诉讼活动涉及外国人、无国籍人或者需要在国外进行的刑事诉讼所特有的方式、方法和步骤。本讲在历年刑事诉讼法主观题考试中仅出现过1次，考查的是来自境外的证据材料的审查与运用。本讲考生主要需要掌握涉外程序所适用的案件范围、涉外程序中的特有原则，尤其需要掌握的内容为涉外诉讼与国内诉讼的差异。

84 涉外刑事诉讼程序

一、涉外刑事诉讼程序所适用的案件范围

（一）涉外刑事案件

1. 在中华人民共和国领域内，外国人犯罪或者我国公民对外国、外国人犯罪的案件。
2. 符合《刑法》第7、10条规定情形的我国公民在中华人民共和国领域外犯罪的案件。
3. 符合《刑法》第8、10条规定情形的外国人犯罪的案件。
4. 符合《刑法》第9条规定情形的中华人民共和国在所承担国际条约义务范围内行使管辖权的案件。

[法条链接]《刑诉解释》第475条。

（二）非涉外刑事案件

1. 某些刑事诉讼活动需要在国外进行的非涉外刑事案件。
2. 外国司法机关管辖的，根据国际条约或者互惠原则，外国司法机关请求中国司法机关为其提供刑事司法协助的案件。

3. 其他非涉外刑事案件。

案情：中国人刘某某抢劫中国人高某一案，目击证人向某在诉讼时身处加拿大。

问题：本案是否适用涉外刑事诉讼程序？

答案：适用。本案虽然并非涉外刑事案件，但也适用涉外刑事诉讼程序。

二、涉外刑事诉讼的特别规定

（一）国籍确认

1. 外国人的国籍，根据其入境时持用的有效证件确认。
2. 国籍不明的，根据公安机关或者有关国家驻华使领馆出具的证明确认。
3. 国籍无法查明的，以无国籍人对待，在裁判文书中写明“国籍不明”。

[法条链接]《刑诉解释》第477条。

（二）法律适用

对于外国人犯罪应当追究刑事责任的，适用我国《刑事诉讼法》的规定。对于享有外交特权和豁免权的外国人犯罪应当追究刑事责任的，通过外交途径解决。

[法条链接]《刑事诉讼法》第17条。

（三）国民待遇

在刑事诉讼中，外国籍当事人享有我国法律规定的诉讼权利并承担相应义务。

[法条链接]《刑诉解释》第478条。

（四）探视、会见、旁听

1. 探视：涉外刑事案件审判期间，外国籍被告人在押，其国籍国驻华使领馆官员要求探视的，可以向受理案件的人民法院所在地的高级人民法院提出。

2. 会见：涉外刑事案件审判期间，外国籍被告人在押，其监护人、近亲属申请会见的，可以向受理案件的人民法院所在地的高级人民法院提出，并依照《刑诉解释》第486条的规定提供与被告人关系的证明。人民法院经审查认为不妨碍案件审判的，可以批准。

3. 旁听：公开审理的涉外刑事案件，外国籍当事人国籍国驻华使领馆官员要求旁听的，可以向受理案件的人民法院所在地的高级人民法院提出申请，人民法院应当安排。

[法条链接]《刑诉解释》第482条第1、2款，第483条第2款。

（五）语言翻译

1. 人民法院审判涉外刑事案件，使用中华人民共和国通用的语言、文字，应当为外国籍当事人提供翻译。翻译人员应当在翻译文件上签名。

2. 人民法院的诉讼文书为中文本。外国籍当事人不通晓中文的，应当附有外文译本，译本不加盖人民法院印章，以中文本为准。

3. 外国籍当事人通晓中国语言、文字，拒绝他人翻译，或者不需要诉讼文书外文译本的，应当由其本人出具书面声明。拒绝出具书面声明的，应当记录在案；必要时，应当录音录像。

［法条链接］《刑诉解释》第 484 条。

案情：加拿大人吴某某在中国涉嫌强奸罪。

问题：办案机关是否应当为吴某某提供翻译？如果办案机关应当提供翻译而没有提供，则讯问所获得的供述能否作为定案依据？

答案：办案机关应当为吴某某提供翻译。如果办案机关应当提供翻译而没有提供，则吴某某的供述不能作为定案依据。

（六）辩护、代理

外国籍被告人委托律师辩护，或者外国籍附带民事诉讼原告人、自诉人委托律师代理诉讼的，应当委托具有中华人民共和国律师资格并依法取得执业证书的律师。

［法条链接］《刑诉解释》第 485 条第 1 款。

（七）限制出境

对涉外刑事案件的被告人，可以决定限制出境；对开庭审理案件时必须到庭的证人，可以要求暂缓出境。限制外国人出境的，应当通报同级人民政府外事主管部门和当事人国籍国驻华使领馆。

［法条链接］《刑诉解释》第 487 条第 1 款。

我会走得很远，远过这些山丘，
远过这些大海，直到靠近星星。

声　明　1. 版权所有，侵权必究。

2. 如有缺页、倒装问题，由出版社负责退换。

图书在版编目（CIP）数据

主观题考点清单. 刑诉法 / 向高甲编著. -- 北京 : 中国政法大学出版社, 2025. 4. -- ISBN 978-7-5764-2012-8

Ⅰ. D920.4

中国国家版本馆 CIP 数据核字第 202536CE18 号

出版者　中国政法大学出版社

地　址　北京市海淀区西土城路 25 号

邮寄地址　北京 100088 信箱 8034 分箱　邮编 100088

网　址　http://www.cuplpress.com (网络实名：中国政法大学出版社)

电　话　010-58908285(总编室) 58908433（编辑部） 58908334(邮购部)

承　印　河北翔驰润达印务有限公司

开　本　787mm×1092mm　1/16

印　张　17.5

字　数　430 千字

版　次　2025 年 4 月第 1 版

印　次　2025 年 4 月第 1 次印刷

定　价　75.00 元

厚大法考（西安）2025 年主观题面授教学计划

<table>
<tr><th colspan="2" rowspan="2">班次名称</th><th rowspan="2">授课时间</th><th rowspan="2">标准学费（元）</th><th colspan="2">阶段优惠(元)</th><th rowspan="2">配套资料</th></tr>
<tr><th>5.10 前</th><th>7.10 前</th></tr>
<tr><td rowspan="2">大成系列</td><td>主观集训 A 班</td><td>7.10~10.8</td><td>13800</td><td colspan="2">协议班次,无优惠。一对一批改服务、班班督学。2025 年主观题考试未通过,退 9000 元。</td><td rowspan="4">配备本班次配套图书及随堂内部资料</td></tr>
<tr><td>主观集训 B 班</td><td>7.10~10.8</td><td>13800</td><td>8880</td><td>9380</td></tr>
<tr><td rowspan="2">冲刺系列</td><td>主观接力 A 班</td><td>9.25~10.8</td><td>11800</td><td colspan="2">一对一精批讲解,班班督学、班级群打卡、魔鬼训练。2025 年主观题考试未通过,退 8000 元。</td></tr>
<tr><td>主观接力 B 班</td><td>9.25~10.8</td><td>10800</td><td>6880</td><td>7380</td></tr>
</table>

各阶段优惠政策：

1. 2 人（含）以上团报，每人优惠 200 元；3 人（含）以上团报，每人优惠 300 元。
2. 厚大面授老学员在阶段优惠基础上再享 9 折优惠，不再享受其他优惠。
3. 协议班次、VIP 班次不适用以上优惠政策。

PS：课程时间根据 2025 年司法部公布的主观题考试时间相应调整。

【西安分校地址】陕西省西安市雁塔区长安南路 449 号丽融大厦 1802 室（西北政法大学北校区对面）
联系方式：18691857706 李老师

厚大法考（南京、杭州）2025 年主观题面授教学计划

<table>
<tr><th colspan="2" rowspan="2">班次名称</th><th rowspan="2">授课时间</th><th rowspan="2">标准学费（元）</th><th colspan="2">阶段优惠(元)</th><th rowspan="2">配套资料</th></tr>
<tr><th>5.10 前</th><th>7.10 前</th></tr>
<tr><td rowspan="4">冲刺系列</td><td>主观决胜 VIP 班</td><td>9.21~10.8</td><td>13800</td><td colspan="2">协议班次,无优惠。随报随学,专属辅导,一对一批阅。2025 年主观题考试未通过,退 10000 元。</td><td rowspan="4">配备本班次配套图书及随堂内部资料</td></tr>
<tr><td>主观决胜班</td><td>9.21~10.8</td><td>13800</td><td>6800</td><td>7300</td></tr>
<tr><td>国庆密训营</td><td>9.30~10.8</td><td>16800</td><td colspan="2">协议班次,无优惠。限额招生,额满为止。2025 年主观题考试未通过,全额退费。</td></tr>
<tr><td>主观点睛冲刺班</td><td>9.30~10.8</td><td>6800</td><td>4080</td><td>4380</td></tr>
</table>

各阶段优惠政策：

1. 多人报名可在优惠价格基础上再享团报优惠（协议班次除外）：3 人（含）以上报名，每人优惠 200 元；5 人（含）以上报名，每人优惠 300 元；8 人（含）以上报名，每人优惠 500 元。
2. 厚大面授老学员报名再享 9 折优惠（协议班次除外）。

PS：课程时间根据 2025 年司法部公布的主观题考试时间相应调整。

【南京分校地址】江苏省南京市江宁区宏运大道 1890 号厚大法考南京教学基地　咨询热线：025-84721211
【杭州分校地址】浙江省杭州市钱塘区二号大街 515 号智慧谷 2 幢 1009 室（厚大教育）　咨询热线：0571-28187005

厚大法考 APP

厚大法考官博

西安厚大法考官微

西安厚大法考官博

南京厚大法考官博

杭州厚大法考官博

厚大网授

◎主观突破

◎人工精批

◎带写带练

◎应试好课

2025年主观80天冲关班

*全程督学　*任务清单　*专属答疑　*人工批阅

*考点带背　*三位一体　*专项提升

课程特色　课程时间：8月1日–主观题考前

精选高质量模拟大案例

15道人工一对一精细化批阅

考点带背梳理知识体系

三位一体多轮巩固

普通模式

扫码购买了解详情

阶段设置

第一阶段
考点带背梳理

第二阶段
大案例带写特训

第三阶段
专项提升

第四阶段
三位一体

第五阶段
考前预测模拟

协议模式

扫码购买了解详情